자유주의 법철학

국립중앙도서관 출판시도서목록(CIP)

자유주의 법철학 / 지은이: 정태욱.
파주 : 한울, 2007   p. ;   cm. (한울아카데미 ; 986)
ISBN  978-89-460-3829-5 93360
360.1-KDC4
340.1-DDC21                    CIP2007003305

# 자유주의 법철학

정태욱 지음

한울
아카데미

책을 펴내며

이 책은 그 동안 필자가 써온 법철학 관련 논문들을 자유주의의 관점에서 엮어본 것이다. 따라서 제목은 '자유주의 법철학'이지만, 수미일관한 체계를 갖춘 것은 아니어서 혹시 독자들의 기대에 어긋나지는 않을까 걱정되기도 한다. 제4장 「몽테스키외의 자유주의」에서는 자유주의 법철학의 틀에 대한 어떤 착상을 볼 수 있고, 다른 논문들에서도 자유주의적 법 원리의 단초들을 볼 수 있을지 모르겠으나, 각기 산발적인 얘기들일 뿐이 아닌가 한다. 그로부터 하나의 건축물을 올리는 것은 이후의 과제로 삼을 것을 약속하고, 여기서는 다만 하나의 단상으로 대신하고자 한다.

사실 자유주의(Liberalism)라는 말은 우리 사회에서 민감한 용어 가운데 하나이다. 우리 정치현실에서 자유주의는 대체로 수구 내지 보수의 기치로 활용되고 있고 반대로 진보진영에서는 경멸과 금기의 대상으로 치부되곤 한다. 그러나 필자로서는 자유주의에서의 '자유'가 해방과 편안함 내지 자존감이 아니라 방종과 기득권 또는 약육강식을 의미한다는 것에 결코 동의할 수 없다.

우리의 건국이념을 자유주의라고 한다. 북한의 교조주의적 사회주의 혹은 권위주의적 사회주의에 대항하는 의미에서 그것은 타당하다. 그러나 북한과의 대결에서 우리의 자유주의가 반공국가주의 내지는 투기자본주의라는 또 다른 공포주의 혹은 획일주의로 둔갑한 것은 자유주의의 일탈이자 우리 역사의 불행이다. 하지만 자유주의의 세계사적 지평은 그렇게 음울하지만은 않다. 그런 의미에서 필자는 자유주의를 우리 현실정치의 맥락을 넘어서 세계의 정신사적 맥락에서 볼 것을 권유하고자 한다. 그럼으로써 우리의 정치와 법질서의 미래에 어떤 새로운 비전을 구할 수 있다면 이는 법철학의 보람일 것이다.

근대 자유주의에서의 자유는 일찍이 옐리네크가 인권에 대해 말했듯이, 양심과 신앙의 자유에서 시작한다. 자유주의의 정신은 고대로부터 인간존엄의 사상으로 면면히 흘러왔지만, 그것이 자유주의라는 정치적 원리로서 대두한 것은 근대 이후이며, 그 핵심은 종교개혁 이후의 양심과 신앙(사상)의 자유였다. 그러나 자유주의에서 개인의 사상과 양심을 존중한다는 것은 그것이 절대적으로 옳다거나 훌륭함을 보증하기 위한 것이 아니다. 자유주의는 개인의 신조가 독선이나 우매함으로 오염될 가능성을 부정하지 않는다. 그러나 자유주의가 진정 걱정하는 것은 그러한 독선 혹은 우매함이 공적인 영역을 장악하는 것이다. 즉, 자유주의의 제일 과제는 어떤 미신화된 권위가 개인의 사상과 양심의 자유를 침탈하고 유린하는 것을 막는 것이다.

자유주의는 그러한 위험성 때문에 모든 권위와 지배적인 교의들을 경계한다. 그런 의미에서 신자유주의(Neo-liberalism)가 마치 인류의 본질이고 사회의 철칙인 양 외치는 것은 스스로 자유주의의 본령으로부터 떨어져 있음을 공언하는 것이다. 물론 자유주의는 다수의 뜻을 존중하고 그에 의해 형성된 권위를 인정한다. 그러나 그것은 개인들의 존엄과 자유를 중시한 결과이지 그 다수결의 결과가 진리임을 인정하는 것은 아니다. 자유주의의 진리관은 소크라테스식의 무지의 깨달음 혹은 포퍼

식의 반증가능성에서 잘 나타난다. 자유주의는 인식론적 겸허에서 시작하는 것이며, 자유주의에서의 진리는 모두 잠정적인 것일 뿐이다. 자고자대(自高自大)하는 지적 우월성은 진리탐구를 스스로 포기하는 것이며, 오류가능성을 인정하지 않는 명제는 그 자체로 진리의 자격이 부정된다는 것이 자유주의의 가르침이다.

그럼으로써 자유주의는 역설적으로 진실과 진리에 가장 충실한 교의라고 할 것이다. 자유주의에서는 어떤 교과서적 이론이나 어떤 보편적 권위도 항상 반증가능성, 즉 의심에 개방되어 있고, 그것이 어느 순간 진실과 진리에 어긋나게 되면 그 이론도 권위도 모두 폐기됨이 당연한 것이다. 진리는 영원하지만 역사와 우주의 변화에 따라 그 모습을 달리하는 것이고, 그에 따라 끊임없는 공부와 배움이 요구된다. 기성질서에 안주하려는 기득권자들은 항상 불안하고, 늘 배우고 익히며 계발하는 개인들은 오히려 편안한 것이 자유주의의 정상 상태라고 할 것이다.

자유주의는 모든 권위와 질서를 의심하고 진실에 관한 개개인의 주체성을 인정하므로, 개인주의와 떼려야 뗄 수 없는 관계이다. 그러나 여기서 말하는 자유주의의 개인상은 법철학자 하트가 시사한 대로 남을 지배하고 이용하는 능력보다 침탈당하고 상처받을 수 있는 취약성이 먼저 고려되는 것이다. 슈클라의 구분처럼 로크식의 강자의 개인주의와 루소식의 약자의 개인주의를 대비할 수 있다면 후자 쪽이다. 아무리 우월하고 탁월해도 인간이란 언제 어떻게 추락할지 알 수 없으며, 최고의 강자조차 유한성과 죽음의 공포에서 벗어날 수는 없다. 강자의 탐욕과 횡포도 사실은 파멸의 공포로부터 벗어나고자 하는 행위라고 할 때, 이는 역설적으로 인간의 취약성을 증명하는 것이기도 할 것이다.

자유주의는 인간의 취약성에 민감한 만큼 인간의 잔혹함에도 민감하다. 기득권과 권위를 구가하는 이들은 흔히 자신들의 무오류성을 과시하고 유포하고자 하며 그렇게 하여 확대된 미신적 이데올로기는 사회적 약자들에 대한 폭력과 천대를 정당화하곤 한다. 인류 역사에서 장애인, 여성, 어린이, 이민족, 동성애자, 노동자, 권위의 속살을 그대로 말하는 이들 등 사회적 약자들이 거짓 논리에 의해 얼마나 많은 고난을 겪어왔는가? 자유주의는 바로 그러한 수난사 혹은 잔혹사로부터의 해방을 위한 것이다. 자신의 존재가 자연적 진실에 부합하는 한 인간은 누구로부터도 억압당하고 수탈당할 수 없으며, 스스로 그 진실에 충실한 이상 부끄러워할 일도 두려워할 일도 없다는 것이 자유주의의 기백(氣魄)이다.

끝으로 이 책에서 다루지 못한 자유주의의 경제원리에 대해 사족을 달아본다. 자유주의가 해방의 교의일지언정 착취와 억압과는 거리가 먼 것이라고 할 때, 어떤 수탈이나 협잡을 의미하는 경제는 그와 결합할 수 없다고 보아야 할 것이다. 예컨대 상호성이 없는 제로섬 게임은 자유주의의 정신에 맞지 않는다. 자유주의적 경제는 개인의 소유권과 계약의 자유를 근간으로 하지 않을 수 없을 테지만, 그 경제 활동은 단지 재산적 이익이 아니라 인간의 존엄에 부합하는 것이어야 할 것이다. 그리하여 자유주의 시장경제는 시장의 자유만이 아니라 그 자유가 인간의 자유가 되기 위한 조건을 중시하는 것이 아니면 안 될 것이다.

이 책에서의 자유주의, 즉 취약한 인간들의 폭력과 천대로부터의 해방을 뜻하는 자유주의는 슈클라의 '공포로부터의 자유'주의(Liberalism from Fear)로부터 결정적으로 감화를 받은 것이다. 그리고 그로부터 발전된 헌정질서의 구상은 롤즈의 정치적 자유주의와 정의론에서 영향을 받은 것이다. 하버드의 명물과 하버드의 성인이라고 불렸던 이 두 걸출한 여남(女男)의 정치철학자는 20세기의 공인된 자유주의의 대사상가들이다. 일생동안 자유와 평등을 연구하고 그에 헌신해온 이들의 사유를 접하면서 필자의 천학비재(淺學菲才)와 경박단소(輕薄短小)는 에누리 없이 탄로 나고 말았지만, 동시에 정신적·육체적으로 약골인 필자는 그 자유주의로부터 안식처를 찾는 행운도 얻었다.

이제 자유주의에 대한 서설은 그 정도로 그치고, 간단하게나마 법철학의 부분으로 넘어가도록 하자. 흔히 법철학의 화두는 법실증주의와 자연법론의 대립으로 얘기된다. 실로 그 날카로운 차이는 모든 법철학자들이 거쳐야 하는 시험대이며, 그 양자의 가교를 위한 기법은 법철학자들의 면증(免證)의 기준이라고 할 것이다. 그러나 각 시대는 그 시대에 맞는 시험대와 면증의 갱신을 요구할 것이니, 이 책은 그에 관한 하나의 시도인 셈이다. 그리하여 이 책은 법실증주의와 자연법론의 대립을 인정하면서도, 오히려 자유주의적 법실증주의와 비자유주의적 법실증주의 그리고 자유주의적 자연법론과 비자유주의적 자연법론의 구분에 좀 더 큰 방점을 두고자 한다.

많은 법학도들은 이름은 똑같이 법실증주의 혹은 자연법론이라고 하면서, 그 주의주장은 서로 정반대인 것을 보면서 당혹해한다. 마찬가지로 법실증주의와 자연법론이 양립불가능한 모순관계라고 하는데, 실제로는 많은 경우 서로 유사한 실천적 귀결을 보이는 것에 대해 또한 당혹해한다. 사실 법실증주의와 자연법론의 대립은 실천적 이념의 차이가 아니라 방법적 분석의 차이라고 할 수 있으며, 따라서 그 양자의 구분이 법철학적 문제의 최종 해법은 아닌 것이다.

그리하여 필자는 질서를 위한 질서의 닫힌 법실증주의와, 교정가능성을 내재적 원리로 삼는 열린 법실증주의를 구분하고, 또 절대적 진리와 최고선을 목표로 하는 최대주의적 자연법론과, 최악을 회피하며 공존과 관용을 추구하는 최소주의적 자연법론을 구분하고자 한다. 그리고 열린 법실증주의와 최소주의적 자연법론은 그 방법적 출발점은 달리하지만 양자 모두 항상 역사의 진실과 자기교정에 겸허하고 권위적 질서보다 인간적인 평화를 더욱 소중히 생각한다는 점에서, 필자는 주저함 없이 이들을 묶어 자유주의 법철학이라고 이름 붙여보는 것이다. 그렇다면 이 책은 그러한 자유주의 법철학의 시도이자 동시에 자유주의 법철학을 예비하는 작업인 셈이다.

끝으로 감사의 말씀을 전하고자 한다. 필자를 일깨워준 선생들과 학형들은 이루 다 헤아릴 수 없을 만큼 많지만, 그 가운데 필자의 은사인 심헌섭 선생을 특별히 거명하지 않을 수 없다. 학문에 대한 겸허함과 진지함을 추억할 수 있는 실례가 존재한다는 것은 필자만이 아니라 후학들 모두에게 커다란 자산일 것이다. 그 학문적 방정(方正)함이야말로 자유주의의 기본 덕목임을 생각하면, 우리나라에서 자유주의 법철학의 계보를 그릴 때 선생을 그 중심에 놓는 것이 당연하다고 할 것이다. 반면에 필자는 학문의 어려움을 알기도 전에 현실 발언을 장기로 삼은 격이니, 이렇게 자유주의 법철학의 계보를 거론하는 것이 어림없는 짓인지도 모르겠다. 다만 제4장 「몽테스키외의 자유주의」는 원래 심 선생의 고희 기념논문으로 작성되었으며, 제3장 「슈클라의 자유주의」에서는 일찍이 심 선생의 소극적 인식주의에서 자유주의의 특징인 인식론적 겸허를 찾은 바도 있다고 할 때, 아주 낙제는 면할 수 있기를 기원한다.

아울러 책의 출판 제의를 흔쾌히 승낙해주고, 성실한 편집 작업을 해주신 도서출판 한울에도 고마움을 전하고 싶으며, 강호제현(江湖諸賢)의 기탄없는 질정을 고대한다.

## 각 장의 논문에 대하여

이 책은 과거의 논문들을 모은 것이며, 원제목과 출전은 다음과 같다.

- 제1장 민주적 헌정질서와 진보의 정치적 의미 「민주적 헌정질서와 진보의 정치적 의미」, ≪시민과 세계≫ 제2호, 2002, 55~72쪽.
- 제2장 롤즈의 정치적 자유주의 「롤즈에서의 '정치적인 것'의 개념」, ≪법철학연구≫ 제4권 제2호, 2001, 133~158쪽.
- 제3장 슈클라의 자유주의 「주디스 슈클라의 자유주의에 대한 연구」, ≪법철학연구≫ 제7권 제1호, 2004, 65~98쪽.
- 제4장 몽테스키외의 자유주의 「자유주의의 원형: 몽테스키외와 자유주의」, ≪아주법학≫ 제1권 제2호, 2007(출간 예정).
- 제5장 롤즈의 국제적 정의 「롤즈의 국제정의론: 만민법을 중심으로」, ≪영남법학≫ 제7권 1·2호, 2001, 65~77쪽.
- 제6장 정전론과 월저의 이론 「마이클 월저의 정전론에 대한 소고」, ≪법철학연구≫ 제6권 제1호, 2003, 157~184쪽.
- 제7장 바이마르 공화국의 법치주의 논쟁 「민주적 법치주의를 위하여: 바이마르 공화국 법치주의 논쟁의 교훈」, ≪시민과 세계≫ 제6호, 2004, 90~113쪽.
- 제8장 슈클라의 법치주의와 석궁 교수 사건 「김명호 교수 사건의 고법판결과 법치주의」, ≪법철학연구≫ 제10권 제1호, 2007, 149~194쪽.
- 제9장 해방 60년과 한국사회의 자유주의 「해방 60년과 한국사회의 자유주의」, ≪시민과 세계≫ 제8호, 2006, 335~357쪽.

위 논문들은 단지 법철학에 관한 학술적 논구에 그치는 것이 아니라 시대의 문제가 결부되어 있는 경우가 많다. 따라서 독자들의 순조로운 독해를 위해 간단하게나마 각 논문들에 대한 배경설명을 붙여본다.

제1장 민주적 헌정질서와 진보의 정치적 의미

이는 2002년 대통령선거를 앞두고 쓴 글이다. 당시 필자는 민주헌정 질서의 지속보다 사회경제적 진보를 희구하는 이상주의에 동의할 수 없었다. 필자는 그때의 대선국면에서 우리 민주헌정질서의 취약성에 불안해했고, 진보의 선명성을 강조하는 주장을 보면서, "민주주의가 아니라 사회주의가 우리의 목표이다"라고 했던 바이마르 시대의 사회주의자들의 무모함을 떠올렸다. 그리하여 필자는 사회경제적 급진주의가 아니라 민주적 헌정질서를 군건히 하는 것이 진보의 제일의(第一義)임을 얘기하고 싶었다. 사회경제적 문제가 아무리 절박하다고 해도 정치적 헌정질서의 취약성을 돌아보지 않는다면 이는 오히려 더 큰 화를 불러올 것이라는 두려움 때문이었다. 한편 그 민주적 헌정질서의 틀은 롤즈의 정의론과 자유주의론에서 구했다.

제2장 롤즈의 정치적 자유주의
제3장 슈클라의 자유주의
제4장 몽테스키외의 자유주의

이 논문들은 좀 더 학술적인 글들로서 앞서 말한 정치적 진보로서의 자유주의에 대한 이론적 해명이라고 할 것이다. 달리 표현하면 우리 헌법의 기본질서인 자유민주주의에 대한 법철학적 재해석이라고 해도 나쁘진 않을 것이다. 자유주의에서의 자유가 단지 자본가의 자유, 기득권의 자유, 권력의 자유가 아니라 폭력과 천대로부터의 자유 그리고 상호 공존의 자유여야 함을 말하고자 했다. 한편 제4장 「몽테스키외의 자유주의」는 원래 필자의 은사인 심헌섭 선생의 고희 기념논문집에 싣고자 쓴 글로서(선생의 고사로 기념논문집은 결국 무산되었다) 우리 법철학계의 자유주의적 전통을 되새겨보고자 한 것이다.

제5장 롤즈의 국제적 정의

이 글의 내용 자체는 자유주의적 국제질서, 즉 롤즈의 정의론의 국제적 확장을 다룬 것이지만, 필자의 문제의식은 북한에 있었다. 북한 인권과 체제에 대한 비판의 준거가 자유주의라고 하지만, 필자는 그것이 서구식 자유주의를 그대로 덮어 쓰기 하는 식으로 될 수는 없다고 생각했다. 국제관계에서 자유주의의 기본자세는 오히려 다른 체제의 비자유주의적 가능성을 인정하는 데에 있다고 본 것이다. 이 점에서도 롤즈의 사상이 큰 도움이 되었다. 롤즈의 국제정의론 역시 인권을 강조하면서도, 비자유주의적 체제를 국제사회의 정규의 구성원으로 인정하는 데에 인색하지 않았던 것이다.

제6장 정전론과 월저의 이론

이 글도 내용 자체는 현대 자유주의 정전론(Just War Theory)의 대가인 월저의 이론을 소개하는 것이지만, 필자의 의도는 미국의 이라크 전쟁에 대한 법철학적 비판이었다. 미국의 부시 정부는 이른바 선제적(pre-emptive) 정당방위를 내세워 이라크 전쟁을 정당화했는데, 그 선제적 자위론은 일찍이 월저에 의해 크게 부각된 바 있었다. 물론 월저 자신은 부시의 이라크 전쟁에 비판적이었지만, 필자는 월저의 선제방어론 체계 자체에 원천적으로 그러한 오남용의 여지가 있음을 비판하고자 했다.

제7장 바이마르 공화국의 법치주의 논쟁

이 글은 노무현 대통령에 대한 탄핵 사건을 배경으로 한다. 당시 많은 인사들은 소위 법치주의를 내세우며 탄핵을 지지했고, 그 '법대로'라는 구호 속에 헌법재판소는 주권적 권력기구로까지 승격되었다. 필자는 그 양상이 독일 바이마르 공화국 말기 우익 내각의 프로이센 정부 해산결정과 그에 이은 국사재판소에서의 헌법재판의 상황과 비견될 수 있다고 생각했고, 당시 바이마르 공화국의 명운이 걸린 법적 논쟁을 돌이켜봄으로써 법치주의와 헌법재판의 본질을 음미해보고자 했다. 바이마르 공화국이 나치의 제3제국으로 바뀌는 과정에서 보수우익의 연방정부를 대변한 칼 슈미트, 프로이센 사민당 정부를 변호한 헤르만 헬러 그리고 그 사이에 순수법학을 고수하려는 한스 켈젠의 인생역정과 일대논전을 통해 어느덧 법치주의가 만개한 우리 시대의 법의 정신과 권력의 협잡을 구분할 수 있기를 소망했다.

제8장 슈클라의 법치주의와 석궁 교수 사건

이른바 '석궁 교수 사건'은 너무나 잘 알려져 있고, 그 사법처리가 현재 진행 중이므로 새삼 그 배경에 대해 언급할 필요는 없을 것이다. 김명호 교수는 이미 형사범죄로 기소되어 재판을 받고 있으며 유죄선고가 틀림없다고 할 때, 그의 교수 자격은 이제 저절로 끝나버린 것이라고 할 수 있다. 하지만 그 현재 상태로써 과거 재임용 탈락을 옹호한 판결이 저절로 정당화되는 것은 아니다. 필자는 일종의 내부고발자인 김명호 교수가 소위 법의 이름으로 대학에서 배제된 것은 우리 시대 법치주의의 빈곤을 여실히 드러내는 것이 아닌가 생각한다. 어쩌면 김 교수의 아픔만큼 우리의 법치주의도 앓고 있는지 모른다. 이 글은 법철학적 법치주의론이지만, 동시에 대법원의 상고심 판결에도 참고가 될 수 있기를 희망해본다.

### 제9장 해방 60년과 한국사회의 자유주의

이 글은 참여사회연구소의 기획으로 해방 60주년을 맞아 대한민국 되돌아보기의 일환으로 쓴 것이다. 격동의 현대사를 돌아보고 미래를 고민해보는 것은 필자 자신에게도 소중한 경험이었지만, 필자에게 주어진 자유주의라는 논제는 현재 우리 민주주의의 정체(停滯) 상황을 성찰해보는 데에도 적격이 아니었나 생각한다. 우리 현대사를 돌이켜볼 때, 정치문화와 국민정신에서 자유주의적 덕목의 결핍은 두드러진 것이었다. 정치학자 최장집 교수 등은 이른바 '민주화 이후의 민주주의'를 얘기하면서, 우리 시대 민주주의는 아직도 충분치 못하며 더 많은 민주주의가 요망된다고 하는데, 필자는 그에 대해 자유주의적 테제를 제기하는 셈이다.

**차례**

# 제 1 장

# 민주적 헌정질서와 진보의 정치적 의미

## 1. 머리말

김대중 정부가 임기를 마감하는 날이 얼마 남지 않았다. 양 김씨가 한 편으로는 한국 민주화운동의 한 축이었으며 다른 한편으로는 걸림돌이 었다는 점을 생각하면, 지금의 시점은 마땅히 우리 민주주의 역사의 한 장을 영예롭게 접고 새로운 도약을 기대하는 때여야 할 것이다. 그러나 우리 눈앞의 현실은 그와 반대로 새 시대에 대한 희망보다는 환멸이, 미 래에 대한 진취적 전망보다는 상실감이 훨씬 팽배해 있는 듯하다.

우리 현대사의 동력이었던 민주주의를 위한 노력은 권력에 대한 대 중의 심판이라는 정치형식은 확고하게 구축했으나 그 이상 나아가지 못 한 채 힘이 달리고 있다. 어쩌면 우리 민주주의 역사가 '민주적 인간'을 탄생시키자마자 동시에 불행하게도 더욱 강력한 '경제적 인간'도 해방 되어, 이권다툼의 요란한 대열이 평화와 인권의 행진을 추월해버린 것 이 아닌가 하는 회의가 들기도 한다. 우리 사회가 겨우 이 정도밖에 진보하지 못하고 민주주의의 수준이 답보 상태를 거듭하고 있는 이유는 무엇 때문일까? 김대중 정부의 실패가 수구 기득권 세력의 득세로 이어지고 있는 까닭은 무엇일까?

물론 외재적 한계가 크겠지만, 진보진영 혹은 민주화 세력 자체의 한계에 대한 성찰도 빼놓을 수 없을 것이다. 힘의 논리에 의한 강박관념으로 여전히 파당적 당파성을 관건으로 삼지는 않았는가? 특정의 사회경제적 목표에 대한 독선적 믿음으로 과도한 배타성을 키운 것은 아닌가? 그리고 그 사이에 민주주의의 규범적 원리들에 대한 충실성은 약화된 것이 아닌가?

필자는 우리 민주화 세력이 그 동안 권력에 대한 저항과 억압에 대한 투쟁에는 능했지만, 사회체제를 민주적 규범질서로 구성해야 한다는 요청에 대해서는 소홀했다는 생각이 든다. 어쩌면 억압과 차별로부터의 해방이라는 상태에 몰두하여 그 해방의 질서와 형식이 또한 중대한 과제라는 점을 충분히 음미할 겨를이 없었는지도 모르겠다. 이 글은 그런 관점에서 민주적 헌정질서의 규범적 의미를 다시 되새기고, 현재 시점에서 민주적 헌정질서의 수호가 사회진보의 필수이며 최소한이라는 사실을 떠올려보고자 한다.


## 2. 민주적 헌정질서의 개념

그러면 도대체 민주적 헌정질서의 개념이란 무엇인가? 여기서는 그것을 직접적으로 규정하기보다 오해의 소지를 해명하고 또 구별해야 할 개념들과의 대조를 통해 그 개념을 모색해보고자 한다.[1]

우선 사람들은 '헌정질서'라는 용어에서 진보는커녕 오히려 보수의 색채를 느낄 수 있다. 단적으로 시민단체의 낙천·낙선 운동에 대해 '헌정질서'를 위협하는 것이라는 비판이 그 대표적인 예라고 할 수 있다. 그러나 여기서 말하는 것은 단순한 헌정질서가 아니라 '민주적' 헌정질서이다. 민주적 헌정질서는 단지 기존의 법질서의 지속과 유지만을 얘기하는 것이 아니다. 민주적 헌정질서는 헌법의 정신이며, 헌법마저도 지향해야 하는 법이념인 것이다.[2]

1 그에 대한 일의적인 정의를 요구할 수도 있겠지만, 민주적 헌정질서의 뜻에는 유구한 역사적 흐름이 축적되어 있고 평화로운 미래에 대한 인류의 소망이 담겨 있다고 할 때, 그것을 한마디로 규정하려는 시도는 무망하거나 무익한 일이 될 것이다. 오히려 역사적 지식과 경험적 지혜에 기초한 시민들의 직관적인 이미지가 더욱 중요할지도 모르며, 이 글은 바로 그 지점에서 출발한다고 할 수 있다.

2 그런 관점에서 볼 때, 시민단체들의 낙천·낙선 운동은 정치권의 후진성으로 인해 제약받았던 민주적 헌정질서의 본뜻을 되찾아주는 것으로 평가받아 마땅하다. 필자는 당시 운동이 비록 실정 선거법에 위배되는 면이 있다고 할지라도 우리 민주적 헌정질서에 부합하는 것이었다고 평가한다. 헌법재판소에서 그 반대의 결정이 나왔다고 해도 사정은 변함이 없다. 정치권의 이기주의와 우리 민주주의의 협소함에 대한 국민적인 공감대가 형성되고, 우리의 정치질서가 이미 그 낙천·낙선 운동의 성과를 수용하고 있다면, 헌법재판소의 결정은 다만 부수적인 의미밖에 없다고 할 것이다. 반대로 말하자면 헌법재판소의 결정은 시민불복종 운동도 역시 정치과정의 공공성의 척도를 준수해야 한다는 점을 환기시키는 당부로서 수용할 수 있을 것이다. 민주적 헌정질서에서 국회는 물론 헌법재판소도 결코 궁극적인 심판자는 아니지만, 동시에 민주적 헌정질서의 중요한 구성 부분이다. 따라서 비록 부당한 결정이라 해도 그에 대한 비판과 함께 자체 점검도 요망된다. 이를테면 그 낙천·낙선 운동이 부패한 정치에 대한 심판은 결국 유권자 일반의 몫이라는 사실을 조금 소홀히 한 면이 있다면, 즉 부적격자의 낙천·낙선이라는 소망스런 결과에 너무 집착하여 누구도 국민 일반을 대신하는 특권적 지위에 오를 수 없다는 정치원리를 조금 소홀히 한 부분이 있

'헌정질서'라는 단어는 흔히 단순한 '법치주의'로 이해되기도 하지만 '민주적 헌정질서'는 그것을 넘어선다. 민주주의의 '자율' 혹은 '자치(self-rule)'의 정신은 고루한 법치주의에 의해 구속될 수 없다. 그리하여 '민주적 헌정질서'는 민주주의의 원리로서 법치주의의 경직성을 보충하여 '법치주의'를 더욱 역동적인 것으로 재구성한다. 그러나 자율의 정신은 단지 다수의 의지의 관철이 아니라, 보편적인 자유에 대한 존중을 전제로 한다. 즉, 민주적 헌정질서는 민주주의가 다수의 전제(專制)로 빠지지 않도록 하는 법치주의의 이념인 '공공성'의 정신을 또 한 축으로 하는 것이다.

이러한 민주적 헌정질서의 원리는 바로 '민주공화국'이라는 단어에 함축되어 있다. 주지하듯이 우리 헌법의 제1조는 바로 대한민국이 민주공화국임을 선언하고 있다. 편의상 나누어보자면, 민주적 헌정질서의 자율의 정신은 국민들의 자치, 즉 선거 등의 직·간접적 정치권력의 구성과 참여 그리고 시민불복종과 저항권과 같은 직접적인 주권의 행사 등으로 이해되고, 민주적 헌정질서의 공공성의 정신은 인간존엄, 자유와 평등, 권력분립, 법치주의, 경제민주주의, 국제평화주의 등의 규제적 원리들로 구현된다고 할 수 있다.

물론 이러한 원리들은 이미 우리 헌법, 아니 개명된 근대사회의 모든 헌법의 기저에 흐르고 있지만, 우리 헌법의 현실은 민주적 헌정질서와는 여전히 거리가 멀며, 특히 우리의 실정법 체계가 말하는 '자유민주적 기본질서'는 오히려 그와 반대되기도 한다.[3] 이 글의 민주적 헌정질서가

다면, 그런 면에서 다시 새겨볼 필요가 있다.

3 현재의 자유민주적 기본질서가 민주적 헌정질서의 어떤 점에서 미치지 못하고,

상정하는 민주주의란 우리 법제상의 자유민주적 기본질서가 아니라 보통 말하는 심의(혹은 토의)민주주의(deliberative democracy)[4] 혹은 시민민주주의(civil democracy)[5]에 가깝다고 할 것이다.

민주적 헌정질서는 심의민주주의가 얘기하듯이 자유롭고 평등한 토의를 위한 조건 및 공적 이성에 의한 의사소통의 원칙들을 요구하며, 시민민주주의가 얘기하듯이 정치적 공간을 시민의 자율적 참여에 의한 공공의 영역으로 승화시키고자 한다. 다만 민주적 헌정질서는 민주주의의 정치적 성격이 아니라 그 헌법적 구성에 주안점을 두고 있어 강조점에

또 오히려 저해하고 있는지 몇 가지를 나열해본다. 우리 현실의 자유민주적 기본질서에서는 사상과 양심의 자유가 온전히 보장되어 있지 않다. 사법당국은 여전히 국가보안법이 민주적 헌정질서를 축소하고 침해하는 것을 용인하고 있다. 우리의 자유민주적 기본질서는 '평등한 자유'의 개념보다 '자유'라는 개념에 초점을 두고 있다. 대표적으로 평등한 자유를 위한 기본적 조건인 평등 교육의 요청은 사교육의 팽창과 공교육의 형해화, 그리고 그것을 긍정하는 헌법재판소의 결정 등으로 훼손되고 있다. 우리의 자유민주적 기본질서는 정치적 의사소통 과정의 공정성에서 큰 결함을 안고 있다. 전통적으로 정부 권력 그리고 최근에는 언론 권력에 의한 정치적 진실에 관한 자의적 '편집'이 횡행하고 있으며 심지어 은폐·왜곡까지 이루어진다. 우리의 자유민주적 기본질서는 민중 혹은 시민들의 자발적인 정치참여와 정치행위에 대해 소극적이다. 사법부는 시민불복종이 완결적인 민주적 헌정질서를 위해 불가결하다는 생각을 거부하고 있다. 우리의 자유민주적 기본질서는 헌법상의 경제민주주의의 요청을 단지 수사학으로 이해하여, 재벌총수가 불법·부당하게 2·3세에게 재산을 승계하는 것을 막지 못하고 있다. 우리의 자유민주적 기본질서는 아직 주권의 자율성을 확보하고 있지 못하다. 미국과의 동맹관계는 주권의 보충이라는 의미를 넘어서 주권의 제약이라는 측면이 커지고 있고 우리 사회의 모든 영역을 위축시키고 있는데도 그에 대한 문제의식은 전혀 없다.

4 이에 관해서는 임혁백(1999: 159~184)을 참조했다.

5 이에 관해서는 홍윤기(2001)를 참조했다.

는 차이가 있을 것이다. 도식적으로 얘기하자면, 우선 심의민주주의가 구성원들 간의 정치적 의사소통과 자발적 정치참여를 강조한다면, 민주적 헌정질서는 그러한 과정을 질서지우는 규범적 형식을 강조하는 것이고, 시민민주주의가 민주주의의 가능성을 국가와 계급으로부터 시민이라는 자율적인 주체에서 구하는 것이라면, 민주적 헌정질서에서는 공권력의 공적 재구성이라는 과제를 여전히 중요시한다고 할 수 있다.

특정의 학자를 들자면, 여기의 민주적 헌정질서의 이념은 롤즈(John Rawls)의 '헌정 체제 혹은 입헌적 민주주의(constitutional regime 또는 constitutional democracy)' 사상에서 영감을 얻은 것이라고 할 수 있다.[6] 진보 진영에서 롤즈는 흔히 자유주의자로만 규정되는 경향이 있고, 예컨대 하버마스 등 다른 학자들에 비해 거의 주목받지 못하는데, 이는 민주적 평등을 지향하는 그의 헌정질서의 사상을 충분히 반영하는 것으로 보기 어렵다. 필자는 그 점을 아쉽게 생각하며, 이하에서는 간략하나마 롤즈의 이론을 서술해보고자 한다.

롤즈의 문제의식도 역시 현대 정치철학의 난제인 공화주의와 자유주의의 결합(혹은 이른바 '고대인의 자유'와 '근대인의 자유'의 결합)이라고 할 수 있다.[7] 우선 롤즈는 공화주의를 수용하되, 공공의 정치적 실천을 인간의 본질로 이해하지는 않는다.[8] 즉, 정치참여를 시민들의 본질이자 의

---

6 롤즈의 사상은 이른바 그의 3부작, 『사회정의론』(1985), 『정치적 자유주의』(1999), 『만민법』(2000)에서 발전적으로 제시되고 있다. 원서와 번역서에 관한 더 자세한 서지사항은 정태욱(2001: 133~158) 참조.

7 롤즈의 헌정이론이 자유주의적 공화주의로 이행하고 있다는 논의에 대해서는 이국운(2001: 129~152) 참조.

8 이에 관한 대표적인 사상가는 한나 아렌트(Hannah Arendt)이다. 아렌트의 공화

무로 격상시키지는 않고 개인의 자유로운 삶의 선택과 그것의 추구를 존중한다. 다만 개인의 비정치적 태도가 자율적인 것이 아닌 구조적으로 강제되는 것을 용인하지 않을 따름이다. 이처럼 롤즈는 자유주의의 전통을 계승하고 있다. 그러나 그것은 로크류의 고전적 자유주의에서처럼 사소유권 보장을 중심에 놓는 것이 아니라 인간의 존엄과 그것을 지킬 수 있는 정치적 기본권을 중심에 놓는 것이다. 그리하여 롤즈는 권력에 대한 제약이라는 자유주의의 헌정이론을 넘어서고 있으며, 권력의 상호성과 공정성 그리고 그 바탕을 이루는 인민들의 정치적 각성을 중시한다는 점에서 공화주의도 계승하고 있다고 할 수 있다.

이처럼 모든 사람들이 공동체의 구성원으로서 자율적 삶을 살아갈 것을 희구하는 롤즈의 소망은 그의 정의(justice)의 원리에서 구체화되는데(롤즈, 1985: 317 참조), 그것은 일정한 물적 수준에 오른 사회의 경우, 정치적 자유의 평등이 사회경제적 평등에 앞선다는 '자유의 원칙', 그리고 사회경제적 문제에 있어서는 지속가능성을 위해 후세대에게 일정한 몫을 남겨두어야 한다는 '정당한 저축의 원칙', 그리고 끝으로 사회적 불평등은 오직 기회균등과 개방성의 조건하에 그리고 사회의 가장 열악한 지위에 있는 자(최소 수혜자: the least advantaged)에게 이익이 되는 한에서만 허용된다는 '평등의 원칙'으로 구성된다.

이러한 롤즈의 정의론에서 비록 사회경제적 평등이 정치적 평등과 기회의 평등이라는 차원보다 후순위에 놓이기는 하지만, 롤즈가 경제적 평등의 문제를 소홀히 한 것은 아님을 주의해야 한다. 비유하자면 롤즈

주의 사상에 대해서는 정윤석(2000: 225~244) 참조.

는 정치적 자유의 평등한 체계는 헌법상 원칙의 문제이고, 사회경제적 평등은 입법정책상의 문제로 본다. 롤즈는 사회경제적 문제를 이유로 민주적 헌정질서를 해치는 것을 용인하지 않으며 동시에 민주적 헌정질서를 지지해줄 수 있는 사회경제적 체제만을 수용한다. 또한 다른 한편으로 경제질서의 자율성을 부정하지는 않는다. 다만 그것이 정치적 원리의 한계를 넘어 사회의 공적 영역을 지배하게 되는 것을 허용하지 않을 따름이다.

다른 한편 사회경제적 문제 자체에서 보자면 롤즈의 이론은 놀라울 정도로 평등주의적이다. 즉, 불평등은 원칙적으로 허용되지 않으며, 다만 불평등을 제거하는 것이 오히려 사회의 최소 수혜자들에게 불이익이 될 때에만 그 불평등은 정당한 것이 된다. 반대로 말하자면 최소 수혜자들에게 이익이 되지 않는다면 그 불평등은 정당하지 못한 것이 된다. 그런데 롤즈의 정의로운 체제가 과연 어떤 체제와 유사한 것인지에 대해서는 논란의 여지가 있으며, 롤즈 자신은 그 문제에 대한 확답을 피한다. 다만 롤즈의 헌정체제는 시장의 원리를 수용하되, 그것을 어디까지나 정치적 질서 속에서 허용하는 것이다. 예컨대 자원 배분의 효율성을 가늠하는 가격의 할당적 기능을 수용하되, 사회계층을 구분 짓거나 사회 구성원들에게 정치적 불평등이 야기될 수 있는 분배적 기능은 제한한다.[9]

---

9 사람들은 흔히 롤즈를 복지국가의 사회철학으로 평가하는 경향이 있는데, 롤즈 자신은 그에 대해 반대의 뜻을 명확히 하고 있다. 수동적이고 획일적인 부의 재분배는 롤즈의 자율적인 인격의 개념과는 맞지 않는 부분이 있다. 롤즈는 미드의 개념을 좇아 이른바 '재산분유적 민주주의(property owning democracy)'를 말하고 있다.

롤즈가 후기의 저작인 『정치적 자유주의』에서 특히 당부하는 것은 그러한 헌정질서는 다원화된 민주사회에서 보편적인 공적 영역으로 승인되어야 한다는 점이다. 롤즈는 어떤 목적론적 세계관도 그러한 민주적 헌정질서의 형식을 깨뜨릴 수 없음을 강조한다. 종교적 근본주의도 혹은 이상주의적 사회혁명론도 그것이 정치질서에 들어오기 위해서는 민주적 헌정질서의 틀을 존중해야 한다. 즉, 종교적 정치질서도 그 원리를 민주적 헌정질서의 정치적 원리에 맞게 변형해야 하며, 사회혁명론도 역시 그 정치질서를 민주적 헌정질서의 원리에 맞게 수정해야 한다.

이는 사람들 혹은 단체들에게 그 종교적 세계관이나 도덕적 가치관 등을 포기하라는 것이 아니다. 단지 그들의 요구가 공적인 정치과정으로 들어올 때는 사회구성원들 사이의 상호성, 즉 보편화 가능성의 형식을 갖추어야 한다는 것이다. 예컨대 기독교인들은 박애의 이념을 창조설이라는 종교적 교리에 근거하여 이해할 수 있다. 그러나 그 박애의 요구가 공적인 정치과정에 진입하기 위해서는 더 이상 창조설에 기대서는 안 되며, (무엇이 될지 정확히 알 수는 없지만) 인간존엄 등 보편화 가능성이 있는 원리로 변형되어야 한다는 것이다.

롤즈가 추구하는 민주적 헌정질서는 말하자면 모든 대립하는 사회세력과 가치관들 위에 위치하며, 그들 사이의 대립과 충돌을 조절하고 균형을 유지하는 독립적이며 보편적인 공간, 비유하자면 '공동경비구역(JSA)'인 셈이다. 롤즈는 그와 같은 민주적 헌정질서의 우선성이 보장되지 않는다면, 세계관·계급·인종·성 등으로 갈라진 이 사회의 공존과 관용의 체계는 달성될 수 없으며 결국 우월한 사회적 세력의 억압과 차별이 횡행하게 될 것이라고 우려했다.

필자는 이러한 민주적 헌정질서의 이념을, '민주주의 없는 사회주의'

보다 '사회주의 없는 민주주의'를 택하겠다는 보비오의 명제(Bobio et al., 1992 참조)와 유사하게, 근대의 정치적 성찰의 결정체로 간주하며, 앞으로 인류의 여러 난제들, 예컨대 빈곤의 구조화,[10] 환경 문제, 생명공학 문제, 정보사회 문제 등에 대처하는 데에 있어서도 긴요한 정치원리가 될 것이라고 생각한다. 그리고 현대 한국의 민주주의 역사도 바로 그런 관점에서 이해될 수 있고 또 평가되어야 할 것이라고 생각한다.


## 3. 민주적 헌정질서의 규범적 가치

사람들은 민주적 헌정질서의 개념에 대해 특별한 감흥을 느끼지 못할 수 있다. 그것은 정치원리에 대한 상식적 수준에 지나지 않거나 혹은 진부한 것이라고 생각할 수도 있다. 나아가 그러한 원리들은 단지 형식적일 뿐 실제로 중요한 것은 그 형식을 활용할 수 있는 세력이 누구인가가 문제라고 볼 수도 있다. 또한 그 원리가 실현되기 위해서는 물질적인 조건이 필요하며 따라서 사회경제적 개혁이 핵심 관건이라고 생각할 수도 있다.

---

10 이는 단지 분배의 왜곡에 의한 저소득층의 증가와 같은 차원을 말하는 것이 아니라, 사회 시스템 자체의 한계수익 체감(遞減)의 현상, 즉 복잡한 사회의 지속을 위한 비용이 그 사회가 산출하는 수익보다 더 많게 될 수 있다는 점을 염두에 둔 것이다. 이는 또한 자본주의 사회의 이윤율 저하의 법칙만을 말하는 것이 아니라, 문명 붕괴의 일반적 원인에 관한 것이다(테인터, 1999 참조). 현재 산업 문명은 모두 이와 같은 '죽음에 이르는 비만증'에 걸려 있으며 사회주의체제는 다만 좀 더 일찍 붕괴했을 뿐이라고 본다면 너무 비관적인가?

하지만 그러한 관점들이 민주적 헌정질서의 가치를 단지 수단적인 것으로 치부하는 것이라면 그것은 안이한 인식이다. 나아가 당파적 이해관계 혹은 사회경제적 목적에 치우쳐 민주적 헌정질서를 권력의 점유를 위한 경로 정도로 인식한다면 이는 오히려 불행이 될 것이다. 센(Sen, 2000: 58, 201 이하)의 말대로[11] 정치적 자유란 단지 도구적인 의미에 그치는 것이 아니라 구성적 의미도 갖고 있으며, 나아가 자유란 인간 사회 자체의 목적이 되기 때문이다.

이하에서는 그런 관점에서 민주적 헌정질서에 내재한 규범적 가치를 살펴보되, '보편화 가능성'과 '목적에 대한 원칙의 우선성'에 초점을 맞추고자 한다.

## 1) 보편화 가능성

민주적 헌정질서의 규범적 원천은 롤즈나 하버마스에서도 그렇듯이 보편화 가능성의 원리라고 할 것이다. 이는 일찍이 "너의 의지의 준칙이 동시에 보편적 입법의 원리가 될 수 있도록 그렇게 행위하라"는 칸트 실천철학의 정언명령으로 제시된 것이며, 전통적으로 모든 문화에서 볼 수 있는 황금률의 원리와 통한다. 주의할 것은 이 보편화 가능성의 원리가 헌정질서라는 법의 이념에 작용할 경우, 이는 결코 내면의 도덕성, 즉 동기의 순수성을 문제 삼는 것이 아니라는 점이다. 즉, 아주 이기주의적인 동기에서도 보편화 가능성에 맞는 행위를 할 수 있고, 그것이 민

---

11 한편 센(2000: 92)은 롤즈가 『정치적 자유주의』에서 자신의 자유의 개념을 수용했다고 말하고 있음도 주목할 필요가 있다.

주적 헌정질서에 기여할 수도 있다는 뜻이다.[12]

민주적 헌정질서는 이러한 보편성의 원리를 권력의 문제에 요구하는 것이라고 할 수 있다. 무릇 모든 헌정질서의 요체는 폭력을 합법적 권력으로 대체하는 데에 있다. 이는 반대로 말하면 권력의 폭력으로의 퇴행을 방지하는 것이다. 민주적 헌정질서의 특징은 그러한 정당성을 자연법적 근거나 종교적 권위가 아니라, 상호성 혹은 보편화 가능성이라는 형식에서 구하는 것이다. 즉, 인민의 총의에 의한 보편적 명령이라는 형식이다. 권력의 명령이 특정의 사람에서 나오는 것이 아니고 상호성이 인정되는 보편적 원칙에서 나와야 한다는 것이 민주적 헌정질서의 핵심이다.

이는 국민들이 스스로를 통치한다는 국민주권의 원리에 대한 설명이기도 하다. 물론 그에 대해서는 국민의 대표에 의한 입법과 정부 구성 그리고 그에 근거한 행정과 사법이라는, 이른바 대표성의 원리가 있기도 하다. 그러나 대표성의 원리는 도리어 대표자에 의해 훼손될 수 있다. 정부, 의회, 법원 등이 오히려 그 자체가 하나의 이익단체가 되어 자기이익을 추구하거나 다른 특수이익을 대변하는 통로로 전락할 위험이 항상 존재한다. 그러한 문제를 권력 주체들에 대한 심판과 교체로서 해결하기도 하지만, 그것으로는 여전히 충분치 않다. 권력의 형식 자체를 도

---

12 이를테면 각 정치세력이 자신들의 이익을 위해 민주적 헌정질서에 호소하는 것을 불순하다고 배척할 수는 없다. 민주적 헌정질서는 각 개인 혹은 정파를 순수한 도덕주의자로 만드는 질서가 아니다. 다만 개인적 이익 혹은 정파의 이해관계를 추구하되, 그것이 민주적 헌정질서의 한계와 원칙에 입각하여 수행되어야 한다는 점을 요구할 뿐이다.

외시하는 한 권력에 대한 심판의 근거도 박약할 뿐만 아니라 교체된 권력에 대한 기대도 난망(難望)일 것이다. 이러한 이념은 국민주권의 보충적 권리, 즉 민주주의의 대표성의 원리에 대한 보충으로서 유효한 시민불복종의 경우에도 적용됨은 물론이다.

권력의 규범적 형식에 대한 고민이 빠진다면, 권력의 심판은 단지 특정 세력들 간의 다툼에 불과하며 결코 민주적 헌정질서의 지속을 위한 어떠한 소득도 기약할 수 없을 것이다. 인간은 믿을 수 없는 존재이다. 때문에 고대의 아리스토텔레스가 이미 갈파(喝破)했듯이 철인왕의 군주제는 이상적일 뿐 결코 현실적으로 가능하지 않으며, 법치주의가 인치주의를 대체하지 않으면 안 된다. 민주적 헌정질서는 통치 혹은 명령의 주체라는 전통적인 문제를 보편화 가능성이라는 형식으로 해결하려는 시도이다.

통치의 주체가 발하는 명령은 바로 그 자신에게도 적용될 수 있다는 원리, 명령을 받는 자가 동시에 명령을 하는 자에게도 동일한 규범의 준수를 요구할 수 있다는 원리, 즉 자의적 인치(人治)에 반대하는 이 민주적 헌정질서의 원리는 단지 공권력의 남용과 일탈을 제어하는 데에만 유용한 것이 아니다. 모든 사회영역에 내재한 권력질서의 불공정과 부정부패 그리고 자기중심적 특권주의에 대한 기본적 저지선으로 기능할 것이다.

이와 관련하여 지적하자면 진보진영의 덕목으로 얘기되는 당파성도 '주체'의 문제에 치우쳐 그것이 보편성이라는 '형식'을 무시하는 것으로 이해되어서는 곤란하다는 것이다. 사회적 약자를 대변한다는 것이 사회적 차별과 억압에 맞선 '보편적' 정의 원리에 대한 옹호가 아니라 '특정'의 주체를 지지하는 것으로 된다면, 그 당파성은 더 이상 규범적 효력을 주장하기 어려워진다. 나아가 그와 같이 특정의 집단이나 계층에 집착하게 되면, 문제된 사안이 아닌 다른 쟁점들에서는 오히려 편파성을 노정할 수도 있다. 요컨대 진보진영의 당파성은 자칫 교조주의에 빠지거나 특정 사회의 중층적 모순구조와 다양한 차별의 문제에 대해 옳게 대처하기 힘들어질 수 있다.

## 2) 목적에 대한 원칙의 우선성

앞서 민주적 헌정질서는 보편적 원칙에 입각한 질서라고 했는데, 그 원칙은 어떤 궁극적인 목적을 추구하기 위한 것이 아니라 오히려 그러한 목적들을 추구하는 데서 지켜야 하는 원칙으로서 이해된다. 민주적 헌정질서는 공동체를 어떤 특정의 세계관에 따라 형성해나가려는 것이 아니라, 자유롭고 평등한 개인들의 공존의 체계가 될 수 있도록 하는 데에 관심이 있다. 민주적 헌정질서는 근본주의와 양립할 수 없다.[13]

이는 단순한 소극주의에 머무는 것이 아니라 그것을 공적인 원칙으로 격상하려는 것이다. 즉, 관용의 질서를 확립하는 것이 민주적 헌정질서의 요체 가운데 하나인 것이다. 그것은 무원칙한 상대주의로서의 관용이 아니라 관용을 거부하는 배타성을 배제하는 이른바 '배제의 배제' 체제이다.[14] 독일 헌법학에서 유래한 이른바 '전투적(방어적: streitbar)'

---

13 마찬가지로 민주적 헌정질서는 개인의 삶의 목표와 방식에 대해 간섭하려 들지 않는다. 개인의 삶을 자율적으로 구성하고 자신이 희망하는 바에 따라 인생을 설계해나갈 것을 인정한다. 민주적 헌정질서는 후견적 간섭주의(paternalism)보다 해악의 원칙(harm principle)을 취하는 것이다.

민주주의의 이론은 바로 그런 관점에서 이해되어야지 일부에서 주장하듯이 '자유민주주의'에 대항하는 모든 이념들을 부정하려는 것으로 오해해서는 곤란하다. 그러한 '배타적 자유민주주의'야말로 민주적 헌정질서에서 배제되어야 마땅할 것이다.

그와 관련하여 민주적 헌정질서는 '공사의 구분'을 또 하나의 덕목으로 삼고 있다는 점을 기억해야 한다. 이는 한편으로는 사적 부문에 의한 공적 영역의 왜곡과 침식을 방지하는 것임과 동시에 공적 명령에 의한 사적 영역의 침해와 축소도 방지하는 것이다. 민주적 헌정질서는 민주적 세계관과 품성을 요구하나 그것은 어디까지나 공적인 헌정질서의 차원에서만 그렇고, 개인적이고 사회적인 영역이 독자적인 이념과 원리에 의해 운영되는 것에 개입하는 것은 허용되지 않는다. 그러한 개입의 순간, 국가의 공권력은 상호성에 기한 공공성을 상실하고 부당한 강제, 즉 폭력으로 전락할 수 있기 때문이다.

위와 같은 민주적 헌정질서의 관용의 질서는 사회경제적 체제의 문제에서도 적용된다. 민주적 헌정질서는 한 사회의 목표를 설정하고 그것을 강제하는 데에 목적을 두지 않고 오히려 그러한 목적론적인 이념들의 극단화를 제한하고, 경쟁하는 이념들이 서로 따라야 하는 정치적 가치들을 지키는 데에 역점을 둔다. 민주적 헌정질서는 상호성에 기한 공존의 정치원리를 우선시하며, 사회경제적 목표는 그 원칙하에 평가된

---

14 이 '배제의 배제' 개념은 문성원(2000)에서 유래한다. 그런데 문성원은 그것을 롤즈의 관용의 원리와 구분되는 것으로 설명한다. 즉, 롤즈의 이론이 기존의 자유주의에 비해 포섭력과 정당성에서 발전하기는 했지만, 여전히 상대적 폐쇄성에 입각하고 있다고 지적한다(문성원, 2000: 78).

다. 민주적 헌정질서는 인간 조건의 우연성과 불안정성을 심각하게 고려하여 특정 사회적 목표의 배타적 추구가 야기할 수 있는 비인간성을 경계하는 것이다.[15]

이것이 사회경제체제에 대해 무관심하다거나 경제논리에 백지위임하고 있다는 식으로 오해되어서는 곤란하다. 롤즈의 이론에서도 그렇듯이 민주적 헌정질서에서 정치의 우선성의 원리는 정치적 평등을 해치게 되면, 곧 정치적 의사소통이 왜곡되고 그 결과 사회경제적 평등도 옳게 달성할 수 없다는 점에서 이해되어야 한다. 아울러 민주적 헌정질서가 요구하는 '평등한 정치적 자유'에는 이미 일정한 사회적 조건에 대한 요청까지도 포함하고 있다. 즉, 민주적 헌정질서는 사회경제적 조건들이 공정한 정치적 의사소통 과정의 기초를 이룬다는 점을 인식하고 있으며, 그런 한도에서 사회경제적 조건들은 민주적 헌정질서의 구성 부분이 된다.[16]

---

15 이러한 점에서 민주적 헌정질서는 목적론적(teleological) 윤리학보다 의무론적(deontological) 윤리학에 토대를 두고 있다. 이는 롤즈의 용어를 빌자면 '좋음에 대한 옳음의 우선성(the priority of the right to the good)'이라고 표현할 수 있다. 이러한 철학은 인간의 인지적·감정적 능력의 한계를 고려하는 것이다. 인간 사회는 헤아릴 수 없이 많은 자연적·사회적 변수와 우연에 의해 지배된다. 그리하여 인간 사회를 인간의 이성으로 계획하여 이끌어간다는 것은 인간의 능력을 과대평가한 것에 지나지 않게 되는 것이다. 다른 한편으로 인간은 자신의 충동과 감정을 통제하는 데에 항상 성공하는 것은 아니다. 심지어 자신에게 해로운 것인지 알면서도 나아가게 되는 수가 있다. 이와 같은 인지적·감정적 한계로 말미암아 올바른 그 무엇을 추구하는 적극주의보다 그릇된 그 무엇은 회피하려고 하는 소극주의를 채택하게 되는 것이며, 민주적 헌정질서는 일종의 정치적 안전망이라고 할 수 있을 것이다.

16 이와 관련하여 롤즈가 제시하는 바는 다음과 같다(Rawls, 1996: 18~19). ① 선

이와 같은 민주적 헌정질서의 우선성은 예전에 이른바 부르주아 민주주의를 사회주의 혁명의 전 단계로 설정하는 것과 같은 수단적이고 잠정적인 의미 부여와는 다른 것이다. 오히려 민주적 헌정질서의 내재적이며 본질적인 가치를 강조하는 것이다. 즉, 여러 가지 사회경제체제와 양립할 수 있는 보편적 정치원리, 비록 사회경제적인 차원에서 어떤 특정의 목표를 달성할 수 없을지라도, 어떤 사회경제체제라도 인간 사회에서 지속가능하고 수용할 수 있는 체제가 될 수 있도록 규제해줄 수 있는 그런 정치원리를 생각하는 것이다. 이를테면 폴라니(Karl Polanyi)의 논의처럼[17] 경제원리를 정치적 공동체의 틀 속으로 되돌리는 작업으로 이해해주면 좋을 것이다.

## 4. 민주적 헌정질서의 진보적 의미

흔히 진보라고 하면 사회적 약자의 '실제적' 권익의 옹호로 이해되어 설사 민주적 헌정질서가 중요하다고 해도, 그것은 여전히 형식적인 가치일 뿐 진보적인 차원에서는 별 의미가 없다고 생각할 수도 있다. 물론 민주적 헌정질서가 사회진보의 충분조건은 아닐 수 있다. 그러나 그것

---

거공영제 및 공공정책에 관한 정보의 보편화를 위한 공적 지원, ② 기회에 있어서의, 특히 교육과 직업훈련의 기회에 있어서의 공정한 평등, ③ 소득과 부의 적절한 분배, ④ 실업구제의 최종적 대안으로서의 정부, ⑤ 기본적인 건강보장. 이러한 조건을 만족하는 사회체제가 구체적으로 무엇이 될지는 해당 사회의 역사적 상황과 기술적 수준 그리고 사회구성원들의 합의에 맡겨지는 끊임없는 과제로 이해되어야 할 것이다.

[17] 대표적인 저서로는 폴라니(Polanyi, 1991)를 들 수 있다.

을 위한 필요조건이라는 점을 잊어서는 안 된다. 사회진보라는 소망스러운 상태가 진보적 인사들이 학문적으로 논하는 사회경제적 이상과 같을 것이라 생각하는 것은 단견일 수 있다.

사회경제적 체제 개선을 위한 실천과 대안의 노력 없이 민주적 헌정질서만을 되뇐다면 그것은 예컨대 가난의 고통을 무시하는 규범물신주의와 같은 것으로 전락하겠지만, 반대로 민주적 헌정질서가 함의하는 인간질서의 보편적 형식을 경시하고 사회경제적 내용만을 주장하는 것도 인간의 한계와 권력의 위험성을 경시하는 무책임한 낭만주의에 빠질수 있다. 이하에서는 이런 관점에서 민주적 헌정질서가 사회경제적 차원과 관련하여 어떤 진보적 가치를 지닐 수 있는가를 살펴보고자 한다.

첫째, 민주적 헌정질서는 공적인 강제의 사용을 최대한 억제케 하면서, 동시에 부당한 폭력에 대한 법적 보호수단을 보편적으로 예비하고 있다는 점에서 진보의 의미를 지닌다. 즉, 사회경제적 소수자에게 가해질 수 있는 사회적 폭력과 공권력의 남용과 일탈의 위험성을 경계한다. 민주적 헌정질서가 정치체제의 구성에서 특히 역점을 두는 것은 폭력의 법적 강제로의 전환이다. 사회의 부당한 폭력을 다스리는 것이 모든 헌정질서의 사명이지만, 민주적 헌정질서는 더 나아가 국가의 법적 강제력이 다시 가공할 폭력으로 변전할 위험을 각별히 자각하고 있다.

그리하여 민주적 헌정질서는 국가의 공권력은 결코 편의주의적으로 행사되어서는 안 되고, 반드시 민주주의와 공공성의 엄격한 원칙에 따라 필요최소한도로 행사되어야 하며, 그에 대해 사전적으로는 물론이고, 사후적으로도 통제장치를 마련하는 데에 주력한다. 이러한 폭력의 법적 강제로의 전환은 폭력을 축소시키고 폭력에 대한 대항력을 강화시켜, 사회의 가장 약자도 자신의 존엄을 지킬 수 있는 조건을 마련해준다는 점에서 진보의 이념에 부합한다.

둘째, 민주적 헌정질서의 진보적 의미는 역설적으로 진보의 독점과 배타성을 완화시키는 데에서 구해질 수 있다. 민주적 헌정질서는 이상사회를 지향하지만 이상사회를 특정하여 독점하려고 하지 않을 뿐만 아니라, 그러한 근본주의를 배격한다. 민주적 헌정질서는 20세기의 또 하나의 불행이 말해주듯 이상사회의 달성이라는 미명하에 저질러지는 전제와 억압을 두려워한다.

민주적 헌정질서는 어떤 특정의 사회경제체제라는 목표를 향해 가는 체제는 아니다. 다만 자율성과 공공성의 정치원리를 지켜낼 수 있는 사회적 조건을 강조할 따름이며, 구체적인 사회경제체제는 다시 그러한 민주적 정치과정을 통해 결정되는 것으로 이해한다. 사회경제적 체제는 역사적 상황과 기술적 조건들에 따라 변화하는 것으로서 어떤 특정의 사회상을 전제하는 것은 어리석은 일이 될 수 있다. 이러한 민주적 헌정질서에서 이른바 소수파들은 자신들의 독특한 주의와 주장을 추구하고 표명할 자유를 누릴 수 있으며, 그것은 곧 전체 사회의 진보를 위한 신선한 계기가 될 것이다.

셋째, 민주적 헌정질서에서의 정치의 우선성이 지니는 진보의 의미이다. 민주적 헌정질서의 문제를 사회경제적 체제의 문제로 환원시키려는 태도에 반대하는 주요한 이유는 바로 사회적 위기관리에 대한 문제의식 때문이다. 대안적 사회경제체제가 민주적 헌정질서의 문제까지 해결해준다고 보는 입장에서는 예컨대 사회경제적 위기가 곧바로 극단적인 폭력적 해법으로 귀결되는 것을 방지하기가 쉽지 않다.

민주적 헌정질서는 비록 평등한 정치적 자유를 넘어서 사회경제적 평등을 직접적으로 요구하는 것이 아닐지 모르나, 그것은 사회경제적 위기를 민주적으로 해결할 수 있게 하는 긴요한 장치가 된다. 민주적 헌정질서가 확고하게 자리 잡고 있을 때, 사회경제적 위기는 그것이 아무리 어려운 경우라도 합당한 고통분담 혹은 지연된 보상을 통해 어떻게든 해결될 수 있을 것으로 기대할 수 있다.

반대로 민주적 헌정질서가 갖춰지지 않았다면 사회경제적 대안의 논의도 결코 적절한 결론에 도달할 수 없을 뿐 아니라 설사 이상적인 결론을 향해 나아간다고 하더라도 그 결과는 보장할 수 없게 됨을 유의해야한다. 사회경제적 이상을 위해 민주적 헌정질서를 손상시킨다면 그 사회경제적 이상은 언제 돌연 압제의 괴물로 돌변할지 모르는 것이다.

넷째, 민주적 헌정질서의 규범적 원리의 확립은 동시에 진보적인 사회경제적 질서의 기초를 구성할 수 있다. 민주적 헌정질서는 사회경제적 목적보다 그러한 목적을 추구할 때 준수해야 하는 원칙을 강조하는 것이지만, 그것이 바로 모든 합당한 사회경제체제의 조건을 구성하게 되는 것이다. 우선 민주적 헌정질서는 의사결정과정의 공공성을 확보하여 원칙의 보편성과 구성원들의 상호 신뢰를 진작시키며 이로 인해 타인의 무임승차의 의구심에서 오는 위험과 불필요한 비용을 덜 수 있다. 이는 특히 사회의 구성원들이 '미래의 보편적 위험을 예방하기 위한 현재 나의 이익의 포기'라는 어려운 결정을 수용하는 데에 큰 도움이 될 것이다. 즉, 민주적 헌정질서는 구체적인 사회경제적 정책에 대해서는 단언할 수 없지만 올바른 결정의 조건이 되는 이른바 '사회적 자본'[18]을 구축해줄 수 있다.

---

18 이 개념은 푸트남(Putnam, 2000)에서 따온 것이다.

또한 민주적 헌정질서의 원칙주의는 일반적으로 사회경제적 이익의 분배와 손해의 귀속에 있어 합리성을 지지한다. 물론 민주적 헌정질서는 개인들이 경제적 이익이나 사회적 지위 획득을 추구하는 것을 부정하지 않지만, 그러한 목적의 추구가 민주적 헌정질서를 훼손하는 것은 용인하지 않는다. 즉, 민주적 헌정질서에서 사익의 추구는 오직 공공성, 즉 보편화 가능성의 형식을 통해서만 가능한 것이다. 이는 넓은 의미에서 '의주리종(義主利從)'[19]의 사회경제적 문화의 형성을 뜻하며, 그런 문화적 조건이 견지된다면 사회경제질서가 부정부패와 인적 관계에 의해 부당하게 침해되는 일은 상당부분 해소될 수 있을 것이다. 어떤 사회경제체제이든 그러한 원칙이 지켜지지 않는다면 그 체제는 결코 소망스러운 것이 될 수 없으며, 반대로 어떤 사회경제체제이든 그러한 원칙만 지켜진다면 그래도 인간다운 질서라고 할 수 있을 것이다.

## 5. 맺음말

이 글은 그간의 우리 민주주의의 역사에서 권력과 억압에 대한 저항의 문화는 강력하게 자리 잡았지만, 규범적 정치원리 일반에 대한 헌신은 오히려 약화된 것이 아닌지 자문해보는 것으로 시작했다. 우리 민주주의가 더 이상 전진하지 못하고 답보 혹은 퇴행하는 이유는 민주화운동이 어느덧 권력의 장악이라는 문제로 변질되고, 그에 따라 민주주의

---

19 이는 조선 성리학(性理學)의 개념이나 다른 표현을 구하기 어려워 비유적으로 쓴 것이다.

에 대한 대중적 신뢰를 상실했기 때문인지도 모른다. 권력에 대한 의지를 부정할 수는 없고, 또 정치권력의 획득이라는 현실적 목표의 중요성을 간과할 수 없겠지만, 그것은 동시에 민주적 헌정질서의 형식 속에서 수행되어야 할 것이다.

현재 우리 사회는 다시 대선 국면으로 접어들고 있다. 한반도의 긴장이 고조되고 대중의 피해의식에 편승한 우익의 극단주의가 다시 득세하는 상황에서[20] 치러질 이번 대통령선거는 민주적 헌정질서 수립에 중대한 고비가 될 것으로 보인다. 범민주진영의 여러 정파들이 자파의 확대와 기득권의 고수라는 차원에서 접근한다면 설사 진보진영의 승리 혹은 전진이라는 결과에 이른다고 해도, 민주적 헌정질서를 위해서는 전혀 득이 되지 않을 수도 있다.

민주적 당파의 세력은 커진다고 해도 민주적 헌정질서에 대한 대중의 정치적 각성이 축소된다면 그것은 오히려 위태로운 일이다. 민주주의가 세력들 간의 승패의 문제로 환원된다면 우리 민주주의의 미래는 기약하기 어렵다. 민주주의의 역사는 그 반대세력이 사실적인 힘에서 월등히 우세함에도 불구하고 정의와 평화를 위한 인민의 소망에 의해 전진해온 것임을 다시 상기할 필요가 있다.

21세기에 접어들면서 우리 사회는 물론 전 지구적으로 위기가 심화되고 있으며 우리의 민주주의와 한반도의 평화도 낙관만 할 수 없는 상황이 되었다. 이런 상황에서 진보진영의 과제는 무엇일까? 당파 세력의

---

20 서해교전으로 뒤숭숭한 사회 분위기에서 지난 7월 25일 대통령이 전군 지휘관들을 초청하여 대선에서의 군의 정치적 중립을 특별히 당부했다는 사실은 어떻게 해석해야 할까?

확대와 사회적 이상의 선명성일까? 아니면 민주공화국의 가치에 대한 대중적 신뢰의 복원일까? 우리가 힘써야 할 것은 어쩌면 최선의 성과를 위한 도모가 아니라 현재의 위기에 대한 최소한의 저지선의 확보일지도 모른다. 이 시점에서 바이마르 공화국의 붕괴 직전에, "공화국은 별것 아니다. 우리의 목표는 사회주의이다"라고 외치던 사회주의자들의 안이한 인식이 떠오르는 것은 공연한 연상일까?

# 제2장

## 롤즈의 정치적 자유주의

### 1. 머리말 ― 문제의식

이 글은 존 롤즈(John Rawls)의 사상이 제시하는 정치적인 것의 의미를 탐구하는 데 목적이 있다. 미리 말하자면 롤즈에게 정치적인 것은 입헌민주주의(constitutional democracy 혹은 constitutional regime)를 뜻하는 것으로서, 이 글 또한 입헌민주주의에 대한 재조명이라고 할 수 있다.

주지하듯이 롤즈는『사회정의론(A Theory of Justice)』[1] 이후 자신의 이론에 대한 여러 비판과 논란에 대해 응답을 해가면서 1993년『정치적 자유주의(Political Liberalism)』[2]라는 저술을 다시 내놓게 된다.[3] 롤즈 사상

---

1 이 책은 1999년 Oxford University Press에서 개정판이 나왔다. 국내에서 황경식 교수가 번역한『사회정의론』(1985)은 1971년판에 의한 것이다. 이 글에서의 인용은 개정판에서 변동이 없는 한, 황경식의 번역본에 따를 것이다. 이하『정의론』으로 약칭한다.

의 전개과정에서 중요한 논문인 「공정으로서의 정의: 형이상학적인 것이 아니라 정치적인 것」이 말해주듯이 롤즈의 후기 사상에서의 화두는 '정치적인 것'이다.

법의 영역에서 정치는 경원시된다. 이는 물론 각 영역의 독자성 때문이지만 때로는 법의 피해의식과 우월의식이 원인이기도 하다. 많은 법률가들은 정치에 휘둘리는 법의 모습에 자괴감을 느끼면서 동시에 정치에 초연함으로써 위안을 삼고 있다는 사실을 부인하기 어려울 것이다. 그러나 그러한 양 극단의 심리는 오히려 사태를 악화시키는 것으로 보인다. 그 상태로는 패배의식과 무기력에서 벗어나 법의 본질에 대한 어떤 진실된 인식을 기약하기 어려울 것이다. 때문에 법과 정치의 관계에 있어서 냉정하면서도 책임 있게 대면하는 자세가 소망스러워진다.

여기서 잠시 슈미트(Carl Schmitt)를 떠올려보자. 슈미트의 법사상이 비록 전체주의와 친한 것이었고 결국 법의 종말로 인도하는 것이었음에도 불구하고(Scheuerman, 1999), 그의 헌법론이 여전히 큰 감흥을 주는 까닭은 어디에 있는가? 그것은 바로 법과 정치의 관계에 정면으로 육박

---

2 이 책은 1996년에 페이퍼백판으로 다시 출판되었는데, 거기에는 「새로운 서문」과 「하버마스에 대한 응답」이 추가되었다. 장동진 교수가 번역한 『정치적 자유주의』(1999)는 1993년판에 의한 것이다. 이 글에서의 인용은 장동진의 번역본에 의존할 것이며, 이하 『자유주의』로 약칭한다. 다만 페이퍼백판의 「새로운 서문」을 인용할 때에는 「New Introduction」으로 약칭한다.

3 롤즈는 1999년에 The Law of Peoples를 펴냈다. 이 책은 그의 정치적 자유주의 사상을 국제적으로 확장한 것으로 볼 수 있다. 이 책 역시 장동진 교수가 책임번역을 맡아 『만민법』(2000)이라는 제목으로 나왔다. 한편 롤즈는 이 책에 「공적 이성의 재조명」이라는 부록을 붙였는데, 이는 『정치적 자유주의』에 실렸던 '공적 이성'에 대한 부가적 논문이다. 이에 대한 인용은 「재조명」이라고 약칭한다.

해 들어가는 그 과감성 때문일 것이다. 주지하듯이 슈미트가 제시하는 "적과 동지의 구분"이라는 정치의 개념(슈미트, 1995), 그리고 "정치적 구성 부분"이 법의 핵심이라고 하는 그의 헌법론(Schmitt, 1957: 125 이하)은 우리 법학도들을 적어도 한순간이나마 꼼짝없이 사로잡는 힘을 가지고 있다.

롤즈가 현대 정의론의 대가라는 것은 익히 알려져 있다. 그러나 롤즈는 『정치적 자유주의』에서 그의 정의론을 정치적으로 재해석한다. 즉, 이제 롤즈의 정의론은 단지 정의 자체가 아니라 정치의 본질과 과제에 대한 천착으로 읽혀야 하는 것이다. 적어도 필자가 알기로는 현대 법철학계에서 슈미트 이래로 이처럼 정치를 본질적인 문제로서 취급한 철학자는 없는 것 같다.

이후 논의가 진행되면서 드러나겠지만, 롤즈는 슈미트와 대척점에 위치하고 있는 것으로 판단된다. 실제로 롤즈는 『정치적 자유주의』의 페이퍼백판 서문의 끝에서 자신의 소망을 밝히면서 슈미트를 비판적으로 지목했다.[4] 즉, 슈미트의 사상은 정치와 법의 관계에 있어 법에 비판적인 색조를 입히고 입헌민주주의에 대한 불신을 시사한다. 그러나 롤즈의 정치개념은 그와 반대이다. 슈미트에게 정치적 통일성을 위한 정치적 결단이 엄중한 진실이었다면 롤즈는 정치에 규범적 공간을 확보하는 입헌민주주의야말로 절실한 과제였던 것이다.

요컨대 롤즈에서 정치적 공간을 구성하는 역할은 바로 법에게 주어져 있는 것이다. 롤즈의 사상을 따라가다 보면 우리는 정치에 대해 불평

---

4 사세한 내용은 이 장의 각주 45를 참조.

만 할 것이 아니라 그 동안 법률가들이 오히려 정치에 대해 너무 무책임
한 것은 아니었는지 정치가 실패하고 그리하여 법이 왜곡되는 까닭은
바로 법률가들이 올바른 정치적 공간을 만들어야 하는 법적 원칙들을
견지해내지 못한 데에 그 원인이 있는 것은 아닌지 자문하게 된다.

　이하에서는 이와 같은 문제의식을 바탕으로 롤즈의 이론을 고찰하는
데, 우선 그의 정치적 자유주의가 정치적 선회(political turn)[5]라고 불리는
까닭과 그 과정을 소개하고, 이어서 롤즈가 추구하는 자율적인 정치영역
이 무엇이며 어떻게 구성되는가를 알아보고, 끝으로 그 정치적 영역을
규율하는 원리로서 롤즈의 정의의 원칙을 재조명해보도록 할 것이다.


## 2. 롤즈 이론의 정치적 선회

### 1) 롤즈 정의론의 과제

　롤즈 사상의 기저에 흐르는 문제의식을 단적으로 얘기하면, 정치사
회의 반목과 불화를 어떻게 극복하여 공동의 협력체계로서의 사회를 이
룩할 것인가의 문제라고 할 수 있다. 롤즈는 그 불화의 원천을 첫째, 화
해 불가능한 포괄적 교리(comprehensive doctrine)[6]들 간의 상충, 둘째, 사

---

　5 이는 로티(Roty, 1999: 201~222)의 표현이다.

　6 이는 종교적·도덕적·철학적 교리로서 세계관·인생관·가치관으로 이해될 수 있
다. '포괄적 교리(혹은 교설)'란 표현은 학계에서 전문적으로 사용하는 용어지만, 일
반적으로는 생소한 말이므로 롤즈의 사상체계를 이해하는 데에 중요한 경우에는 그

회적 지위·계급·성·인종 등에 의한 차별과 갈등으로 보고 있다(「New Introduction」, lx; 「재조명」, 278).[7]

롤즈의 정의론, 더 구체적으로는 그의 유명한 정의의 두 원칙(평등한 자유의 원칙[8]과 차등의 원칙[9])은 자유롭고 평등한 시민들이 위와 같은 간

---

용어를 그대로 사용하지만 그렇지 않은 경우에는 논의의 문맥을 좀 더 자연스럽게 유지하기 위해 세계관, 가치관 혹은 인생관 등으로 표현하기로 한다.

7 롤즈는 그 불일치의 세 번째 근거로서 이른바 판단의 부담(burden of judgement)을 든다. 이는 인간의 인지적 한계로서 인식과 판단의 불일치를 뜻한다. 그러나 이것은 인간의 기본적인 조건으로 결코 완전히 극복될 수 없는 문제이다. 이는 오히려 앞의 두 갈등과 차이가 결코 어느 일방적인 세력에 의해 결정될 수 없도록 해주는 기본 조건으로 기능한다. 즉, 인지적 제약으로 말미암아 우리는 누구도 정치적 진리를 독점할 수 없으며 따라서 상호성이 인정되는 공정한 정치체계가 필요한 것이다. 따라서 이 판단의 부담은 인간 사회의 불일치의 근원으로 이해되기보다는 관용의 원리와 사상과 양심의 자유에 대한 적극적인 근거로 이해되는 것이 좋을 것이다. 이에 대해 롤즈는 『자유주의』(68 이하)에서 자세히 설명하고 있다.

8 이것은 다음과 같다. "모든 사람들은 다른 사람들의 유사한 자유의 체계와 양립할 수 있는, 평등한 기본적 자유의 가장 광범위한 전체적 체계에 대해 평등한 권리를 갖는다"(『정의론』, 267). 한편 참고로 말하면, 그 원칙은 책의 앞부분에서 우선 잠정적 형태로 제시되는데, 그것은 "모든 사람들은 다른 사람들의 유사한 자유와 양립할 수 있는 가장 광범위한 기본적 자유에 대해 평등한 권리를 가져야 한다"(『정의론』, 82)는 것이다. 『사회정의론』 개정판에서는 애초부터 위의 완결된 형태의 내용으로 제시되고 있다(『정의론』 개정판, 53). 그러나 이러한 규정은 후술하듯이 『정치적 자유주의』에서 재차 수정된다.

9 이는 "사회적·경제적 불평등은 다음 두 가지, 즉 ① 그것이 정의로운 저축원칙과 양립하면서 최소 수혜자에게 최대 이득이 되고, ② 공정한 기회균등의 조건 아래 모든 사람에게 개방된 직책과 직위에 결부되도록 배정되어야 한다"는 것이다. 이 또한 구성의 과정을 거쳐서 나온 완결적 형태인데, 애초의 잠정적 표현은 "사회적·경제적 불평등은 다음 두 조건을 만족시키도록 조정되어야 한다. ① 그 불평등이 모든 사람

극에도 불구하고 공동의 협력체계로서의 사회를 구성하는 데에 필요한 규범적 척도로서 제시된 것이다. 그의 후기 이론까지 감안하여 말하자면 그의 정의론은 결국 그러한 반목과 불화 속에서도 공정한 사회를 유지시켜 줄 수 있는 입헌민주주의를 확보하기 위한 것이라고 할 수 있다.

여기서 롤즈의『정치적 자유주의』는 특히 첫째 문제에 대한 더 깊은 천착이다. 즉 롤즈는 그의『사회정의론』이 그 문제의 심각성을 제대로 반영하지 못했다는 인식에 도달했던 것이다. 단적으로 말하자면, 롤즈의『사회정의론』에서 설정된 공정으로서의 정의도 역시 하나의 포괄적 교리인 자유주의에 기초하여 설명되었기 때문에[10] 다른 포괄적 교리들과의 충돌을 피할 수 없었던 것이다. 즉 서로 배타적인 종교적, 철학적, 도덕적 교리들을 지침으로 삼고 있지만 자유롭고 평등한 시민들 사이에 정의롭고 안정된 사회를 유지시키는 것이 어떻게 가능한가(『자유주의』, 4) 하는 문제가 제대로 해명되기 어려웠던 것이다.[11] 그와 같이 하나의 포괄적 교리로서 제시된 정의론으로는 시민들 간의 반목을 조절하여 공

---

에게 이익이 되리라는 것이 합당하게 기대되고, ② 그 불평등이 모든 사람에게 개방된 직위와 직책에 결부되어야 한다"(『정의론』, 82)는 것이었으며, 이후 그 "모든 사람에게 이익이 된다"라는 뜻을 더 구체화하여 그것이 "최소 수혜자에게 최대의 이익이 되고"로 바뀌었으며(『정의론』, 103), 이후 세대 간의 정의까지 감안하여 위와 같은 최종 형태에 이르게 된 것이다. 이러한 차등의 원칙은 평등한 자유의 원칙과는 달리 이후『정치적 자유주의』에서도 변함없이 유지되고 있다.

10 이에 대한 롤즈의 시인은 곳곳에서 반복되고 있으나 대표적으로는「New Introduction」(xlii)이다.

11 이를 롤즈는 안정성(stability)의 문제로 표현한다. 그리고 그 문제의식이 바로『사회정의론』에서『정치적 자유주의』로의 변화를 낳게 되었다고 얘기하고 있다(『자유주의』, 서문 xx).

정한 협력체계로서의 정치적 틀, 곧 입헌적 민주주의를 구축하는 데에 성공하기 어려웠던 것이다.

롤즈의 진의는 그것이 아니었다고 해도,[12] 그러한 결함은 그 자신이 제공한 면이 있었다. 즉,『사회정의론』에서 롤즈의 이론은 자유주의적인 인간관에 기초한 합리적 선택이론(The Theory of Rational Choice)의 일부로서 제시되어,[13] 정의에 대한 궁극적 정초를 위한 시도로 이해될 소지가 컸던 것이다.[14]

---

12 사실『사회정의론』에서 롤즈는 이미 상충하는 포괄적 교리들에 의한 문제성과 그의 정의론은 관용에 기초한 정치적인 성격의 것이지 형이상학적인 포괄적 교리가 아니라는 점을 밝힌 바 있다. "평등한 양심의 자유는 원초적 입장에 있는 자들이 받아들일 수 있는 유일한 원칙이라고 생각한다. 그들은 어떤 지배적인 종교적 혹은 도덕적 교리가 제멋대로 다른 교리를 박해하고 억압하는 것을 허용함으로써 그들의 자유에 모험을 걸 수는 없을 것이다"(『정의론』, 222)라고 하고 있다. 또한 그의 정의의 원칙은 관용을 뜻한다며 그것은 "어떤 특정한 형이상학적 교리나 인식론도 내포하지 않는다"(『정의론』, 229)고 했고, 그 "논증은 어떤 특정한 형이상학 내지는 철학이론에 입각하고 있는 것이 아니다"(『정의론』, 230)라고 밝히고 있다.

13 롤즈는 자신의 이론이 "합리적 선택 이론의 일부분"(『정의론』, 38)이라고 얘기한 바 있는데,『자유주의』(66 본문 및 각주 7)에서 그것이 오류였음을 밝힌다. 당사자들의 합리성만으로 정의의 합당성을 근거지울 수는 없다. 즉, 롤즈는 고티에(Gauthier)의『합의도덕론』과 같이 합리적인 것에서 합당한 결론이 추론될 수 있다고 보지 않는 것이다.

14 롤즈의『사회정의론』은 칸트적 계약론의 현대적 재구성으로 이해되었다. 롤즈는 자신의 정의론의 방법론인 원초적 입장을 칸트의 자율성의 개념과 정언명법에 대한 절차적 해석으로 볼 수도 있으며(『정의론』, 273), 그의 정의원칙은 칸트적 의미에서 정언명령(Kategorischer Imperativ)과 같다고 하는 등 그의 이론의 기초가 칸트의 형이상학적 인간관에 있는 것처럼 보였다. 이러한 롤즈의 태도는 한편에서는 서구 자유주의 전통을 창조적으로 계승하는 획기적인 정의론으로 칭송되었던 반면, 다른

그리하여 롤즈는 이후 그의 자유주의는 포괄적 교리로서의 자유주의가 아니라 모든 세계관과 가치관을 공존할 수 있게 하는 정치적 영역을 구축하는 관용으로서의 자유주의라는 점을 명백히 할 필요가 있었다.[15] 롤즈의 정의론은 어떤 포괄적인 교리에 기초하여 연역된 것이 아닌 자립적인(free-standing) 정치적 원리가 되는 것이다. 즉, 삶의 목적이나 인

---

한편에서는 편협한 인간관에 기초한 것이라고 비판받기도 했다. 이 비판은 이른바 공동체주의자(Communitarian)들에게서 나온 것이다[롤즈의 인간관을 비판하는 대표적인 공동체주의자로서는 샌들(Sandel)과 테일러(Taylor)를 들 수 있다]. 그러나 이제 롤즈는 비록 칸트의 계약론과 구성주의를 계승하되, 계약 당사자들은 형이상학적 인간관에 기초하고 있는 것이 아니라 정치적 인간관으로서의 자유롭고 평등한 시민이라는 개념에 기초하고 있을 뿐이며(『자유주의』, 35 이하), 그 구성주의의 성격은 칸트의 구성주의와 같이 실천이성의 원칙들에 의해 근본적 가치를 구성하는 것이 아니라 단지 정치적 가치만을 구성하는 정치적 구성주의임을 밝힌다(『자유주의』, 111 이하).

15 롤즈의 정치적 자유주의는 도덕 및 인격 자체에 대한 어떤 형이상학적 인식에서 출발하는 것이 아니라, 단지 정치적 도덕성과 정치적 인간관에 기초하고 있을 따름이다. 즉, "인간본성에 대한 고려는 뒤로 미루고 대신 시민으로서의 정치적 인간관에 의존하고자 한다"(「재조명」, 271)라고 하고 있다. 롤즈의 자유주의는 이제 인격의 자율성(autonomy)의 개념에 기초하여 도덕질서 자체를 실천이성의 원칙들에 의해 구성하려는 칸트적 포괄적 자유주의와의 선을 분명히 긋고 있다(『자유주의』, 156). 부연하면 롤즈가 말하는 시민들의 자율성은 칸트의 인격적 자율성과 밀의 개인성(individuality)과는 달리(『자유주의』, 122; 「재조명」, 230), 정치적 자율성 혹은 충분한(full) 자율성으로 개념화된다(『자유주의』, 97). 포괄적 자유주의와 정치적 자유주의의 차이를 교육이라는 관점에서 보면 칸트와 밀의 자유주의는 인생 전체를 관장하는 이상으로서 자율성과 개별성의 가치를 촉진하도록 구상된 것이나 정치적 자유주의는 그런 목적을 갖지 않으며, 훨씬 적은 것을 요구한다. 정치적 자유주의는 다만 다른 사람들과의 관계에서 사회적 협력의 공정한 조건을 존중할 수 있게 하는 정치적 덕목들을 장려하는 것이다(『자유주의』, 246).

간의 본질은 무엇인가 하는 철학적 근본문제와 거리를 두고, 다원주의적 현실에서 어떻게 공동의 정치영역을 구성해갈 수 있는가를 탐구할 뿐이라는 것이다. 롤즈는 그의 정의론에서 쓴 형이상학적인 혐의들로부터 벗어나기를 희망하고, 자신의 정의관은 어떤 철학적 진리의 주장과도 무관한 정치적 관념임을 강조했다.[16] 정치는 독자적인 덕목에 의해 움직이는 자율적인 영역이 되는 것이다. 물론 그 자율성은 후술하는 바와 같이 무관심과 회의가 아니라 각 포괄적 교리들에 대한 관용과 동시에 그것의 자기관철에 대한 절제를 의미한다.

이러한 롤즈 사상의 정치적 선회는 앞서 언급했듯이 1985년 「공정으로서의 정의: 형이상학적인 것이 아니라 정치적인 것」이라는 논문에서 결정적으로 확인된다. 이어서 「중첩적 합의의 이념」, 「좋음에 대한 옳음의 우선성」, 「정치적인 것의 영역과 중첩적 합의」 등의 논문을 발표함으로써 그는 자신의 정의론과 자유주의의 성격을 더욱 정교하게 해명했다. 그리고 그 이후 「공적 이성」 등이 추가되어 1993년 『정치적 자유주의』라는 저작으로 정리된다.[17]

---

16 롤즈는 이제 철학적 인식론을 괄호 안에 묶어두는 것이다. 이를 회피의 방법 (the Method of Avoidence)이라고 말한다(Rawls, 1999a: 395). 롤즈는 현대 다원주의 시대에서 사회의 기초를 어떤 철학적 진리나 인식론적 원리에 입각하여 구하려는 시도는 무용할 뿐만 아니라 정치적으로 결코 바람직하지 않다고 보는 것이다.

17 위 논문들은 *Colleted Papers*(Rawls, 1999a)에 모아져 있다. 한편 1999년에 『만민법』이 출판되는데, 여기에서는 그의 정치적 자유주의의 사상이 국제관계로까지 확장되는 것을 볼 수 있다.

## 2) 자율적 영역으로서의 정치

앞서 본 바와 같이 롤즈에게 '정치'란 사회적인 관계들로부터 독립해 있는 일종의 상위의 독자적인 질서이다. 롤즈에게 '국가'란 동일한 목적 하에 모인 협회(association)도 아니고 포괄적 교리에 입각한 공동체(community)도 아니다(『자유주의』, 51 이하). 이를테면 '사회적 연합체들의 사회연합(the social union of social unions)'(『정의론』, 536; 『자유주의』, 391)으로서 사회의 여러 목적과 신념들을 보호하면서 또 그것을 초월하는 상위의 질서가 필수적인 것이며, 그것이 바로 정치적인 영역이 되는 것이다. 그리고 이제 정치적 자유나 사상의 자유도 인격의 도덕성에서 연유하는 인권이 아니라 서로 다른 시민들 간에 평화공존을 가능케 하는 정치적 영역(political domain)에서의 기본권으로 이해되어야 하는 것이다.

그에 따라 롤즈의 정의론의 기초인 사회계약론의 성격도 변하게 되었다. 그러한 공존을 위한 정치적 조건들에 대한 대표 당사자들의 합의는 결코 다른 원리들을 배척하는 합의가 아니라 모든 합당한 포괄적 교리들의 지지자들이 각기 자신의 세계관과 가치관에 입각한 채 다만 공존의 정치적 영역을 확보하기 위한 합의, 즉 '중첩적 합의(overlapping consensus)'라야 하는 것이다.

이렇게 하여 정치적 정의관은 정치적 기본 틀에 관해 모든 포괄적 교리들에 '공통적으로 붙여지는 구성 부분(module)'이 되고, 각 포괄적 교리의 지지자들도 그들의 요구가 정치사회에서 합당한 것으로 인정받기 위해서는 그 교리에 더해 붙이지 않으면 안 되는 단서(proviso)가 되는 것이다.

즉, 롤즈의 정치적 정의관은 각자 추구하는 가치(좋음)가 자체 논리만으로 관철되는 것에 한계를 지우는 원칙(옳음)들이다. 롤즈의 정의론은 시민들에게 어떤 궁극적인 목적을 제시해주는 것이 아니라 시민들이 각기 인생관을 평등하게 추구할 수 있도록 해주는 공동의 영역이자 지침이다. 롤즈의 정치적 자유주의는 이와 같은 '좋음에 대한 옳음의 우선성(the priority of the right to the good)'으로 특징된다.

또한 정치적 공간에서는 시민들은 '공적 이성(public reason)'의 지도하에 행해야 한다. 하나의 공정한 정치사회에서 살아가는 이들이라면 그들이 어떤 세계관과 가치관을 가지고 있든 적어도 기본적인 정치적 영역에 관해서는 자신의 교리를 타인에게 강요할 수 없으며, 마찬가지로 정치적 영역을 벗어나서는 타인의 교리에 대한 반대와 비판을 할 수 없게 된다. 시민들이 국가의 강제력을 동원할 수 있는 부분은 오직 정치적인 영역에 한정되며, 그것도 오직 정치적 언어와 정치적 척도에 따르는 공적 논의를 거쳐야만 한다.

위와 같은 맥락 속에서 롤즈의 정의의 두 원칙은 이제 폭넓은 '정치적 정의관(the political conception of justice)'의 한 유력한 예로서 이해된다. 즉, 롤즈의 정의론의 중점은 정의의 두 원칙이 아니라 민주적 절차로서의 정치적 기본권의 목록 및 그것의 우선성 그리고 그것을 뒷받침하는 사회적 조건들을 요구하는 좀 더 광범위한 원칙들로 이행하는 것이다.

요컨대 롤즈는 자신의 정의론은 다원주의적 정치현실을 전제로 하며, 관용의 정신을 정치철학적으로 구현한다. 물론 롤즈의 이론이 단지 상대주의에 머무는 것은 아니다. 그 다원주의는 무원칙한 타협이나 적대감을 숨긴 잠정적 평화가 아니라 공정한 협력체계로서의 합당한 것이 되지 않으면 안 되는 것이다. 롤즈의 정의론은 사회의 제반 이데올로기적 갈등에도 불구하고 흔들리지 않는 또 보호되어야 하는 정치적 영역을 제시하는 것이라고 할 수 있다. 이를테면 대립하는 세계관들 사이의 충돌을 완화하는 '공동경비구역'과 같은 것이다.

이하에서는 위에서 간략하게 설명된 '중첩적 합의', '좋음에 대한 옳음의 우선성', '공적 이성'을 각각 분설하고 이어서 절을 바꾸어 공정으로서의 정의에서 발전된 '정치적 정의관'이 무엇인지 더 구체적으로 알아볼 것이다. 이러한 개념들은 롤즈의 정치적 자유주의에서 핵심적인 것이며 이러한 고찰을 통해 합당한 정치적 영역으로서의 입헌민주주의가 내포하는 규범적 의미를 더 깊이 이해할 수 있기를 기대해본다.


## 3. 롤즈의 정치적 자유주의의 주요 개념

### 1) 중첩적 합의

앞서 언급했듯이 롤즈의 정의의 원칙은 중첩적 합의의 대상이다.[18] 즉, 롤즈의 정치적 정의관은 다른 종교적 및 도덕적 이론들을 배제하면서 나오는 것이 아니고, 각 시민들이 자신들의 포괄적 교리들을 전제로 한 상태에서 이루는 합의인 것이다. 중첩적 합의에 의해 롤즈의 정치적

---

18 정치적 정의관에 대한 중첩적 합의는 '헌법적 합의'와 구분된다. 중첩적 합의는 헌법적 합의를 포함하지만, 그보다도 깊고 또 넓은 합의이다. 헌법적 원리에 대한 합의만으로는 안정된 정치적 영역을 구성하기 어렵다. 헌법에 대한 논란 자체를 규율하는 규범적 척도가 있어야 하는데 그것이 바로 정치적 정의관이다(『자유주의』, 197, 205).

정의관은 다원적인 여러 세계관들에 각기 결부되는 일종의 공통부분이 되는 것이며, 그것은 바로 롤즈가 희망하는 합당한 다원주의의 기본 틀이 되는 것이다. 정치적인 영역 및 그 자율성은 그렇게 하여 확보되는 것이다.

그런데 이러한 중첩적 합의에 대해 그것이 진정으로 자율적인 정치적 공간을 구성할 수 있는 사회협약으로 될 수 있는가 하는 의문이 생길 수 있다. 대표적인 것이 바로 중첩적 합의는 과연 '잠정적 타협'[19]을 넘어서는 것일 수 있는가 하는 문제이다. 이에 대해 롤즈는 중첩적 합의의 규범적 성격을 강조한다. 중첩적 합의는 단지 정치적 흥정이나 세력균형에 의한 일시적 타협이 아니라 도덕적 관점에 의한 것임을 밝힌다.[20]

또 다른 한편에서는 중첩적 합의는 진리의 추구에 무관심하거나 회의적이므로 역시 규범적 사회협약으로서의 자격이 없다고 생각할 수도

---

19 롤즈는 '잠정적 타협'이라는 용어의 전형적인 사용은 서로 목표와 이해가 상충되는 두 국가 간의 협약을 규정할 때 잘 나타난다고 한다. 협상 테이블에서 각국은 제안된 협정 안이 양국 사이의 균형점을 대변할 수 있도록 조정하기 위해 현명하고 신중하게 행동할 것이다. …… 그러나 일반적으로 국가는 타국의 희생을 대가로 자신의 목표를 추구하기 마련이며, 상황이 변하면 이들은 그렇게 할 수 있다. 우리가 개인이나 집단의 이익에 기초한 사회적 합의나 정치적 흥정의 결과를 생각해볼 때, 유사한 배경이 제시된다. 사회적 화합은 단지 외형적인 것이며, 그것의 안정성은 절충된 이해관계가 파괴되지 않고 유지될 수 있도록 행운이 따라주는 상황, 즉 일종의 환경적 우연성에 달려 있다(『자유주의』, 182~183).

20 정치적 정의관은 그 자체가 도덕적 관점이며, 또한 도덕적 근거에서 수용되는 것으로 이해된다(『자유주의』, 182~183). 시민들은 정치권력의 향배와는 관계없이 자율적인 정치적 영역을 구축하고 그것이 공정한 절차에 의한 심의민주주의로 작동하는 것에 합당한 이해관계를 가지고 있으며 따라서 그것을 가능케 하는 정치관을 계속 지지할 것이라고 본다(『자유주의』, 184).

있다. 이에 대해 롤즈는 중첩적 합의는 관용의 원리라는 주장으로 대응한다. 관용의 원칙을 적절히 이해한다면 철학과 도덕에서 진리의 문제에 무관심하지 않은 것은 마치 종교에서 진리의 문제에 무관심하지 않은 것과 같은 이치라고 한다(『자유주의』, 187). 관용의 원칙과 양심의 자유는 어떤 입헌민주관에서도 본질적인 위치를 차지해야만 한다. 그 까닭은 그것이 바로 교리들 상호 간의 경쟁관계를 공정하게 규제하는 기반을 마련해주기 때문이다(「재조명」, 239).

위와 같은 취지를 이해할 수 있다고 해도 여전히 그러한 정치적 덕목들만으로 과연 사회를 제대로 규율할 수 있을지에 대한 의문이 있을 수 있다. 즉, 사람들은 여전히 사회의 지도원리로서 어떤 포괄적 교리들을 찾을 수 있는 것이다. 이에 대해 롤즈는 중첩적 합의의 대상인 정치적 정의관으로서도 충분히 규제력과 지도력을 발휘할 수 있다고 말한다. 아니 오히려 정치적 덕목들로 구성된 정치적 정의관이야말로 대립하는 포괄적인 가치관의 갈등 속에서도 사회협력의 토대를 해칠 심각한 분쟁을 정치적인 의제로부터 제거하여 갈등의 증폭을 미연에 방지해(『자유주의』, 195) 정치사회를 지탱시킬 수 있다고 본다. 나아가 중첩적 합의의 대상이 되는 정치적 정의관은 사회협력의 토대를 위해 가장 긴요한 정치적 덕목을 제시하고 있다고 답한다.[21]

---

21 즉, 입헌정체를 가능케 하는 정치적 협력의 덕목들이야말로 정말 최고의 덕목들이라고 할 수 있다. 예를 들면 관용이나 기꺼이 남과 타협을 이룰 수 있는 자세, 합당성과 공정감의 덕목들이 그것이다(『자유주의』, 157).

## 2) 좋음에 대한 옳음의 우선성

'좋음에 대한 옳음의 우선성'이란 것은 롤즈의 사상체계의 의무론적 (deontological) 성격을 보여준다(『정의론』, 51).[22] 즉, 롤즈의 사상은 사회를 어떤 가치로 꾸밀 것인가 도모하기에 앞서 구성원들 간의 평화공존 및 상호 협력의 조건은 무엇인가를 탐구하는 것이며, 궁극적으로 선한 그 무엇을 추구하는 것이 아니라 시민들이 자신의 목적을 추구함에 있어 다만 지켜야 할 선 혹은 원칙이 무엇인가를 탐구하는 것으로 이해할 수 있다.[23]

---

22 전통적인 윤리학상의 구분인 목적론적(teleological) 윤리론과 의무론적(deonto-logical) 윤리론의 구분에 대해서는 프랑케나 윤리학을 참조. 옳음의 우선성을 견지한다는 점에서 롤즈의 윤리학은 여전히 칸트에 기초한다고 할 수 있다. 물론 롤즈는 목적론적 윤리론을 부정하고 의무론적 윤리론만으로 윤리학의 체계를 세울 수 있다는 생각은 거부한다. 롤즈의 의무론은 행위의 실체를 구성하는 가치가 아니라 행위의 한계를 설정하는 규범에 비중을 두는 것으로서, 즉 행위의 내용을 채우려는 시도는 행위가 그릇되지 않도록 하는 규범에 의해 항상 통제되어야 한다는 취지로 이해될 수 있다. 나아가 롤즈의 정치적 정의관은 비록 목적론적 윤리학과 같은 가치는 아니지만, 그 역시 자체로 하나의 좋음(가치)을 구성하고 있다고 제시된다(뒤에 후술).

23 롤즈는 일반적이고 포괄적인 목적론적 원칙이 정치적 정의의 원칙으로 채택되면 안 되는 이유의 하나로 다음과 같은 근거를 댄다. "(목적론적) 원칙을 구체화하는 공적 논의의 형태는 정치적으로 작동하기 어려울 것이다. 왜냐하면 그 원칙을 적용하는 데 쓰이는 정교한 이론적 계산이 정치적 정의의 문제에서 공적으로 받아들여진다면, 그 계산들의 고도의 사변적 성격과 과도한 복잡성 때문에 대립되는 시각과 이해관계를 가진 시민들은 상호 간의 논증을 의심스럽게 바라볼 수 있기 때문이다"(『자유주의』, 202, 번역은 필자가 일부 수정). 칸트가 행복주의를 거부하는 중요한 이유 가운데 하나가 바로 인간은 행위의 모든 결과를 가늠할 수 없다는 인간의 한계성인데, 롤즈의 사상도 바로 그와 맥락을 같이하는 것으로 볼 수 있다. 목적론에 반하는 칸트

그리하여 롤즈의 정의의 원칙은 시민들이 각자의 이해관계 혹은 인생의 가치를 추구함에 있어서의 제약조건임을(『자유주의』, 258), 혹은 그 이해관계와 가치들을 정치적 영역으로 성공적으로 입장시키기 위한 '단서(proviso)'임을[24] 뜻한다. 이렇게 하여 입헌민주적 원칙들은 다른 가치들이나 목적들보다 우선적인 지위를 차지하며 그로써 정치적 공간은 다른 궁극적 목적들에 침해당하지 않는 자율성을 확보하게 된다.

그런데 롤즈의 정치적 정의관은 단지 형식적 제약조선에 불과한 깃이 아니다. 롤즈는 그의 정치적 정의관 자체가 벌써 일정한 가치를 구성하고 있다고 말한다.[25] 롤즈의 정치적 정의관이 제시하고 있는 가치들, 즉 일련의 기본적 자유들을 보장하고, 또 다른 사회적 이해관계에 대한 그 자유들의 우선성을 확립하고, 나아가 그러한 자유를 실현하기 위한 사회적 기반을 보장해준다는 것은 결코 형식적인 것이 아니다.

나아가 롤즈의 정치적 자유주의는 일정한 정치적 덕목의 신장에 기

---

의 의무론적 윤리학의 성격에 대해 회페(Otfried Höffe)는 다음과 같이 말한다. "행위의 윤리성을 결정하는 척도를 실제적인 결과에서 찾는 도덕철학은 인간이 결코 완전히 책임질 수 없는 조건들에 대해서도 인간에게 완전히 책임이 있는 것으로 취급한다"(회페, 1997: 213).

24 정치적 정의에 입각한 제약조건을 수용한다는 것은 포괄적 교리들이 공적 영역에서는 자신들의 배타성을 완화한다는 것이며, 그것은 결국 그 포괄적 교리들이 사회 내에서 정당하게 추구할 수 있는 방법이라는 뜻이다(『자유주의』, 217 각주 2).

25 롤즈의 정의관이 순수절차적 정의관이라고 해서 그것이 단지 형식적 절차만을 규율하는 것은 아니라는 점을 주의해야 한다. 롤즈는 자신의 정의론이 절차적으로 중립적인 것은 아님을 지적한다. 즉, "공정으로서의 정의는 절차적으로 중립적인 것은 아니다. 명백하게 이의 정의의 원칙들은 실질적이며, 절차적 가치들보다 훨씬 많은 것을 표현하고 있다"(『자유주의』, 237)라고 말하고 있다.

여하고[26] 또 시민들에게 정의의 가치와 자존감의 사회적 기반을 보장해 주어 시민들의 공적 지위를 확보해주며(『자유주의』, 251), 또 시민들은

26 그런데 이에 관해 이른바 중립성의 논란이 있다. 즉, 롤즈의 정치적 정의는 포괄적 교리들 사이에 중립을 유지해야만 하는데, 그 자체가 일정한 정치적 덕목을 고무하게 되면 이는 그 본질에 위배되는 것이 아닌가 하는 의문이다. 이 문제에 대해 롤즈는 라즈(Raz)가 제시한 바에 따라 여러 형태의 중립성의 유형들을 소개한 후, 자신의 정의관이 중립적이라고 한다면 그것은 목적에서의 중립성, 즉 "국가는 어떤 특정한 포괄적 교리를 다른 교리보다 선호하거나 장려하려는 또는 그것을 추구하는 이들에게 더 많은 지원을 제공하려는 의도된 어떤 행위도 해서는 안 된다"는 차원의 것임을 말한다. 그리고 덧붙이기를 그 중립성은 방임적이고 무책임한 중립성은 아니라고 한다. 즉, 모든 시민들에게 그들의 포괄적 교리를 무한하게 추구하는 것을 허용하는 것은 아니라고(『자유주의』, 239) 하면서, 그 중립성은 "효과나 영향의 중립성"을 뜻하지는 않는다고 한다. 롤즈는 라즈가 말한 세 번째 중립성은 작동 불가능하다고 본다. 공정으로서의 정의가 그 효과에 있어 모든 선관들에게 완전히 중립적일 수는 없다는 것이다. 따라서 롤즈의 정치적 영역은 결과적으로 이른바 포괄적 자유주의에 유리한 것일 수 있다. 그런데 이것 또한 롤즈의 정치적 자유주의의 기본 입장에 비추어 문제가 될 수 있다. 롤즈도 그 점을 의식하고 있다. 그러나 롤즈는 공정으로서의 정의가 편파적인 것은 아니라는 점을 들어 그에 대응한다. 롤즈는 자신의 정치적 자유주의는 칸트나 밀과 같은 포괄적 자유주의와 구분되는 것으로서 국가는 자유주의를 포괄적 견해로 함양하려는 어떤 조치도 취해서는 안 된다는 점을 강조한다(『자유주의』, 242). 하지만 동시에 정치적 정의관은 일정한 포괄적 교리들은 배척하며, 또 다른 포괄적 교리들이 정치적 정의관 내에서 소멸되거나 쇠잔해지는 것은 불가피한 것으로 본다. 그것은 자유주의의 편향성이 아니며, 정치적 영역을 확보하기 위해서 불가피한 일이라는 것이다. 예컨대 인종적·민족적 또는 완전주의적 근거에 의한, 가령 고대 아테네 또는 남북전쟁 당시 이전의 남부에서 노예제와 같은, 특정한 개인들에 대한 억압이나 경멸을 요구하는 세계관들은 정치적 정의관 내에서는 허용될 수 없는 것이다. 또 국가의 도움으로써만 배타적인 영향력을 확보할 수 있는 종교들은 정치적 정의관 내에서는 그 세력이 미약한 수준으로 떨어질 수밖에 없다고 한다(『자유주의』, 243).

그러한 덕목으로써 공민의식을 함양하게 된다. 정치적 덕목으로 각성된 시민들이 없이는 입헌민주주의는 지속될 수 없다.

이러한 롤즈의 관점은 "민주적 자유들을 보장하는 안전성은 입헌정체를 유지하는 데 요구되는 정치적 덕목을 지닌 시민들의 능동적인 참여를 필요로 한다"는 고전적 공화주의(classical republicanism)의 정신과 그 맥락을 같이한다(『자유주의』, 253). 즉, "활발하고 계몽된 시민집단 전체가 민주정치에 광범위하게 참여하지 않고 사적 생활에 일반적으로 침잠해 들어가게 되는 것이 확실하면 아무리 잘 구상된 정치제도라 할지라도, 팽창주의적 종교적 맹신과 민족주의적 맹종은 말할 것도 없이 권력과 군사적 영광을 위해, 또는 계층과 경제적 이익을 이유로 국가기관을 통해 지배하고 자신들의 의지를 부과하려는 자들의 손아귀에 들어가게 된다"는 것이다.[27]

----

[27] 그와 대비해 롤즈는 예컨대 아렌트로 대표되는 이른바 시민적 인본주의(civic humanism)에 대해서는 반대한다. 시민적 인본주의란 아리스토텔레스주의의 한 형태로서 인간이란 사회적, 나아가 정치적 동물로 간주된다. 이러한 인간의 본성은 정치적 생활에 광범위하고 활발하게 참여하는 민주사회에서 가장 완전하게 실현되는 것이다. 민주정치의 참여가 다른 것들과 함께 가치의 한 형식으로 장려되는 것이 아니라 오히려 그것이 없으면 가치 있는 삶이 없어지게 되는 그러한 핵심적 요소로 간주된다(『자유주의』, 254, 번역은 필자가 일부 수정). 이는 일종의 포괄적 교리로서 롤즈의 정치적 자유주의와는 양립하기 어렵다.
롤즈가 공화주의의 이념을 거론하는 것은, 정치적 정의관에 입각한 사회는 통일적이고 근본적인 교리에 대한 공유가 없어서 단지 개인이나 단체의 이해관계에 따른 결합인 이른바 사적 사회(private society)에 불과한 것이 아닌가 하는 의문(『자유주의』, 248)에 답하기 위해서이다. 그러나 이미 언급한 대로 그렇다고 롤즈의 정치적 자유주의가 공동체를 지향하는 것은 아니다. 그러한 사회는 기본적 자유가 체계적으로 부인될 수 있고, 또 정부가 독점적인 권력을 강압적으로 사용할 수 있다는 점에서 거부된

## 3) 공적 이성〔공적 조리(條理): public reason〕[28]

중첩적 합의가 관용의 개념으로서 정치적 영역을 마련하고, 좋음에 대한 옳음의 우선성의 원리로서 그 정치적 영역이 다른 가치들에 앞서 지켜져야 함을 얘기하는 것이라면, 이제 공적 이성[29]은 그 정치적 영역에서 정치적 절차가 어떻게 운용되는가에 관한 것이라고 할 수 있다. 공적 이성에 의해 정치적 영역은 비로소 내용을 채우게 되고, 또 실질적으로 작동될 수 있다.[30]

---

다(『자유주의』, 53, 182 각주 13 참조).

28 롤즈의 저작에서 'public reason'은 다중적인 의미를 지니고 있다. 한편으로는 공적 논의를 위한 이성적 사고를 뜻하고 다른 한편으로는 그 공적 논의가 의존하고 있는 논거 및 그 논의의 규범을 뜻한다. 따라서 기존의 번역어인 공적 이성이라는 표현이 딱 들어맞는 것은 아니다. 이 글에서는 기존의 번역어를 따르기로 했으나 '공적 조리(條理)'라는 표현도 생각해봄직하다.

29 공적 이성은 사적 이성과 대비되는 개념이 아님에 주의해야 한다. 롤즈는 사적 이성이란 존재치 않는다고 한다. 공적 이성과 대비되는 것은 비(非)공적 이성이다. 비공적 이성은 정치적 이성이 아니라 사회적 이성을 말하는 것으로서 정치적인 영역의 배경을 이루는 문화 영역에서의 이성을 뜻한다. 교회, 대학, 가정 등의 영역에는 각기 그 영역을 규율하는 논의방식이 있는 것이다(『자유주의』, 272 본문 및 각주 7). 또한 주의할 것은 공적 이성이 그러한 비공적 이성과 상충하는 것도 아니다. 물론 상호 간에 대체할 수는 없다. 양자는 같이 병행하여 시민사회를 구성한다. 한편 그것이 공적이든 비공적이든 모든 이성적인 논의에는 공통성이 있다. 즉, 판단의 개념, 추론의 원리, 증거의 규칙들은 모두 공통적인 것이다(『자유주의』, 273).

30 롤즈는 공적 이성에 대해 특별히 주의를 기울인다. 즉, 『정치적 자유주의』에서 공적 이성에 대한 논의가 있음에도 다시 『만민법』에서 「공적 이성의 재조명」이라고 하여 재론했다.

공적 이성의 기본적 특징은 시민들 간의 상호성을 유지시켜 그러한 정치적 영역을 지키는 데에 있다.[31] 롤즈는 공적 이성을 거부하는 사람들에게 정치적 관계란 "친구 아니면 적의 관계로 될 것"이며, "정치에서 완전한 진리를 구현하려는 욕망은 민주적 시민정신과 어울리지 않는다"(「재조명」, 209)고 갈파한다. 정치란 포괄적 교리들 간의 전면적인 진리다툼이 아니다. 즉, 공적 이성이란 정치의 장에서 진리를 정치적으로 합당한 것으로 대체하려는 것이다(「재조명」, 208, 269).

이처럼 다른 한편으로 공적 이성은 한 사회의 정치적 틀이 포괄적 교리들의 각축 속에서 함몰되는 것을 막아주는 것이지만, 그렇다고 공적 이성이 포괄적 교리들을 공격하고 침해하는 것은 아니다. 즉, 공적 이성은 결코 정치적 영역을 넘어서지 않는다. 공적 이성은 입헌민주체제를 위한 정치적 영역과 공적 이성을 부인하는 포괄적 교리들은 배척하지만, 그렇지 않은 이상 포괄적 교리들을 비판하거나 공격하지 않는다.

그런데 여기서 공적 이성은 사람들이 각자의 포괄적 교리에 입각하여 정치적 덕목들을 이해할 것이라는 사실을 부인하지 않음에 주의해야 한다.[32] 롤즈는 링컨이나 킹 목사가 자신들의 포괄적인 신념(예컨대 종교

---

31 롤즈는 상호성에 입각한 다수결로서 법의 정당성을 논하기도 한다. "헌법의 본질 또는 기본적 정의의 문제에 대해 모든 해당 정부 관료들이 공적 이성에서 출발하여 그에 따라 행동할 때 그리고 모든 합당한 시민들이 그들 자신을 공적 이성을 따르는 입법가의 입장에 서 있는 것처럼 이상적으로 생각할 때, 다수의 견해를 나타내는 법 제정은 정당한 법이 된다"(「재조명」, 216).

32 자유주의에서는 이를 '수용적 견해(inclusive view)'라고 표현하고 있는데, 『정치적 자유주의』 페이퍼백판에서는 이를 더 넓혀 '넓은 의미의 공적 조리'라고 하고, 이후 「재조명」에서는 공적 조리의 관점에서 벗어나 아예 '공적 정치문화에 대한 넓

적 신념)으로 노예제 폐지와 인종차별철폐라는 정치적 원리와 덕목들을 소망했을 것이라는 점을 인정한다. 다만 그러한 포괄적 교리들이 그 자체로 정치적 영역에 들어오는 것이 아니라 반드시 정치적 원리라는 차원에서 쟁점을 구성해야 한다는 것이다.

그리하여 포괄적 교리들이 정치문화에 진입하려면 정치적인 색조로 전환되어야만 하는 것이다. 그리고 그러한 변환을 긍정하는 포괄적 교리들만이 합당한 교리로서 정치문화에서 승인될 수 있다. 정치적 가치들은 결코 포괄적 교리들이 무대 뒤에서 조작할 수 있는 '꼭두각시 인형'이 되어서는 안 된다(「재조명」, 228). 즉, 공적 조리에 의한 정치관은 자기완결적이어야 한다. 대립하는 포괄적 교리들의 지지자들이라고 해도 각자의 입장을 그 '단서'에 의해 정치적인 것으로 변환시켜서 정치적인 영역 내에서 상호 논의를 하지 않으면 안 된다는 것이다.

그러면 각자의 인생관과 세계관에 따른 주장들을 정치적인 것으로 바꾸어주는 변환 장치, 즉 정치적 단서들은 무엇인가? 그것은 곧 공적이성의 내용이라고 할 수 있는데, 그에 대해 롤즈는 첫째, 정의의 원칙들, 둘째, 탐구의 지침들을 제시한다. 탐구의 지침들이란 이성적 사고의 원칙들 및 증거의 원칙들을 말하는 것으로서 정치적 영역에만 있는 것은 아니다. 그것은 이성의 일반적 사용과 관계가 있다. 더 중요한 것은 정의의 원칙들인데, 바로 그의 정의의 두 원칙이 더욱 확대된 정치적 정의관의 내용들이라고 할 수 있다.[33] 즉, 평등한 정치적·시민적 자유의 가

---

은 견해'로 수정되어 나타난다.

[33] 후술하듯이, 롤즈의 공정으로서의 정의는 이제 좀 더 폭넓은 정치적 정의의 한 유력한 예로 이해된다. 나아가 롤즈는 공적 이성은 반드시 어떤 한 정치적 정의관으

치, 기회의 평등, 사회적 평등과 경제적 상호성, 공동선, 그리고 이것들을 보장할 수 있는 다양한 필요조건을 말한다(『자유주의』, 277).

롤즈는 공적 이성에 관한 논의에서 자신이 지향하는 입헌민주주의는 곧 '심의민주주의(deliberative democracy)'[34]와 같은 것이라고 말한다. 심의민주주의에서 공적 이성은 본질적인 요소이며, 또 심의민주주의는 공적 이성을 활성화시키기도 한다. 롤즈는 이 심의민주주의에서 공적 이성을 추종하고 정치적 행동에서 이상적인 것을 실현하려는 시민들의 지식과 열망을 강조한다(「재조명」, 219).[35] 그리고 그를 위해 공적 심의가 돈의 저주로부터 자유롭지 않으면 안 될 것이라고 보아 선거공영제가 필수적이라고 지적한다(「재조명」, 220).

## 4. 정치적 정의관(the political conception of justice)

그러면 이제 위의 설명을 바탕으로 공적 이성에 의한 공적 논의의 지

---

로 대표되는 것이 아니라고 말한다. 예컨대 하버마스의 것도 정치적 정의관의 한 방안으로 인정된다.

[34] 이는 롤즈의 입헌민주주의의 다른 표현이라고 할 수 있다. 롤즈는 그 대표적인 이론으로 Cohen(1989) 및 Elster, ed.(1998)를 들고 있다.

[35] 이는 동시에 민주주의가 중우정치로 떨어지지 않도록 하는 조건이기도 하다. "모든 시민들이 입헌민주제의 기본적 특징들을 광범위하게 교육받지 않는다면, 그리고 절실한 문제들에 대한 정보를 공중이 가지고 있지 못한다면, 중요한 정치적·사회적 결정은 결코 이루어질 수 없을 것이다. 장기적 안목을 지닌 정치지도자들조차도 잘못된 정보에 입각해 있는 냉소적인 공중들을 설득하여 그들이 건전한 변화와 개혁을 받아들이게 만들기는 어려울 것이다"(「재조명」, 220, 번역은 필자가 일부 수정).

침을 이루는 정치적 정의로서의 정의의 원칙들은 무엇인지, 이전의『사회정의론』에서의 정의의 두 원칙이 이제 어떻게 정치적으로 재해석되고 있는지 알아보자. 여기서 우리는 롤즈의 정치적인 것의 개념, 그리고 그의 입헌민주주의의 규범적 내용을 가장 구체적으로 파악할 수 있을 것이다.

앞서 논의한 것을 상기해볼 때, 정의의 원칙은 모름지기 사회의 제반 관계로부터 독립해 있는 상위의 정치질서의 원리로서 다른 세계관과 가치관들의 한계를 설정해주며, 심의민주주의적 정치절차의 지침으로서 민주사회의 다원성을 긍정하면서도 그것이 사적 사회로 떨어지는 것을 막아주고 시민들의 공적 지위를 북돋는 원리여야 할 것이다. 롤즈는 그에 대한 세 가지 기준을 다음과 같이 제시한다. 첫째, 특정한 기본적 권리, 자유, 기회(입헌민주제에서 익숙한)들에 대한 구체적 적시, 둘째, 그러한 권리, 자유, 기회에 대한 특별한 우선성의 부여, 셋째, 모든 시민들이 그들의 자유를 효과적으로 사용할 수 있도록 하는 적절한 전 목적적 (all-purposed) 수단의 보장(『자유주의』, 6~7, 156~157;「재조명」, 222)이다.[36]

이제 롤즈의 정의의 두 원칙은 위와 같은 정치적 정의관의 한 예로서 인식된다. 즉, 롤즈는 자신의 정의의 두 원칙이 갖고 있는 정치적 함의

---

36 『사회정의론』에서 제시된 정의의 두 원칙은 단지 위와 같은 정치적 정의관의 유력한 예로 이해된다(『자유주의』, 6;「재조명」, 222). 즉, 그것이 결코 보편타당하고 절대적인 정의의 원칙으로 주장되는 것은 아니다. 롤즈는 이러한 요건을 만족시키는 또 다른 정의관으로 하버마스의 담론적 정의관이나 피니스의 공동선적 정의관도 거론하고 있다(「재조명」, 224 본문 및 각주 29 참조).

를 다시 위와 같은 내용으로 정리한 것이다. 여기서 알 수 있듯이 롤즈의 정의의 원칙의 핵심은 입헌민주주의를 위한 정치적 기본권에 있다. 이전의 차등의 원칙으로 나타났던 사회경제적 평등도 이제 셋째 조건에서 보듯이 정치적 기본권의 실질적 보장이라는 차원에서 이해된다.

나아가 정의의 두 원칙의 규정 자체, 즉 정의의 제1원칙인 평등한 자유의 원칙의 규정에도 수정이 가해지게 되었다.[37] 이제 그 원칙은 "각자는 다른 모든 사람들의 것과 양립할 수 있는 평등한 기본적 권리와 자유의 충분한 적정구조에 대해 평등한 권리를 가지며, 그러한 구조 속에서 평등한 정치적 자유에 대해서는 그리고 오직 그러한 자유에 대해서만 공정한 가치까지 보장되어야 한다"로 정식화되었다.[38] [39]

여기서 주목을 끄는 대목은 "정치적 자유에 '공정한 가치'까지 보장한다"는 구절이다. 롤즈는 이것이 『사회정의론』에서는 충분히 설명되

---

37 정의의 제2원칙인 차등의 원칙 규정에는 변함이 없다.

38 『사회정의론』에서 '가장 광범위한(the most extensive)'이 '충분히 적정한(fully adequate)'으로 변화한 것이고, '정치적 자유'에 대해 공정한 가치까지 보장한다는 단서가 추가된 것이다. 앞의 각주에서 얘기한 대로 정의의 제2원칙인 차등의 원칙에는 변화가 없다.

39 새로이 규정된 적정성의 개념은 자유의 최대한 보장이라는 것이 어떤 양적인 개념이 아니고(『자유주의』, 404), 시민들의 도덕적 능력을 적정하게 계발해주고 또 충분하고도 분별력 있게 행사할 수 있도록 중요한 사회적 여건을 평등하게 보장한다는 뜻이다(『자유주의』, 406). 그리고 그것은 곧 정치적 기본권을 중심으로 하여 여러 근본적 기본권들의 중심범위를 입헌민주주의의 과정 속에서 적정하게 구현한다는 취지임을 밝히고 있다. 이는 결국 헌법(헌법제정단계 및 헌법해석의 논의도 포함), 입법, 사법의 전 과정, 정치적 절차가 적정하게 구성되고, 시민들이 그 논의 과정에 적정하게 참여할 수 있게 하는 것을 말한다(『자유주의』, 414).

지 못했다는 점을 시인하고, 그의 정의의 원칙에서의 기본적 자유가 형식적인 것에 불과하다는 비판에 대응하기 위한 것이라고 말한다(『자유주의』, 401).[40]

한편 그러한 실질적 보장은 다시 사회경제적 평등이라는 조건이 뒷받침되지 않으면 안 된다. 이것은 곧 자유와 평등의 연계이며, 앞서 본 정치적 정의관의 세 번째 요건의 구체화라고 할 수 있는데, 롤즈는 다음과 같은 다섯 가지의 기준을 제시하고 있다.

① 선거공영제 및 공공정책에 관한 정보의 보편화를 위한 공적 지원
② 기회에 있어서의 공정한 평등(특히 교육과 직업훈련의 기회)
③ 소득과 부의 적절한 분배
④ 실업구제의 최종적 대안으로서의 정부
⑤ 기본적인 건강 보장

여기에 이르게 되면 롤즈의 정의론이 말하는 입헌민주적 체제가 무엇인지, 그리고 그의 자유주의의 체제적 성격이 무엇인지가 구체적으로 드러나게 된다. 한 마디로 말하면 롤즈는 『사회정의론』에서 강조했던

---

40 롤즈는 "사유재산제적 민주주의에서는 정당을 대단위의 집중된 사적인 경제적·사회적 세력으로부터 독립시켜야 하고, 자유주의적 사회주의에서는 정당을 정부 통제와 관료적 권력으로부터 자유롭게 해야 할 것이라는 점"과 "어떤 경우에도 사회는 적어도 정치과정을 조직하고 수행하는 비용의 상당부분을 감당해야 할 것이고, 또한 선거과정을 통제해야 한다"고 하여, 헌법에 의해 명시된 공정한 정치과정이 대체적 평등에 입각하여 모든 사람에게 개방되어야 함을 강조한다(『자유주의』, 400~401).

'민주적 평등'의 체제(『정의론』, 86)를 견지하고 있는 것이다.[41] 혹자는 롤즈의 정치적 자유주의에서는 정치적 기본권과 그 우선성을 강조하여 차등의 원칙이 배제되고 있는 듯이 말하고(Barry, 1995: 913),[42] 따라서 그 이론의 평등주의적 경향이 완화된 것으로 보기도 하나, 이는 롤즈의 생각과는 관계없다.[43] 롤즈는 오히려 자신의 이론이 복지국가적 자본주의와 연결되는 것으로 오해될까 걱정하여, 자신의 정의론의 구현이라고 할 수 있는 이른바 재산소유적 민주주의와 복지국가적 자본주의의 차이를 분명하게 밝힌 바 있다.[44]

---

41 롤즈의 자유주의는 A. 스미스류의 고전적 자유주의나 R. 노직류의 자유지상주의와는 많이 다르다.

42 물론『자유주의』에서 롤즈는 자유의 우선성을 강조하며, 차등의 원칙은 헌법전에 규정되기는 어렵고, 다만 사회적 최저기준을 정하는 형식으로 들어갈 수 있다고 한다(『자유주의』, 283). 그러나 롤즈는 이어서 "기본적 자유를 다루는 원칙들과 사회적·경제적 불평등을 다루는 원칙들을 구별하는 것은 전자가 정치적 가치를 표현하는 반면, 후자는 그렇지 않다는 것을 의미하는 것은 아니다. 양자 모두 정치적 가치를 나타낸다"(『자유주의』, 284)고 밝히고 있다. 차등의 원칙이 헌법전에 들어가기 어려운 것은 그것의 실현여부가 정치적 과정에서 판정될 수 있을 사안이 아니므로 기본적 정치적 절차의 원칙으로 정해놓기 어렵기 때문이다. 한편 이와 같은 제1원칙과 제2원칙의 구분은 이미『사회정의론』에서 명백하게 제시했다. 롤즈는 제1원칙의 우선성은 헌법의 법률에 대한 우선성과 같은 것이라고 하며, 차등의 원칙은 다만 입법의 단계에서만 고려될 수 있다고 밝혔다(『정의론』, 215).

43 롤즈는『정치적 자유주의』모두(冒頭)에서 그에 관해 특별히 주의를 환기시키고 있다(『자유주의』, 8 각주 6).

44 『사회정의론』개정판 서문에서 이 점을 강조하고 있다. 롤즈의 정치적 자유주의가 지향하는 사회체제는 오히려 자유주의의 전통에서는 감당하기 어려울 정도로 급진적으로 평등주의적이다(황경식, 1997: 267).

## 5. 맺음말

서두에서와 마찬가지로 다시 슈미트를 떠올려보자. 슈미트도 국가는 정치의 개념을 전제한다고 하면서 정치의 개념을 그의 법사상의 핵심으로 삼은 바 있다. 여기까지, 즉 정치의 중요성에 대해서는 롤즈도 동의할 것이다. 하지만 과연 정치가 무엇인가에 대해 롤즈와 슈미트는 전혀 다른 관점을 보이고 있다. 슈미트의 정치 개념은 "적과 동지의 구분"으로서 그 사이의 중간 영역은 본질적인 의미가 없다. 하지만 롤즈의 정치 개념에서는 그 중간 영역이 더 중요하고 또 우월한 지위를 차지한다.

슈미트는 헌법을 정치적 구성 부분과 법치적 구성 부분으로 나누어 주권자의 정치적 의지를 어떻게 통일적으로 관철시킬 것인가에 관심을 둔다면, 롤즈는 정치적 다툼과 사회적 대립에 한계를 설정하는 상위의 헌법질서를 어떻게 구성하며 또 그로써 어떻게 시민들의 규범적 통일성을 얻어낼 수 있는가에 관심을 기울인다.

롤즈에게서 정치적 영역(political domain)이란 사회적 대립이 전면적 투쟁으로 비화되는 것을 막아주는 상호 관용의 '공동경비구역'인 셈이며, 그 정치적 영역을 위한 규범적 지침이 '정치적 정의관'이고, 정치적 영역에서의 규범적 논의가 '공적 이성'이다. 롤즈의 정치적인 것의 개념은 곧 정치의 규범화라고 할 수 있다. 롤즈에게서 법적 원리는 정치적 역학관계에 종속되어 있지 않고, 오히려 정치를 구성하고 규제하는 이념이 된다.

이러한 롤즈의 정치에 관한 사상은 우리에게 서구 입헌민주주의의 전통이 갖는 의미를 새삼 깨우쳐준다. 즉, 그것은 세계관의 대립과 사회적 역학관계 속에서 공적 질서를 유지해내는 정치적 틀이자 척도인 것이다. 롤즈의 사상은 바로 그러한 입헌민주주의의 이념에 대한 하나의 헌신이고, 또 우리 모두에게 그것을 고무하는 권유라고 할 수 있다. 그러한 헌신과 신념이 없이 합당한 정치체제는 기약할 수 없는 것이다.[45]

45 롤즈는 슈미트의 저작을 예로 들면서, 다음과 같이 얘기한다. "우리가 정의롭고 질서정연한 민주사회가 불가능하다는 생각을 일반적인 인식으로 공유하게 될 경우, 우리 태도의 질과 색은 그러한 인식을 반영하게 된다. 바이마르 공화국 몰락의 한 원인은 독일의 전통적인 엘리트들이 그 헌법을 지지하지 않았고, 또 그것을 작동가능하게 하려는 것에 협조하지 않았다는 데에 있다. 그들은 더 이상 자유주의적 대의체제가 가능하다는 것을 믿지 않았다. 결국 그 바이마르 체제의 시간은 지나가고 말았다"(「New Introduction」, lxi).

# 제 3 장

# 슈클라의 자유주의

## 1. 머리말

주디스 슈클라(Judith N. Shklar)는 하버드 대학교에서만 35년 이상 봉직한 독일계 유대인 여성으로서, 1992년 사망할 때까지 그 비범한 지성의 폭과 깊이로서 정치철학은 물론이고 법철학에도 큰 족적을 남긴 사상가이다.[1] 슈클라가 제창한 '공포로부터의 자유주의(Liberalism of Fear)'[2]

---

1 필자가 과문한 탓인지 모르지만, 국내에서는 아직 슈클라에 관한 논의를 본 바가 없다. 이는 특히 그와 인생역정이 유사한 한나 아렌트에 대한 우리 학계의 관심이나 열정과 비교할 때 심한 불균형으로 여겨진다. 슈클라에 대한 이러한 '부당한 홀대'는 미국의 경우에도 비슷했던 모양이다. 슈클라의 오랜 친구이자 하버드의 저명한 국제관계 사상가인 스탠리 호프만은, 그가 아렌트에 비견되는 통찰력 있는 사상가이며 또 동료 교수였던 롤즈 그리고 수십 년 지기였던 마이클 월저(M. Walzer)에 못지않은 풍부한 정치철학자였다고 하면서, 슈클라에 대한 밀도 있고 광범위한 연구가 거의 없다는 사실이 정말 놀랍다는 소회를 밝히고 있다(Hoffman, 1996: 83). 슈클라는

1992년 작고 후에야 비로소 학계의 정당한 관심과 상찬을 받았다. 슈클라의 제자였던 버나드 약은 스키너, 월저 등을 비롯한 저명한 학자들의 논문을 모은 추도논문집 (Yack, ed., 1996)을 펴냈고, 호프만과 데니스 톰슨은 슈클라의 주요 논문들을 두 권의 단행본으로 묶어 출간했다. 그 하나는 정치사상 일반에 대한 연구논문들의 모음인 *Political Thought and Political Thinkers* (Shklar, 1998a)이고, 다른 하나는 미국의 지성사에 대한 논문 모음으로서 *Redeeming American Political Thought* (Shklar, 1998b)이다. 추가하자면 슈클라는 하버드에서도 아주 신망이 두텁고, 명망이 높았던 것 같다. "슈클라 저작들과 인격에 대해 압도되지 않기는 정말 어려운 일"이라는 문장으로 시작하는 호프만의 일종의 추모사(Shklar, 1998a: xxi~xxvi)에는 그에 대한 절절한 상찬이 가득할 뿐 아니라, 역시 하버드 같은 과에 있는 버코비츠도 또한 슈클라에 대해 "학계 외에는 거의 알려져 있지 않았지만, 하버드의 명물(institution)이었으며, 정치학과 정치이념의 연구에서 대단한 영향을 끼쳤음은 물론이고, 난해한 이슈의 핵심을 뚫는 그의 능력은 눈부셨고, 그의 지식의 범위는 경악케 할 정도였으며, 다른 한편 말꼬리 잡는 문제제기에는 전혀 재주가 없었고, 거칠고 고압적이며 성마른 수사와도 거리가 먼 사람"(Berkowitz, 1998: 34)이었다고 평가하고 있다. 그리하여 버코비츠는, 슈클라는 "유명인은 사랑을 받든가 아니면 두려움을 느끼게 하든가 둘 중의 하나"라는 마키아벨리의 가르침이 틀린 것임을 입증하는 인물이었다고 평하고 있다.

2 공포로부터의 자유주의의 사상은 슈클라의 논문(Shklar, 1998a: 3~20)을 통해 널리 회자되기 시작했다. 한편 그 논문은 원래 Rosenbaum, ed.(1989: 21~38)에 실린 것이었다. 'Liberalism of Fear'의 번역이 어려웠는데, 고민 끝에 '공포로부터의 자유주의'라고 해보았다. 이는 프랭클린 루스벨트 대통령이 제창한 4대 인권에서 착안한 것으로서, 정확하게는 '공포로부터의 자유'주의라고 읽히기를 기대한다. 주지하듯이 루스벨트는 제2차 세계대전의 참화의 와중에서 신앙의 자유, 언론의 자유, 공포로부터의 자유, 굶주림으로부터의 자유라는 4대 인권으로 새로운 세계에 대한 염원을 선언했다. 필자는 법질서의 관점에서는 이 가운데 공포로부터의 자유(freedom of fear)를 핵심적 인권으로 볼 수 있지 않을까 생각했다. 즉, 신앙의 자유와 언론의 자유는 그 신앙과 발언에 어떤 공포가 결부되지 않을 때 비로소 기능할 수 있으며, 굶주림으로부터의 자유도 식량에 대한 접근과 그에 대한 노력이 어떤 공포에 의해서 방해받지 않을 때 보장될 수 있다는 점에서 그렇다. 슈클라의 'Liberalism of Fear'는 바로

는 자유주의 역사에 새로운 지평을 열고, 서구 지성계의 하나의 자산이 되어 후학들에게 영감을 불어 넣고 있다.[3] 이 글은 바로 그의 자유주의 사상의 면모를 간추려보는 데에 목적이 있다.

우리 사회에서 자유주의라고 하면 여전히 시장경제 및 자본주의를 옹호하는 사상으로 간주되는 경향이 강하다. 더욱이 현재 이른바 신자유주의의 조류 속에서는 '다른 자유주의'가 있을 수 있다는 생각도 하기 어려운 지경이다. 그러나 근대 이후 서구 지성사의 중심에서 면면히 흘러 온 자유주의가 그렇게 편협한 것만은 아닐 것이다. 최근 들어 우리 사회에서도 자유주의에 대한 재조명이 활발하게 진행되고 있다. 우리 사회의 이데올로기적 정체성을 찾기 위한 노력으로 자유주의의 원류를 구하려는 움직임도 유의할 만하다.[4] 아울러 롤즈의 자유주의를 중심으로 자유주의의 의의에 대한 새로운 각성도 움트고 있다.[5]

그러한 상황에서 슈클라의 사상은 근대 이후 서구 자유주의 지성사의 요체(이른바 barebones liberalism)를 제시한다는 점에서 자유주의에 대한 우리 학계의 인식의 지평을 좀 더 넓힐 것으로 기대한다. 슈클라가 소중하게 여기는 자유주의의 가치는 어떤 정치이데올로기나 경제적 기획에 있는 것이 아니며, 다만 어떤 종류의 권력이든 그것이 자칫 빠지게 되는 다양한 형태의 인권침해로부터 개인, 특히 약한 이들의 삶과 자유

---

그와 같은 인권 사상에서 가장 잘 이해될 수 있을 것이라고 판단했다.

3 대표적으로 Levy(2000)를 들 수 있다.

4 더 오래된 것으로 노명식(1991)을 꼽을 수 있고, 최근의 것으로는 이근식·황경식 엮음(2001; 2003) 등을 들 수 있다.

5 롤즈의 자유주의에 대한 연구는 상당히 많지만, 단행본으로는 장동진(2001)과 염수균(2001)을 들 수 있다.

를 지켜주는 데에 있다.

슈클라의 사상은 여러 측면에서 조명되고 있다. '미국의 몽테뉴'라거나(Hulliung, 1995: 167~199), '피로닉 자유주의(Pyrrhonic liberalism)'라고 하듯(Miller, 2000: 810~821), 그의 사상은 기본적으로 이데올로기와 낭만적 세계관들에 대한 회의에서 출발한다.

그 회의주의는 곧 이상사회에 대한 열망이 얼마나 위험하고 무상한 것인지에 대한 각성이면서 또 인간의 한계에 대한 명확한 자의식을 뜻하는 것이기도 하다. 그런 까닭에 그의 자유주의는 '디스토피아의 자유주의(dystopic liberalism)'(Benhabib, 1996: 55~63)[6] 혹은 '환상이 없는 자유주의(liberalism without illusion)'[7]라고 불리기도 한다.

이러한 슈클라의 겸허한 방법론은 덕성의 함양을 목표하기보다 악의 회피에 관심을 기울이며, 적극적인 정의의 공준을 입론하기보다 부정의에 대한 감시에 비중을 둔다. 이러한 점에서 이사야 벌린(I. Berlin)과 비견되기도 하며, 일반적으로 소극적 자유주의(negative liberalism)로 평가받고 있다.[8]

반면에 많은 사람들이 슈클라의 회의적이고 부정적인 방법의 이면에 놓여 있는 적극적인 가치들을 드러내고자 하는데,[9] 이는 특히 슈클라의

---

6 이 논문은 원래 Benhabib(1994: 477~488)에 실린 것이다.

7 이는 B. 약이 편찬한 슈클라 추도논문집의 제목이자 그가 서문으로 쓴 논문의 제목이기도 하다(Yack, 1996: 1~16).

8 슈클라와 벌린에 대한 비교로서는 Lilla(1998: 6~7), Flathman(1999: 1137~1142) 참조.

9 대표적으로 Walzer(1996: 17~24)를 들 수 있다. 월저는 슈클라의 소극적 자유주의는 전제(專制)를 막는 성채라고 비유하며, 그것은 결국 그 안에 소중한 것들을

후기 저작들이 사회적 약자들에 대한 연민과 평등주의적 경향을 뚜렷하게 드러내고 있다는 점에서 고무된다. 그리하여 그의 사상은 '민주적 자유주의(democratic liberalism)'(Gutmann, 1996: 64~81)[10] 혹은 '사회민주주의(social democracy)'(Benhabib, 1996)로 자리매김되기도 한다.

슈클라 자유주의의 다면성은 이에 그치지 않는다. 혹자는 그의 감성적이고 심리적이며 정의에 대한 일반적 인식을 꺼려하는 방법론을 두고 포스트모던의 정의론을 언급하기도 하고(White, 1991: 123~124), 또 다른 이는 슈클라의 자유주의를 정치제도 이전에 민주적 시민사회에서 요구되는 덕성에 대한 분석으로 이해하여 그의 사상을 시민적 정의감을 보유하면서도 상호 관용과 다양성의 존중이라는 적당한 거리두기의 '일상의 민주주의(everyday democracy)'라고 평가하기도 한다(Rosenbaum, 1996: 23~43).

이처럼 슈클라의 사상은 폭넓고 웅숭깊다. 그것은 또한 그의 문화적 박식함과 놀라운 독서편력에 의해 뒷받침되고 있다.[11] 그가 제시한 공포

---

간직하는 데에 목적이 있다고 할 때, 그에 대한 해명이 없이는 온전한 정치이론이 되기 어렵다는 점을 피력한다. 슈클라의 공포로부터의 자유주의가 그 본질을 소극성에서만 구하고자 한다면, 그것은 어떤 정치체제에서라도 소망되는 바의 권력의 남용과 일탈을 제어하는 의미에 국한될 것이라고 한다. 즉, 그 리버럴한 가치는 '자유주의적 군주제' 혹은 '자유주의적 사회주의'로도 나타날 수 있다는 것이다. 그리하여 월저는 슈클라의 최후의 저작이자, 자신에게 헌정된 것이기도 한 Shklar(1991)에서 강조되는 투표권과 노동권을 거론하며, 슈클라의 공포로부터의 자유주의는 결국 사회민주적 가치를 지향하는 것이라고 말했다.

10 굳만은 슈클라의 자유주의가 초기의 소극적 자유주의(negative liberalism)에서 적극적인 자유주의로, 즉 민주적 자유주의(democratic liberalism)로 이행해갔다고 평가하고 있다.

로부터의 자유주의는 서구 지성사의 거대한 뿌리에서 자라난 한 결정체이며, 동시에 그의 인생 경험과 사색의 열매라 하겠다. 슈클라의 공포로부터의 자유주의는 그 첫 번째 저작에서부터 시작하여 이후 다양한 지류를 가진 길고도 넓은 강물로 전개되었다.

## 2. 슈클라의 자유주의 사상의 전개

슈클라의 공포로부터의 자유주의를 이해하기 위해서는 먼저 그의 생애를 알아야 하는데, 그의 사상은 20세기 인류의 야만의 기억이 각인된 결과이며, 특히 그 야만의 역사에 관한 유년 시절의 개인적 체험의 결과이기 때문이다.

슈클라는 라트비아의 수도인 리가에서 유복하고 교양 있는 가정에서 태어났다. 그러나 그 지역은 독일계 유대인에게 우호적인 곳이 아니었다. 슈클라는 그곳에서의 시간은 "우리가 다른 곳에 가서 살기를 바라거나 심지어는 우리를 죽이고 싶어 할 정도로 적대적인 이웃들에 둘러싸인 삶"이었다고 말한다(Shklar, 1996: 264).

제2차 세계대전이 발발하면서 슈클라의 가족은 생존이 걸린 위험한 난민의 대열에 올랐다. 그들은 우선 소련군이 진주하기 전에 겨우 스웨덴으로 피신했지만, 다시 독일이 노르웨이를 침공하면서 더 이상의 진로를 찾지 못하고, 되돌아서 시베리아 횡단열차에 몸을 싣고 탈출을 도

---

11 슈클라가 남긴 유일한 자전적 기술인, 「배움의 삶(A Life of Learning)」은 "나는 책벌레다"라는 구절로 시작하고 또 끝난다(Shklar, 1996: 263~280).

모하지 않을 수 없었고, 마침내 "기적적으로" 탈출에 성공하여 일본에 도착했다. 다시 일본의 진주만 공습이 있기 얼마 전에 겨우 캐나다행 배를 탈 수 있었으며, 시애틀에 도착해서는 동양에서 오는 불법 이민자들의 검색으로 몇 주 동안 감옥살이도 했다(Shklar, 1996: 264).

슈클라는 이러한 유년시절의 이른바 "초현실적인(surrealistic)" 경험은 그에게 "블랙코메디"의 취향을 남겼다고 하는데, 이는 곧 많은 이들이 지적하듯 그의 공포로부터의 자유주의의 원형질을 형성하는 체험이었다고 해석될 수 있다. 그의 사상은 곧 '난민의 자유주의'라고 해도 과장은 아닐 것이다. 이렇듯 슈클라의 공포로부터의 자유주의에는 20세기 인류의 야만과 그에 무력하고 또 그에 일조했던 정치에 대한 회의가 짙게 각인되어 있다.

그러한 문제의식은 슈클라가 22세부터 마음에 두었다고 하는, 1957년에 발간된 그의 첫 저작인 『유토피아의 상실: 정치적 신념의 몰락』의 주제이기도 하다(Shklar, 1957). 여기서 슈클라는 "이데올로기에 기초한 정치이론"은 죽었으며, "플라톤으로부터 시작하여 마르크스나 밀에 이르는 위대한 전통"들은 이제 몰락했다는 사고를 전개했다(Shklar, 1996: 272). 20세기 비극의 시대에 모든 이상주의와 사회이론적 열망은 "환멸과 혼돈" 속으로 모두 소진되어버렸으며, 이데올로기는 극단주의와 사기를 낳을 뿐이었다고 보았다.[12]

이로부터 슈클라는 정치철학에서 금해야 할 것이 무엇인지를 터득했

---

12 혹시 이러한 슈클라의 입장을 동 시대 다니엘 벨(Daniel Bell) 등이 얘기한 '이데올로기의 종언' 등과 같은 사상으로 오해하면 곤란하다. 그에 대한 자세한 지적으로는 Hulliung(1995: 169)이 있다.

다. 미래 사회에 대한 어떤 적극적인 목표 설정 혹은 사회 변형(trans-formation)의 철학에 대한 경계가 그것이다. 슈클라의 공포로부터의 자유주의의 소극적인 성격은 바로 여기에서 연유한다. 물론 슈클라는 염세주의와 비관주의에 대한 경계도 게을리하지 않는다. 문화적 비관주의는 종종 전쟁이나 혁명에 대한 갈구로 터져 나오기도 하기 때문이다. 슈클라의 염원은 희망과 절망의 과잉으로부터 인간다운 평화질서를 구하는 것이었다(Lilla, 1998: 6).

그 다음 저작은 1964년에 발간된 『법률주의: 법, 도덕, 정치 재판』이라는 법철학적 논저이다(Shklar, 1986a). 이는 법치주의에 관한 매우 유익한 정치철학적 고찰로서 출간 당시 이미 와인랩이 서평을 통해 그 가치를 평가했을 뿐 아니라(Weinrab, 1965: 1494~1500), 현재도 법치주의의 이념을 성찰하는 데에 한 준거(West, 2003:119~158)가 되고 있다.[13] 이 책에서 슈클라는 법학과 법체계는 더 이상 자율적인 존재가 아니고 어떤 정치적인 원리가 그 기초에 내재해 있다는, 이후 비판법학의 한 특징을 이루기도 하는 명제를 제시하고, 뉘른베르크와 동경재판도 어떤 법률적인 근거가 아니라 결국은 정치적 근거에서 정당화될 수 있을 것이라는 주장을 하게 된다.[14]

---

13 이 책의 저술의 동기는 원래 20세기의 역사에 대한 인식을 위한 것이었는데, 그가 수년간 법철학에 대해 강의를 한 계기로 그 소재가 뉘른베르크와 동경재판이 된 것이라고 한다(Shklar, 1996: 274). 필자의 추측으로는 슈클라가 법철학 강의를 하게 된 것은 그의 은사인 칼 프리드리히(Karl Joachim Friedrich)의 강의를 이어받았기 때문이 아닌가 한다. 프리드리히 역시 정치사상가이면서 법철학도 아울러 연구했다. 그의 법철학 저서는 이미 우리나라에도 번역 소개되어 있다. 프리드리히, 1960; 1996.

아울러 이 책에서 이미 슈클라의 공포로부터의 자유주의의 핵심이 표출되고 있는데, '핵심 자유주의(barebones liberalism)' 및 '소수자의 자유주의(liberalism of minorities)'의 개념이 그것이다. 즉, 슈클라는 "진보를 위한 이론과 특정의 경제적 기획을 포기하고, 오직 관용이 제일의 덕목이며, 의견과 행위의 다양성은 용인되어야 할 뿐 아니라 오히려 권장되고 함양되어야 한다는 믿음에 헌신하는" 것이 바로 자유주의의 핵심이며(Shklar, 1986a: 5), "사회의 다양성과 타인의 자유를 용인하고 권장되어야 하는 까닭은 조직화된 억압이 야기하는 여러 비참함을 피하기 위한 것일 뿐"이고, 그러한 자유주의는 "사회의 상시적 소수자들이 모두 공유할 수 있는 타입"의 자유주의라고 말하고 있다(Shklar, 1986a: 6). 여기서 이미 자유주의가 최후까지 지켜야 하는, 자유주의자로서 결코 양보할 수 없는 최후의 마지노선에 대한 인식이 여실히 드러나고 있다.

이렇게 뿌려진 공포로부터의 자유주의의 씨앗은 이후 프랑스 근대 정치철학자들의 연구로 심화되고 성숙된다. 슈클라가 제일 애착을 느끼던 사상가는 루소이며, 그에 대한 연구는 1969년도에 간행된 『인간과

---

14 이 책에 나타난 법치주의에 대한 슈클라의 관심과 그 사상의 기조는 그 후로도 계속되었다(Shklar, 1998a: 21~37). 이 논문은 원래 *The Rule of Law* (Shklar, 1987: 1~16)에 실린 것이었다. 첨언하자면 슈클라가 법치주의를 폄하하는 것은 전혀 아니다. 법치주의에 대한 정치적 정당화의 필요성이 반드시 그에 대한 탄핵으로 귀결될 일은 없는 것이다. 문제는 그 정치성이 무엇인가에 달려 있을 따름이다. 슈클라의 자유주의의 핵심에는 오히려 법치주의가 자리하며, 결국 그는 누구보다도 법치주의에 대한 강력한 정치철학적 옹호를 하는 셈이다. 슈클라는 그의 회고 글에서 이 책을 가장 아낀다고 했으며, 그 책의 논지가 당시에는 법학계의 격분을 불러일으켰지만, 이제는 진부한 상식이 되어버렸다고 쓰고 있다(Shklar, 1996: 275).

시민: 루소의 사회 이론에 관한 연구』(Shklar, 1985)에 응축되어 있다. 슈클라는 대학 시절부터 루소에 매료되었다고 한다. 비록 슈클라는『고백록』에 나오는 루소라는 인간을 좋아할 수는 없지만, 그리고 루소의 사상이 자유주의와는 아주 이질적인 것이었지만, "루소의 지적 명민함에 감탄했고, 그를 읽을 때면 도저히 빠져나올 수 없었으며 재교육을 받는 느낌이었다"고 한다. 슈클라는 루소를 플라톤 이후 가장 강렬한 비판의식의 소유자라고 꼽고 있다(Shklar, 1996: 275).

슈클라의 루소에 대한 애착에서 필자는 그 공포로부터의 자유주의의 또 다른 근원을 읽을 수 있는데, 차별과 부정의에 대한 예민한 감수성이 바로 그것이다. 슈클라는 루소를 "천재적인 부정의 수집가"이자, "가장 심오한 평등주의 사상가"로 평가한다(Shklar, 1990: 86). 또한 슈클라는 루소를 "인간 마음에 대한 역사가"라고 하기도 하고, "패배자들의 호머"라고도 표현한다. 슈클라는 루소의 이와 같은 특성을 민주주의와 평등의 옹호자로서는 아주 이례적인 것이라고 하면서도, 그것이야말로 루소 사상의 장점이라고 평한다(Shklar, 1996: 275). 슈클라의 공포로부터의 자유주의의 색조도 결국은 그와 다르지 않을 것이다. 필자의 감상으로 표현해보자면, 인간의 덧없음과 인간 사회의 비참함에 대한 냉철한 인식과 동시에 인간 존엄에 가없는 염원이라고 하고 싶다.[15]

---

15 참고로 얘기하면, 루소에 이어서 슈클라는 헤겔의 사상을 천착하여, '정신현상학'에 대한 논저를 간행한다(Shklar, 1976). 슈클라는 지성사의 연구자라면 누구나 헤겔에게 빚을 지고 있는 셈이라고 하며, 불완전한 인식들의 상호 변증법적 운동이 집단적 정신의 총체성을 형성할 것이라는 헤겔의 역사철학에 공감을 표한다. 또한 흥미로운 사실을 하나 첨언하자면, 슈클라는 헤겔 독해의 어려움도 고백하고 있다. '정신현상학'의 난해함과 5년간 씨름했으며, 헤겔의 논리학은 결국 이해할 수 없었

슈클라가 루소로부터 권력과 차별의 생리에 관한 인간심리학의 정수를 전수했고 그로부터 공포로부터의 자유주의의 감수성을 체득했다면, 자유주의적 방법론과 제도적 덕목은 몽테뉴와 몽테스키외로부터 배웠다고 할 수 있다.

1984년 저작인 『일상적 악덕들』(Shklar, 1984)은 전적으로 몽테뉴에 헌정된 것이라고 해도 좋을 것이다. 슈클라는 매 쪽마다 몽테뉴의 정신이 스며 있다고 고백한다(Shklar, 1984: 1). 이 책에서 슈클라는 몽테뉴와 같이 잔혹함(cruelty), 위선(hypocrisy), 속물근성(snobbery), 배신(betrayal), 인간혐오(misanthropy) 등의 악덕들에 대해 고찰한다. 슈클라는 덕성들을 교시하지 않고, 단지 악덕들을 성찰케 하는 몽테뉴의 에세이 방식에서도 큰 교훈을 얻지만, 더 중요한 것은 몽테뉴로부터 공포로부터의 자유주의의 핵심을 체득한 것이다. 그것은 바로 "잔혹함을 우선적으로 고려하는(putting cruelty first)" 관점이다(Shklar, 1984: 5).

슈클라의 '공포로부터의 자유주의'의 구상은 "의도적으로 가해지는 폭력이야말로 무조건적인 악"이라는 인식에서 출발한다(Shklar, 1996: 275). 즉, 자유주의는 어떤 적극적인 덕성을 함양하는 데에 목적이 있다기보다 악덕들을 피하는 것을 제일의 과제로 하며, 특히 다른 악덕들보다 잔혹함을 회피하는 데에 그 본질을 둔다는 것이다. 슈클라는 "자유민주주의는 인류의 완전성을 위한 기획이라기보다 생존을 위한 처방"이

---

다고 한다. 아울러 하이데거의 저작에 관해서는 너무나 많은 구절들이 자신에게는 그저 무의미한 것이었다고 밝히기도 했다. 이러한 진솔한 고백에서 필자는 슈클라의 자유주의적 덕성의 체취를 느끼기도 하지만, 동시에 오히려 그의 지적 자신감을 확인할 수도 있었다(Shklar, 1996: 276).

라고 말한다(Shklar, 1984: 4).

　이러한 자유주의는 권력에 대한 어떤 환상도 품지 않으며, 통치의 권력은 결국 공포와 잔혹함을 가할 수 있는 권력이며, 그 자애로움이 아무리 크다고 해도 비무장의 민중은 그 권력으로부터 충분히 보호받을 수 없다는 인식에서 시작한다. 즉, 공포로부터의 자유주의는 "의심의 제도화(institutionalized suspicion)"인 셈이다(Shklar, 1984: 238).

　그런데 실제 그 제도화를 정치원리의 차원에서 건설해보인 사람은 바로 몽테스키외라고 할 수 있다. 슈클라가 계몽주의자들 가운데 가장 선호하는 사람이 바로 몽테스키외이다. 루소의 감성의 정치철학에서 깊은 인권적 감수성을 전수받고, 또 몽테뉴의 관용과 회의주의 미덕을 지적 자양분으로 삼았지만, 그 사상가들은 아직 정치적인 의미에서 자유주의자라고 말하기 어려웠다.

　그에 반해 몽테스키외로 대표되는 프랑스 계몽주의자들은 자유주의 정치철학의 전형을 보여주었다. 슈클라는 말하기를 "그 계몽주의자의 사유들 − 회의주의, 자율성, 개인에 대한 법의 보호, 자유, 그리고 정제된 학문적 탐구 − 이야말로 보다 덜 야만적이고 비이성적인 세계에 대한 최선의 희망"이라고 평가한다(Shklar, 1996: 275). 몽테스키외는 몽테뉴와 함께 인류에 대한 철없는 낙관을 금하는 자유사회의 비전을 공유하지만, 몽테스키외는 잔혹함에 대한 혐오에 더하여 공공의 정의와 정치적 자유가 인간의 가장 최악의 경향을 제한할 수 있다는 믿음을 보태었다고 평가한다(Shklar, 1984: 34).

　몽테스키외의 정치철학에 대한 슈클라의 연구는 옥스퍼드 사상가 열전 시리즈의 하나인 『몽테스키외』(Shklar, 1987)에 정리되어 있다. 슈클라는 몽테스키외의 『법의 정신』은 헌법에 대한 전통적 이념과 근대적

이념들 사이에 가교를 놓음으로써 그는 대륙과 미국에 걸쳐 "헌법의 예언자(oracle)"가 되었다고 평가한다(Shklar, 1987: 111). 공포로부터의 자유주의와 관련하여 중요한 것은 슈클라는 몽테스키외의 자유주의를 로크의 자유주의와 다르게 인식하고 있다는 점이다.

즉, 공포로부터의 자유주의는 (자연) 권리의 자유주의[liberalism of (natural) rights]와 다르다(Shklar, 1984: 237~238). 물론 공포로부터의 자유주의가 권리를 모르는 것이 아니다. 오히려 공포로부터의 자유주의는 권리 우선의 정의론이라고도 말할 수 있다. 다만, 공포로부터의 자유주의에서의 권리란 "공포와 잔혹함의 전횡을 제어할 수 있는 유일한 방도로서 정치적으로 필요불가결한 권력의 분산"을 뜻하는 것일 뿐이다. 즉, 권리는 잔혹함에 대한 저항일 뿐, 로크류의 자유주의에서처럼 어떤 다른 형이상학적 실체가 있는 것이 아니라는 얘기이다. 슈클라는 몽테스키외의 자유주의는 권리(자연권이든 그렇지 않든)로부터 시작하는 것이 아니라고 한다. 몽테스키외에서 법의 유일한 목적은 우리 모두에게 공포의 족쇄를 풀어주고, 정부가 우리에게 테러를 가할 수 없도록 하는 것이며, 그것이 바로 자유의 의미라고 한다(Shklar, 1987: 238).

이러한 사상의 역정을 통해 슈클라는 마침내 1989년 「공포로부터의 자유주의」라는 논문을 발표함으로써 자신의 자유주의의 요체를 널리 천명했다(Shklar, 1998a).[16] 물론 공포로부터의 자유주의라는 용어나 그

---

16 이 논문에서 슈클라는 공포로부터의 자유주의의 요체를 간명하면서도 집약적으로 설명하고 있으며, 그에 대한 예측 가능한 비판에 대해서까지 답을 주고 있다. 호프만은 그렇게 짧은 분량으로 그만큼 많은 사상을 담은 논문이 또 얼마나 될까 하고 찬탄하고 있다(Hoffman, 1996: 91).

사상이 여기에서 처음 나온 것은 아니다. 이미 앞서 소개한 대로 1984년의 저작인『일상의 악덕들』에서 그 핵심을 선보였으며(Shklar, 1984), 1986년 논문인「부정의, 불법침해, 불평등: 하나의 시론」(Shklar, 1986b: 13~33)[17]에서 이른바 재분배적 정의론의 기획에 맞서 권리(즉, 공포로부터의 자유)의 소중함을 일깨우면서 이미 성숙된 사상을 전개한 바 있다.

공포로부터의 자유주의의 입론으로 정치사상가로서의 일가를 이룬 슈클라는 이후 더욱 적극적으로, 그리고 더 자유로운 스타일로 자신의 사상을 펼쳐간다. 그의 최후의 두 저작인『부정의의 얼굴들』(Shklar, 1990)과『미국 시민성: 포용의 추구』(Shklar, 1991)가 그 결과물들이다.

『부정의의 얼굴들』의 목적은 슈클라에 따르면 기성의 정의론을 동요케 만드는(unsettling) 것이었다(Shklar, 1996: 277). 여기서 슈클라는 공포로부터의 자유주의의 관점에서 기성의 정의론이 감당하지 못하는, 또 그러면서도 무책임하게 도외시하고 있는 '부정의의 실제'에 다가가려는 진지한 노력을 보이고 있다.『미국 시민성』은 공포로부터의 자유주의가 미국의 역사에서 얼마나 절실한 것이었나를, 투표권(right to vote and to be represented)과 노동권(right to work and to earn)을 통해 갈파하고 있다. 그것은 어떤 정치적 혹은 경제적 기획에 소용되는 것이 아니라 시민으로서의 자격(standing)의 문제였다는 것이다.

---

17 이 논문의 중요성에 비추어, 호프만이 편집한 슈클라의 논문집인 *Political Thought and Political Thinkers*에 이것이 빠진 것은 아쉬운 일이라고 할 것이다. 같은 취지로는 Levy(2000: 23 각주 11) 참조.

## 3. 슈클라의 공포로부터의 자유주의의 특색

### 1) 형이상학이 아니라 정치적인

위의 구절은 주지하듯이 롤즈의 유명한 논문 제목이다(Rawls, 1999: 388~414). 슈클라의 공포로부터의 자유주의가 롤즈의 정치적 자유주의와 상통함을 부각시키고자 일부러 그러한 제목을 뽑았다. 우리는 롤즈 자신이 그의 정치적 자유주의와 같은 맥락의 사상으로 슈클라를 명시하고 있다는 점을 유념할 필요가 있다(Rawls, 1996: 374).[18] 슈클라의 공포로부터의 자유주의는 롤즈의 자유주의가 그렇듯이, 어떤 형이상학적 교리, 즉 포괄적 교리(comprehensive doctrine)가 아니라 정치적 자유주의(political liberalism)인 것이다.

우리는 자유주의란 하나의 정치적 원리임을, 즉 전통적으로 다양하게 나타난 계시종교나 다른 포괄적인 세계관들(Weltanschaungen)과 같은 삶의 철학이 아닌 정치적 원리라는 점을 강조하는 데에서 시작하는 것이 좋을 듯하다. 자유주의는 다른 어떤 것보다 중하게 여기는 하나의 목적을 가지고 있다. 그것은 바로 개인적 자유의 행사를 위해 필요한 정치적 조건을 확보하는 것이다(Shklar, 1998a: 1).

슈클라의 공포로부터의 자유주의는 잔혹함(cruelty)을 가장 큰 악덕으

---

18 롤즈는 슈클라와 아울러 라모어(Charles Lamore)를 꼽고 있으며, 추가적으로 액커만(Bruce Ackermann)과 코헨(Joshua Cohen)도 언급하고 있다.

로 간주하여 그로부터의 해방을 목적으로 할 뿐, "일반적인 윤리적 가르침을 제시하려는 어떤 경향도 회피하지 않으면 안 되는 것"이다(Shklar, 1998a: 13).

이러한 규정(공포로부터의 자유주의의 법원리들)은 명백히 칸트의 법철학에 빚지고 있는 바가 있다. 그러나 공포로부터의 자유주의는 칸트나 그 밖의 다른 어떤 도덕철학에 전적으로 의존하는 것은 아니다. 공포로부터의 자유주의는 오히려 얽매임이 없어야(eclectic) 한다(Shklar, 1998a: 12).

슈클라의 공포로부터의 자유주의가 로크와 칸트 등의 자유주의의 전통에서 연원함은 부인할 수 없을 것이다. 그러나 공포로부터의 자유주의는 그에 내포되어 있는 근본적 철학적 가치들을 구현하기 위한 것은 아니다. 다만 인류의 역사에 점철되어 있는 고통과 비참함을 더 이상 겪어서는 안 된다는 소극적인 소망에 기초할 뿐이다.

공포로부터의 자유주의의 학적 방법론은 정초주의(foundationalism)가 아니다. 이미 언급한 대로, 슈클라의 공포로부터의 자유주의는 권리의 자유주의와 다르다. 슈클라는 공포로부터의 자유주의를 로크의 자연권적 자유주의 및 밀의 자아실현의 자유주의와 분명히 구분 짓는다(Shklar, 1998a: 8~9). 슈클라가 로크나 밀에 대해 아쉽게 생각하는 점은 그 "두 자유주의의 수호성인들에게는 어떤 절실히 전개된 역사적 기억"이 충분치 않다는 것이다. 슈클라의 자유주의는 형이상학적이고 철학적이라기보다 역사적이고 심리학적이다. 공포로부터의 자유주의는 인류가 겪었고 또 현재 겪고 있는 명백하고도 커다란 역사적 참극의 현실에서 출

발한다.[19]

　체계화된 공포는 자유를 불가능하게 만드는 조건이다. '잔혹함을 먼
저 고려하는 것'만으로 정치적 자유주의의 충분한 토대가 될 수는 없다
고 말하는 편이 공정할 것이다. 하지만 그것은 특히 현재 자유주의가 세
워질 수 있는 광범한 관찰에 기초한 도덕적 직관이자 제일의 원리임에
는 틀림이 없다. 왜냐하면 체계화된 잔혹함의 공포는 아주 보편적인 것
이어서 그 금지에 대한 도덕적 요청은 즉각적인 호소력이 있으며 많은
논증이 없이도 충분히 승인될 수 있기 때문이다(Shklar, 1998a: 11).

　어떤 특정의 철학적 원리에 기반을 둘 필요가 없다는 점에서 슈클라
의 공포로부터의 자유주의의 착상은 롤즈의 "자립적인(free-standing) 원
리" 혹은 "회피의 방법(method of avoidance)"의 착상과 같다.[20] 비록 후술
하는 바와 같이 슈클라의 정의론과 롤즈의 정의론은 그 방법론에서 이
질적이지만 특정의 세계관의 배타적 지배를 용인하지 않는다는 정치적

---

　19 이러한 주장은 자칫, '사람은 잔혹함을 싫어하고 그것을 회피하고자 하는 심리
적 본능이 있으며, 그로부터 당위가 도출된다'는 식의 '자연주의적 오류(naturalistic
fallacy)'로 읽힐 수 있다. 슈클라도 자신의 입장이 정당화되기 위해서는 그러한 오류
를 넘어서는 보편적 규범성이 갖추어져야 함을 분명히 인식하고 있다. 그러나 여전
히 존재와 당위의 문제에 관한 그의 입장은 분명치 않아 보인다(Shklar, 1998a: 11~
12). 한편 이와 관련하여 벤하비브는 '현상학적 접근'을 언급하고 있다(Benhabib,
1996: 57).
　20 이와 관련하여 롤즈의 이른바 정치적 선회(Political Turn)에 대해서는 정태욱
(2001: 136~142) 참조.

자유주의의 사상을 공유하고 있다.

물론 슈클라도 공포로부터의 자유주의가 시민들에게 자유주의적 심리형성에 영향(psychological effect)을 끼칠 수 있는 점은 부인하지 않는다. 그러나 슈클라는 그것은 공포로부터의 자유주의에 수반되는 것일 뿐, 공포로부터의 자유주의의 과제로 인식되어서는 곤란하다고 한다. 자유주의는 '교육적인 국가(educative state)'에 반대하는 것을 제일의 출발점으로 삼고 있기 때문이다.

> 인내의 습관, 절제, 타인의 주장에 대한 경청, 그리고 신중함 등은 개인의 자유와 완전히 합치할 뿐만 아니라 사회적으로나 개인적으로 가치 있는 성품들을 고무하는 사회적 규율의 형태들을 구성한다. 그러나 이 점이 강조되어야만 하는데, 그것이 자유주의적 국가가 특정의 성품들을 창조할 것을 목표로 하거나 국가적 신조들을 강제로 시행하려는 교육적인 통치를 할 수 있다는 뜻을 내포하는 것은 결코 아니다(Shklar, 1998a: 15).

더 나아가 슈클라는 칸트의 덕론(doctrine of virtue)을 소개하면서, 자유주의의 정치는 도덕적 용기, 자신에 대한 믿음 등과 같은 덕성을 지닌 시민들의 노력이 없이는 성공할 수 없을 것이라고 하면서도, 그것을 인간의 완전성의 모델로 간주하여 촉진시키려는 것은 자유주의의 임무가 아니라고 한다.

이러한 슈클라의 논의가 공동체주의와 낭만주의로부터 '자아(the self)'의 개념이 결여되어 있다는 비판을 받는 것은 당연한 일인지도 모른다. 그러나 슈클라의 공포로부터의 자유주의는 어떤 특정의 근원적

(irreducible) '자아'에 대한 모색이 아니라 여러 '자아들'이 함께 공존할 수 있는 정치적 조건을 추구하는 것이다. 슈클라는 오히려 공동체주의 등의 이론이 정치에 적용될 때 생길 수 있는 위험을 경고한다.

> 공동체의 품 안에서든 혹은 낭만적 자기실현으로써든, 감성적이고 개인적인 발전을 추구하는 것은 자유주의적인 사회의 시민들에게 열려 있는 선택들이지만, 그것들은 비정치적 욕구들이자 전적으로 자아 몰입적 성향이어서, 그것이 정치적인 원리로 제시될 경우에는, 나은 경우라도 사람들을 정치의 과제로부터 무관심하게 만들 것이며, 잘못되면 그리고 안 좋은 상황과 결부된다면, 자유주의적 정치를 심각하게 해치게 될 것이다(Shklar, 1998a: 18).

개인적 덕성과 정치적 원리에 대한 구분은 곧 '공과 사(the spheres of the personal and the public)의 구분'을 뜻한다. 물론 그 경계는 유동적이지만 그 구분이 결코 망각될 수 없다는 인식이 중요하다(Shklar, 1998a: 6). 한 사적 영역이 다른 사적 영역을 침해하는 것을 막아주는 공적 영역의 중요성, 그리고 그 공적 영역이 오히려 사적인 영역들을 침해하는 결과가 되지 않도록 하는 절제와 경계의 중요성이 인식되어야 한다. 이를 한마디로 하자면 자율, 관용, 절제로 집약할 수 있다. 이렇게 본다면, 공포로부터의 자유주의는 포괄적 교리는 아니지만 사실 아주 강한 정치적 혹은 법적 덕목을 내포하고 있다고 할 것이다.[21]

---

21 덧붙이자면, 필자는 롤즈의 정치적 자유주의에 관해 이러한 정치의 개념을 우리나라 판문점을 빗대어 '공동경비구역'이라고 표현했다. 즉, 정치의 규범적 의의를

이리하여 슈클라의 공포로부터의 자유주의는 권력의 절제와 경계에 관한 제도적 원리로 귀착된다. 슈클라는 관용과 자율의 원리는 자유주의의 토대일지언정, 그 자체를 아직 자유주의라고 말할 수는 없다고 한다 (Shklar, 1998a: 5). 무엇보다 정부권력에 대한 통제와 순화, 즉 공포와 잔혹함으로부터의 해방의 제도화가 빠질 수 없는 것이다. 슈클라의 정치적 자유주의는 곧 정부권력에 대한 통제와 법치주의의 확립을 뜻한다.

제일의 권리는 잔혹함의 공포로부터의 보호이다. 공공의 가장 큰 악덕인 잔혹함이야말로 전력을 기울여 회피해야 하는 것이다. 정의(혹은 사법제도: 필자 첨언)는 잔혹함, 특히 위협적 수단들을 손쉽게 가장 많이 동원할 수 있는 사람들에 의해 야기될 수 있는 잔혹함을 통제하기 위해 필요한 법적 장치들의 그물이다. 공포로부터의 자유주의가 오로지 제한적이며 예견 가능한 통치에 그렇게 몰두하는 까닭이 바로 그것이다(Shklar, 1984: 237).

끝으로 슈클라의 공포로부터의 자유주의가 두려워하는 권력은 단지 정부만이 아니라는 점이 꼭 지적되어야 할 것이다. 후술하겠지만 공포로부터의 자유주의가 말하는 법치주의란 이른바 하이에크류의 자유주의와는 거리가 멀다. 슈클라가 두려워하는 권력에는 경제적 권력 등 사회적 권력도 해당함을 주의해야 한다. 물론 슈클라는 소유권의 보장이

---

사회적 제 세력과 가치관들의 대립과 다툼으로 침해될 수 없는 공존과 관용의 영역이면서 서로가 존중해야만 하는 상위의 영역이라는 점에서 구한 것이다. 이에 관해서는 정태욱(2001: 142) 참조.

사적 영역의 보호와 공적 권력의 절제라는 차원에서 필수불가결한 것임을 얘기한다. 그러나 소유권의 무제한 보장이란 공포로부터의 자유주의의 핵심인 '권력의 분산'이라는 관점에서 결코 용인할 수 없는 것이다(Shklar, 1998a: 13).

또한 이러한 슈클라의 사상에 대해 혹시 아나키즘을 떠올리는 사람도 있을 것이다. 슈클라 자신도 바로 그런 점을 의식하고 아나키즘과 분명한 선을 긋는다. "가장 열정적인 아나키스트 이론가들조차도 어떤 비공식적 강제와 사회의 교육적 압력을 법의 대체물로 수용할 수 있는 것으로 제안하는데", 자유주의자들은 그 점에 대한 경계를 게을리할 수 없다는 것이다. 또한 자유주의자들은 법과 정부가 무너져 내리는 사태를 결코 감수할 수 없다고 하면서 슈클라는 "법의 지배는 자유주의의 제일의 원리인데, 아나키즘에서는 그렇지 않다"고 한다(Shklar, 1998a: 18).

## 2) 회의주의가 아닌 지적 겸허

슈클라의 자유주의의 반(反)형이상학적·반(反)이데올로기적 특색은 곧잘 회의주의로 평가된다. 사실 슈클라의 자유주의는 종교적 극단주의, 거대담론, 이상주의, 사회변혁의 열정, 낭만주의 등의 이데올로기에 대한 깊은 회의에 뿌리박고 있다. 그리고 그 회의주의는 단지 이상(理想)에 대한 과도한 열정에 대한 경계만이 아니고, 타자(他者)에 대한 어떤 포스트모던적 생소함까지 내포하고 있다. 슈클라는 이미 몽테뉴에서 그러한 요소를 보았다.

플라톤과 아우구스티누스에 비해 또 하나의 순수하게 심리적인 회의주의가 있는데, 그것은 서로 각자에 공통되는 규율을 고안하는 데에 있어 우리가 과연 서로를 충분히 알고 있는지 의심하며, 또 그러한 우리의 노력이 오히려 우리에게 해를 가져다주지 않을지 걱정하는 회의주의이다(Shklar, 1990: 26).

이러한 회의주의는 후술하는 바와 같이, "부정의를 우선적으로 고려하는(putting injustice first)"(Yack, 1999: 1103~1120) 슈클라 정의론의 주요한 특성을 이룬다.

회의주의야말로 부정의를 온당히 취급해준다. 왜냐하면 회의주의는 우리의 판단이 어둠 속에서 이루어진다는 것, 그리고 그것이 옳은 것인지 의심스럽다는 것을 깨우쳐주기 때문이다(Shklar, 1990: 28).

그러나 슈클라의 공포로부터의 자유주의의 본질을 회의주의에서 구하는 것은 오류이다. 우선 슈클라 자신이 공포로부터의 자유주의가 회의주의와 다른 것임을 명확히 하고 있다. 즉, "회의주의의 지적 유연성은 심리학적으로 자유주의보다 적응성이 높으나, 그것이 자유주의 정치학의 필연적 요소는 아니"라는 것이다(Shklar, 1998a: 7). 슈클라의 회의주의는 이상사회의 낭만적 열정에 거리를 두고자 하는 정치적 회의주의일 뿐이며, 어떤 불가지론적 회의주의나 혹은 파괴적인 허무주의(nihilism)를 뜻하는 것이 아니다.

슈클라의 회의주의는 우리에게 감춰진 무지(hidden ignorance)를 일깨워(Shklar, 1990: 20), 부정의와 고통스러운 현실의 생생한 리얼리티에 대면케 하려는 것이지 우리를 인식론적 오리무중으로 이끄는 것이 아니다.

정치적 회의주의는 종종 일반적인 인식론적 회의주의에 뿌리를 두고 있지만, 그것은 결코 인식 일반에 대한 어떤 특정의 철학적 상정에 의존하지 않는다. 그것은 단지 기성의 사회적 믿음들을 단순히 의심해보고, 비인습적으로 생각해보는 것이다(Shklar, 1990: 20).

그것(정치적 회의주의)은 단지 반성적 독자들에게 부정의의 영역들을 보다 넓게 일깨우고, 인류의 부정의의 거대함을 새삼 드러내고자 하는 것일 따름이다(Shklar, 1990: 28).

또한 슈클라의 회의주의가 정치적 원리로 될 경우 자칫 파괴적인 귀결을 보일 수 있음을 우려하고 있다.

이를테면 니체의 니힐리즘적 정치적 관념들을 열정적으로 밀고 나갈 때처럼, 극단적으로 억압적인 회의주의자들에 의해 통치되는 사회를 상상하기는 어렵지 않다(Shklar, 1998a: 7).

따라서 슈클라의 자유주의를 인식론적 회의주의자인 고대 희랍의 피론에 빗댄 '피로니즘'으로 표현하는 것은 오해의 소지가 있으며(Miller, 2000), 또 그의 사상을 기본적으로 회의주의로 보면서, 슈클라의 후기의 사상인 평등주의적 경향이 그러한 전제와 양립할 수 없는 괴리를 보이고 있다는 비판은 너무 고지식해보인다(Whiteside, 1999: 501~524). 슈클라의 회의주의는 이성의 교만과 정치적 정열에 대한 경계일 따름이며, 그런 범위에서 회의주의는 그의 사상 편력에서 시종일관했고, 후기 저작에서 뚜렷해지는 약자와 희생자들에 대한 연민도 정의의 권력 혹은 권력의 정의에 대한 그의 회의주의의 당연한 귀결이라고 봄이 옳을 것이다.

그리고 슈클라가 누구보다도 몽테뉴에 심취했고, 그의 사상의 원류 가운데 하나가 몽테뉴의 회의주의와 상대주의임에는 틀림없지만, 슈클라의 자유주의는 그에 머무는 것이 아니다. 슈클라 자신이 몽테뉴는 아직 자유주의자라고 말할 수 없다고 했다(Shklar, 1998a: 5). 슈클라는 정치심리학적 측면에서 몽테뉴를 경배했지만, 자유주의의 정치적 성격은 로크 그리고 더 나아가 몽테스키외의 사상의 세례가 있었기 때문에 가능한 것이었다. 이렇게 본다면 슈클라를 미국의 몽테뉴라고 하는 것도 그의 자유주의의 사상을 이해하는 데에 충분치 않다(Hulliung, 1995).[22]

요컨대 슈클라의 자유주의의 소극적 성격은 회의주의가 아니라 지적 겸허(intellectual modesty)라고 보아야 할 것이다(Shklar, 1998a: 8). 슈클라의 회의주의적 측면은 인간의 지적인 한계에 대한 신중함이며, 미래에 대한 희망보다 과거의 고통을 더욱 중시하는 것일 따름이다. 슈클라는 에머슨(Ralph Waldo Emerson)의 표현을 빌려 공포로부터의 자유주의를 "희망의 당(party of hope)이 아니라, 기억의 당(party of memory)"(Shklar, 1998a: 8)이라고 표현하고 있다.

과거의 고통은 명확하다는 점에서 슈클라는 오히려 회의주의가 아니다. 그리고 그러한 잔혹함을 방지하는 것은 인류의 보편적인 열망이라는 점에서 슈클라는 절대적인 상대주의도 아니다. 슈클라의 회의주의는 오히려 문학사조인 리얼리즘에 가깝다. 인간의 덧없음, 인류 역사의 야만성, 가엾은 인간들의 속절없는 고통 등을 여실히 그려 보이는 것을 과제로 삼고 있다.

---

22 헐리웅 자신도 그에 대한 주의 환기가 있음은 물론이다(Hulliung, 1995: 195).

이런 점에서 슈클라는 또한 이사야 벌린의 철학적 상대주의와도 차이가 있다. 벌린의 상대주의는 다원주의적 도덕원리들 가운데 우리가 어떤 원리들을 필연적으로 선택할 것임을 전제로 한다. 하지만 슈클라는 그와 같은 철학적인 원리가 없이도 자유주의는 충분히 기능한다고 본다. 공포로부터의 자유주의는 어떤 도덕적 다원주의의 이론도 가질 필요가 없다고 한다. 자유주의는 어떤 최고선(summum bonum)을 목적으로 하는 것이 아니라 단지 최고악(summum malum)을 회피하는 데에서 출발하기 때문이다(Shklar, 1998a: 10~11).[23]

부연하자면 이러한 슈클라의 지적 겸허는 회의주의나 상대주의의 나쁜 형태의 전형으로 꼽히는, '진리가 무엇인지 나는 모르겠으니, 너희들이 알아서 처단하라'는 빌라도의 사악한 책임방기나,[24] 단테가 지옥의 여정을 시작하기 직전 만나게 되는 '불명예나 영예로움 모두 피하며 사는' 그리하여 경멸의 대상밖에 안 되는 무소신(Dante, 1993: 56)과는 정반대의 '소극주의의 미덕'을 보여준다고 할 것이다.

한편 이러한 소극주의의 미덕은 우리 학계에서 심헌섭의 "인간다운 평화질서"(심헌섭, 1984: 286)를 희구하는 '상대적 상대주의' 혹은 '비판적 실증주의'의 태도에서도(심헌섭, 1984: 275, 287) 발견된다는 점에서 더욱 반갑다. 필자는 일찍이 심헌섭의 정의론에서 소극주의적 인식론의 가치를 본 바 있는데(정태욱, 2002c: 55~56),[25] 그와 아주 흡사한 것을 다

---

23 벌린의 다원주의 및 그의 두 자유의 개념에 대한 논의로는 안준홍(2003) 참조.

24 빌라도의 회의주의와 그에 반대되는 레싱의 나탄(Nathan)의 활동주의적 불가지론에 대한 훌륭한 대비는 Radbruch(1975: 43) 참조.

25 여기서 필자는 소극주의적 미덕을 "가치인식의 절대화를 반대해 적극적인 가

시 슈클라의 자유주의에서 목격한 것이다. 혹시 이러한 유사성이 공포로부터의 자유주의적 지성이 인류 공통의 자산이 될 수 있다는 어떤 기미를 보여주는 것은 아닐까?

### 3) 정의 원리의 정립이 아닌 불의에 대한 각성

슈클라의 지적 겸허는 정의론으로 이어져 서구 정의론사에서 아주 특징적인 면모를 등록했다. 그것은 바로 부정의에 대한 통찰이다. 슈클라는 정의론 연구에서 부정의가 독자적인 위치를 점하지 못함을 개탄한다.

---

치판단은 자제하되, 일정한 범위와 경계를 가지고 소극적인 반가치판단은 견지하는 입장"으로 얘기한 바 있다. 그리고 이러한 소극적 인식주의를 켈젠류의 비인식주의 혹은 메타윤리적 상대주의와 구분하여, 인식의 한계와 타인에 대한 겸허를 뜻하는 '규범적 상대주의'로 평가했다. 한편 그 글에서 필자는 "그러한 주장들(적극적인 정의론)은 자칫 현실의 부정의의 문제의 소재에 대한 적절한 파악이 결여된 결과 비현실적인 구호에 그치거나 혹은 자신의 정의기준과 원칙에 따르지 않으면 모두 부정의인 것으로 치부하는 편협성과 독선으로 인해 부당하고 위험한 배타성을 빚어낸다. 바로 여기에 심 교수와 같은 소극적 인식주의는 그 빛을 발한다"(정태욱, 2002c: 56)라고 평가한 바 있는데, 이러한 평가는 곧 후술하는바, 슈클라의 정의론에 적용한다고 해도 큰 무리는 없을 것 같다. 이러한 심헌섭의 소극주의적 인식론은 자유에 관한 그의 본격적 논문(2001: 1~26)에서도 견지되고 있다고 보아야 할 것이다. 비록 그 논의는 "법가치로서의 자유의 의미, 그 분배원리 및 한계설정의 규준" 등 자유에 대한 적극적인 해명을 주 내용으로 하고 있지만, 그러한 노력의 근저에는 "최대평등의 자유원리에 대한 전적인 무시는 절대악과 같은 것이다. …… 따라서 자유원리의 절대적 설정은 적극적으로가 아니라 '소극적으로' 그 간과할 수 없는 의미를 가진다고 하겠다"(심헌섭, 2001: 26)는 진술에서 알 수 있듯이, 소극주의적 인식론이 깔려 있는 것이다.

통상적인 정의의 모델은 비록 부정의를 무시하지는 않지만, 그것을 정의의 전주곡 혹은 정의의 부정 혹은 정의의 결여로 이해하여, 마치 부정의가 단지 비정상적인 특이현상인 양 치부하는 경향이 있다(Shklar, 1990: 17).

슈클라는 부정의를 단지 정의의 부정으로서만 인식하는 것은 진정 부정의의 현실을 감당치 못할 것이라고 단언한다. 슈클라는 정의를 자연법이나 자연권에서 나오는 원칙으로 보거나, 혹은 합리적 인간들의 선택의 귀결로 이해하거나 또는 문화의 기저에 흐르는 어떤 합의들에 기초하는 것으로 보는 주류적인 정의의 이론들의 결함을 다음과 같이 지적한다.

내 얘기는 단지 정의에 관한 통상적인 모델들은 부정의에 대한 적합한 설명을 제공할 수 없다는 것인데, 그 까닭은 정의의 모델들은 근거 없는 믿음, 즉 우리가 부정의와 불행에 관한 어떤 정확하고 분명한 구별의 기준을 가지고 있다는 믿음에 집착하기 때문이다(Shklar, 1990: 8~9).

슈클라는 유한하며 인지적 제약이 있는 인간들이 어떤 일반적인 정의의 원리들을 정립할 수 있다고 믿지 않는다. 슈클라는 몽테뉴에 따라서 "우리는 각자 이방인들이며, 우리는 서로를 판단하기에는 너무 무지하다"고 말하고 있다(Shklar, 1990: 27).

우리의 인지적 빈곤을 고려할 때, 보잘것없는 제도적 장치로 저 광범한 부정의에 대처할 수 있다고 믿는 것은 자멸을 자초하는 것이다. 실제로 그것은 부정의의 영역을 넓힐 따름이다(Shklar, 1990: 27).

이러한 부정의의 이론은 앞서 언급했듯이, "감춰진 무지를 노출시키고자 하는" 슈클라의 소극주의의 성과라고 할 것이다. 그런데 이러한 "부정의를 우선적으로 고려하기"는 소극주의의 미덕만이 아니라 또 다른 적극적인 미덕을 제시한다. 즉, "희생자의 관점에서 보는" 정의론이 그것이다(Yack, 1991: 1334~1349).

(그 부정의에 관한) 사실과 의미에 있어 단순한 관찰자의 입장에 서거나 또는 그 피해를 회피하거나 혹은 경감할 수 있었던 사람들의 경우는 결코 희생자들과 같은 체험을 할 수는 없다. 희생자들과 똑같이 체험하기에는 그들은 너무 멀리 떨어져 있다(Shklar, 1990: 1).

정상적인 정의의 모델에만 집착하는 경우 희생자의 목소리는 충분히 들리지 않게 된다.

단지 일정한 금지규율에 부합하는 희생자들의 절규만이 부정의의 고통으로 간주될 뿐, 그러한 규율에 맞지 않게 되면, 그것은 단지 희생자의 주관적인 반응이고 한낱 불운일 뿐, 실제로 부정의한 것은 아닌 것이 된다(Shklar, 1990: 7).

이렇게 희생자의 관점에서 정의를 봄으로써, 그 동안 정의론에서 거의 진지하게 다루어져 본 적이 없는, 그러나 실제 삶에서는 절실한 논점들이 부각된다. '수동적 부정의(passive injustice)'의 개념과 '부정의와 불운(misfortune)의 구분'이 그것이다.

수동적 부정의란 적극적 부정의에 대조되는 개념인데, 슈클라는 그 기원을 키케로에로 소급시키고 있다. 이는 우리 법학의 용어로는 '부작위에 의한 부정의'라고 할 만한 것으로 부정의의 결과를 직접 야기하는 것은 아니지만, 피해를 예방하거나 감경할 수 있는 지위에 있음에도 불구하고 그것을 하지 않음에서 오는 부정의를 뜻한다.

슈클라가 언급하는 여러 예들 가운데 지진의 경우를 보자. 지진은 분명 자연적인 일이고 그것이 야기된 데에 어떤 부정의를 얘기할 수 없을 터이지만 그렇다고 그것이 전적으로 희생자들이 감수해야 하는 불운에 그치는 것은 아니라고 한다. 그러한 재앙에 기여한 사람들 그리고 그 피해를 더 크게 한 사람들이 있게 마련이라는 것이다. 건설시공사가 뇌물을 써서 규정을 어기고 건물을 지었을 수도 있고, 또 기술적으로 가능함에도 불구하고 지진에 대한 예보가 제대로 안 되었을 수도 있고, 공공기관이 재난을 위한 구호체계에 대한 준비를 소홀히 한 탓에 피해를 심화시켰을 수도 있다(Shklar, 1990: 3).

이처럼 수동적 부정의는 주로 부패하고 무사안일에 빠진 공무원의 경우에 큰 문제가 되지만, 슈클라는 그에 그치지 않고 그 범위를 일반 시민들에게까지 넓힌다. 즉, '옆에 있으면서도 아무 것도 하지 않는 시민'들을 언급하며 민주주의는 시민적 각성이 없으면 존속하기 힘들다는 점을 지적한다.

부정의는 단지 적극적으로 부정의한 사람들에 의해 일상적으로 저질러지는 불법행위들에 의해서만 창궐하는 것이 아니다. 실제적이거나 잠재적인 희생자들로부터 등을 돌리는 수동적인 시민들(passive citizen)

도 불평등의 총계에 기여한다(Shklar, 1990: 40).

우리가 범죄를 신고하지 않을 때, 어떤 경미한 사기나 절도가 벌어지는 데에 고개를 돌리는 때, 정치적 부패에 눈을 감을 때, 또한 부적절하고 부정의하거나 혹은 잔혹한 법률로 생각하면서도 침묵하며 수용할 때, 우리는 시민으로서 수동적으로 부정의하다(Shklar, 1990: 6).

물론 이러한 희생자 우선의 관점은 희생자들을 항상 선한 것으로 보는 나이브한 것은 아니며, 또 시민들에게 '선한 사마리아인의 미덕'을 법적 의무로 부과하는 도덕주의적인 것도 아니다. 다만, 기성의 법체계만으로 충분한 정의가 달성될 수 있다고 보거나, 그저 '인생은 불공평한 것이야'라는 말을 되뇌며 희생자들의 목소리를 외면하는 안이한 시민들에게 일상의 민주주의(Shklar, 1990: 43)의 가치를 일깨우는 것이다.

이미 시사되었지만 수동적 부정의에 대한 슈클라의 문제의식은 "부정의와 불행(Injustice and Misfortune)"이라는 편리한 이분법의 위험성에 대한 각성을 촉구하는 것이다. 슈클라는 우리에게 얼마나 많은 부정의들이 단지 불운으로 치부되고 마는가를 묻고 있다. 역사적으로 흑인에 대한 차별 혹은 여성에 대한 차별도 예전에는 단지 자연적인 불행으로 간주되었음을 상기시킨다. 또한 예전에는 불운으로 여겨졌던 영아사망과 기아도 이제는 그것이 주로 공적 체계의 부패와 무사안일에서 빚어진다는 점에서 부정의라고 말한다(Shklar, 1990: 5).

물론 슈클라 자신이 부정의와 불운에 대한 명백한 구분선을 제시하는 것은 결코 아니다. 슈클라는 다만 "부정의와 불행의 구분은 결국 정치적 선택의 문제"일 수 있음(Shklar, 1990: 5)을 지적하며, 우리에게 불운이라고 치부되는 것 속에 얼마나 많은 부정의가 들어 있는지 그리고 그것을 파악하기 위해서는 바로 희생자의 목소리를 들어야 할 필요성이 있음을 일깨우는 것이다.

그 체제가 참을 만한 것인지는 거기서 희생을 겪을 가능성이 가장 큰 이들, 그 사회의 권력으로부터 가장 거리가 먼 이들에게 물어보아야만 할 것이다(Shklar, 1998a: 17).

이러한 슈클라의 정의관은 곧 공포로부터의 자유주의의 핵심을 말해 준다.

공포로부터의 자유주의에서 정치적 생활의 기본 단위는 논의하고 성찰하는 개인들도 아니며, 적과 동지의 구분도 아니며, 애국적인 전사들도 아니며, 열정적인 권리 투쟁자들도 아니며, 강자와 약자의 구분이다(Shklar, 1998a: 9).

이 짧은 문장에 슈클라의 공포로부터의 자유주의의 사상의 요체가 집약되어 있다고 해도 과언은 아닐 것이다. 필자가 부연하자면, 슈클라의 공포로부터의 자유주의는 롤즈나 하버마스와 같은 이성적으로 성찰하고 토의하는 개인들을 전제로 하지 않으며, 칼 슈미트와 같이 어떤 정치적 편 가름과 패권을 추구하는 이론은 물론 아니며, 또 고전적 공화주의의 이상처럼 공동체에 대한 헌신과 적극적인 정치적 참여만이 인간다움의 징표라고 주장하는 것도 아니며, 현대 법치주의가 흔히 그 때문에 조롱을 받듯, 권리를 위한 투쟁을 장기로 하는 법적 소송에 능한 개인들을 위한 것도 아니다.

슈클라는 정의의 그늘이 가장 깊은 곳에 있으면서도 그 부정의에 대해 표현할 줄도 모르는 그리고 그러한 기회가 제대로 주어지지도 않는 사람들의 목소리를 듣고자 하는 것이다. 슈클라의 공포로부터의 자유주의는 낮은 곳으로 임하여 작은 목소리를 청취하려는 연민의 표현이다. 그것은 달리 말하면, 이미 언급되었듯이 슈클라 자신의 초기의 표현처럼 "상시적 소수자의 자유주의"이며, 또 그가 구분한 "로크의 강자의 개인주의"와 "루소의 약자의 개인주의"의 관점에서 보자면 후자의 것이다(Shklar, 1985: 41; Kateb, 1998a: xvii). 호프만은 슈클라가 루소를 "패자들의 호머"라고 한 것에 기대서, 슈클라의 자유주의를 "패배자들: 가난한 이들, 버려진 이들, 노예들, 미국 흑인들, 난민들, 그리고 부정의와 무관심의 모든 희생자들의 관점"으로 말하고 있다(Hoffman, 1996: xxiii). 필자의 축약이 허용된다면, 이는 곧 '레 미제라블(les misérables)의 자유주의'일 것이다.

### 4) 사회민주주의에 대한 자유주의의 우선성

약자에 대한 공감과 연민은 슈클라의 자유주의에 뚜렷한 평등주의적 정조를 입힌다. 그리하여 슈클라의 자유주의는 결국 사회민주주의로 귀결된다는 지적이 많았다. 이미 언급했듯이 특히 벤하비브와 월저, 그리고 굳만 등이 그에 해당한다. 사실 슈클라가 하이에크식의 자유주의에 반대하는 것은 분명하다.

최소정부를 요구하는 경우, 단지 개인이 감수해야 하는 불운으로 치부되고 마는 부정의의 범위는 그만큼 더 넓어진다(Shklar, 1990: 117).

비활동적인 정부는 힘없고 취약한 이들을 그들의 운명에 그저 내맡겨 놓는 가혹한 일이 될 뿐 아니라, 사회적 지위와 부에 관한 부정의를 아주 확대해 법원에의 접근권, 법률 서비스, 경찰의 보호 등을 거의 유명무실하게 만들어버릴 것이다(Shklar, 1990: 118).

이미 언급한 대로 슈클라의 공포로부터의 자유주의가 두려워하는 권력은 단지 정치권력만이 아니라 경제적 권력 등 사회적인 것도 포함된다. 월저가 얘기한 대로 슈클라의 자유주의의 '자유주의적(liberal)'인 가치는 자유주의 자체에도 적용될 수 있는 것으로서, 그렇게 하여 '자유주의적 자유주의'란 바로 자유지상주의(libertarianism)를 거부하는 의미를 담게 될 것이다(Walzer, 1996: 24).

그러나 그렇다고 슈클라가 재분배적 사회민주주의에 찬성하는 것은 아니다. 재분배적 정의가 전체적인 여건을 호전시킬 수는 있지만 분배적 정의[26]는 무엇보다 그 후견주의적(paternalistic) 성격으로 말미암아 조심스러운 것이다. 사람들은 자신의 삶에 대해 무능력한(incompetent) 존재로 간주될 수 있고(Shklar, 1990: 119), 그로부터 오히려 부정의의 소지가 커질 수 있다는 것이다.

또한 슈클라는 마르크스의 저 유명한 분배적 정의의 구호인 "각자 능

---

[26] 슈클라는 이 '분배적 정의(distributive justice)'라는 용어의 모호성을 지적하며, 그 대신 차라리 '기초적 정의(primary justice)'라는 용어를 쓰겠다고 한다(Shklar, 1990: 18).

력에 따라 일하고, 필요에 따라 나눈다"는 규정을 "각자 자신이 생각하는 능력에 따라 일하고, 정부가 규정하는 각자의 필요의 몫에 따라 지급한다"고 해석하면서, 그것이 다원화된 사회에서 제대로 작동할 수 있을지 회의하고, 나아가 그것은 민주적 공화국에 어울리지 않는다고 한다 (Shklar, 1986b: 23).

슈클라의 공포로부터의 자유주의는 어떤 사회경제적 기획을 논하기 이전에, 어떠한 국가권력이든 그것의 획일적이고 오만한 행사가 정치적 혹은 사회적 약자의 존엄을 해칠 수 있음을 경계하는 것이다. 슈클라의 공포로부터의 자유주의의 핵심은 여전히 우리 법학도에 친숙한 적법절차 및 죄형법정주의이다.

> 잘 규정된 절차들, 정직한 판사들, 자문과 청원의 기회들이 없다면, 누구도 기회가 없다. 또한 우리는 우리 상호의 안전을 위해 필요한 것 이상으로 범죄를 확대해서도 안 된다(Shklar, 1998a: 18).

물론 슈클라의 법치주의가 보호하는 권리란, 형식적이고 추상적인 개인의 자유를 뜻하는 것은 아니다. 슈클라가 이른바 '저항의 표현'으로 말하는 권리란 "어떤 근원적(fundamental)이며 생래적인(given) 것"을 말하는 것이 아니다. 권리란 "단지 시민들이 권력의 남용과 일탈에 맞서 자신을 지키고, 자신의 자유를 유지할 수 있게 하는 자격이자 권능일 따름이다"(Shklar, 1998a: 19).

> 권리란 인습의 억압, 혁명 통치, 전쟁, 군부 쿠데타 등 고통의 절규조차 침묵케 만드는 폭력의 공포에 대한 표현이며, 헌정질서의 책무란 권

력의 남용과 일탈로부터 가장 연약하고 의지할 데 없는 이들(the most feeble and helpless among us)을 보호하는 것이다(Shklar, 1986b: 25).

이러한 기초적인 권리는 그 체제의 사회경제적 기획이 어떻든 혹은 정치적 목표설정이 어떻든 관계없이 항상 우선적으로 고려되지 않으면 안 되는 것이다. 즉, 그렇게 모든 가엾은 이들의 보편적인 분노의 표현으로 이해되는 권리는 어떤 분배적 정의에도 앞서 생각되어야 한다는 것이다.

다른 한편, 이러한 슈클라의 공포로부터의 자유주의는 민주주의를 필연적으로 요구한다. 자유주의적인 정치사회를 간단히 묘사하자면, "권리들의 제도화와 권력분립으로 이루어지는 다원적인 질서라고 할 수 있다." 이러한 사회가 민주주의적인 것은 당연한 일이다. 슈클라 얘기대로 자신의 권리들을 주장하고 지킬 수 있는 충분히 평등한 권력이 없이는 자유는 단지 희망사항에 그칠 것이기 때문이다.

> 대표 민주주의와 공정하고 독립적인 그리고 접근이 용이한 사법제도, 정치적으로 각성된 다양한 단체들이 없다면 민주주의는 위험에 빠지게 된다. …… 따라서 자유주의는 민주주의와 충실하고도 항구적인 일부일처 혼인관계를 맺을 수밖에 없다고 말하는 것은 타당할 것이다 (Shklar, 1998a: 19).

이렇듯 공포로부터의 자유주의는 민주주의를 필연적으로 요구하는데, 묘하게도 슈클라는 위의 문장에 이어서 자유주의와 민주주의의 결합은 다만 일종의 '정략결혼(marriage of convenience)'이라고 말하고 있다.

그러나 그에 대해 벤하비브나 군만은 정략결혼이 아니라 진실한 사랑에 의한 결합일 수밖에 없다고 좋게 해석한다. 슈클라의 공포로부터의 자유주의가 헌정질서로 제도화된다면 그것은 민주적 기본질서가 될 수밖에 없다는 점에서 그들의 진단은 일리가 있다. 하지만 그러한 선의의 해석이 혹시 슈클라의 예민한 뉘앙스를 너무 접어버리는 것은 아닐까?

필자는 슈클라가 아마도 민주주의적 제도의 오용과 한계를 염두에 두고 있는 것이 아닌가 여겨진다. 민주적 제도라고 인정할 수 있는 곳에서도 공무원들에 의한 권력 남용과 일탈이 존재하듯이 어떤 민주주의적 절차와 제도도 항상 부족한 점이 있을 것이다. "우리는 잔혹함을 우선적으로 걱정해야 하고 공포의 공포를 이해해야 하며, 그것들이 도처에 편재해 있음을 인식해야 한다"(Shklar, 1998a: 19).

나아가 앞서 수동적 부정의의 논의에서도 보았듯이 슈클라의 공포로부터의 자유주의는 일상의 민주주의까지 요구하는 것이라고 할 수 있다. 이러한 일상의 민주주의는 우선 제도적인 민주주의의 결함을 치유할 수 있는 시민사회의 각성이라는 점에서 의의가 있다. 하지만 슈클라의 공포로부터의 자유주의가 단지 국가권력에 대한 경계만은 아니라고 할 때, 일상의 민주주의는 어떤 공동체이든 위계적이며 차별적인 곳에서 야기될 수 있는 모든 전제적 경향을 걱정하는 것이라고 보아야 할 것이다.

우월한 자와 열등한 자들이 확고하게 구분되고, 우월한 자들이 열등한 자들의 처지로 떨어질 염려가 없는 곳에서는 가혹한 폭력은 손쉽게 발생한다(Shklar, 1986b: 31).

요컨대 우리가 사회민주주의를 이른바 시혜적 혹은 권위주의적 재분배 정책으로 이해하고 민주주의를 단지 제도적 형식이나 절차만으로 이해한다면, 슈클라의 공포로부터의 자유주의는 그와 거리를 둔다. 아니 그러한 사회민주적 체제에서 수반될 수 있는 또 그러한 민주적 절차에서 오히려 가려질 수 있는 권력의 일탈과 남용을 우선 걱정하는 것이다.


## 4. 맺음말

슈클라의 자유주의는 대체로 보아 롤즈의 그것과 같은 범주로 넣을 수 있을 것이다.[27] 하버드의 명물(institution)인 슈클라와 하버드의 성인(saint)인 롤즈, 이 두 자유주의 사상가의 메시지는 분명하다. 대립하는 세계관과 상충하는 이해관계들의 평화 공존과 적정한 타협, 그리고 사회적 약자들에 대한 연민과 그들이 겪을 수 있는 차별과 고통에 대한 규탄과 정의의 회복이 그것이다.

필자에게 그들의 사상에 대한 탐색은 자유주의에 관한 새로운 경험

---

27 본문에서는 양자가 그 '정치적' 자유주의의 성격을 공유하고 있음을 지적하는 것에 그치고 다른 부분에 대해서는 언급하지 않았지만, 슈클라의 자유주의와 롤즈의 자유주의는 아주 밀접하며 상보적이다. 예컨대 공과 사의 구분이라는 명제가 양자의 정치철학에 관통하고 있음은 물론이고, 롤즈의 '자유의 우선성'은 슈클라의 '공포로부터의 자유'의 착상에서 그 절실함을 더할 수 있으며, 슈클라의 '패배자들의 자유주의'는 롤즈의 '최소 수혜자의 이익으로'라는 차등의 원리로부터 그 적극적인 실현방향에 대한 시사를 구할 수 있다. 물론 이 두 사상가들의 비교를 위해서는 또 다른 논문이 필요할 것이다.

이었다.[28] 그것은 또한 시장경제에 대한 교조적 신봉과 사회(민주)주의 혹은 민중과의 연대에 대한 히스테리를 자유민주주의의 본질로 착각하는 이들이 적지 않은 우리 헌법 현실[29]에서 귀한 체험이기도 했다.

---

[28] 롤즈의 자유주의의 덕목을 슈미트의 권력적 헌법이론과 비교하여 분석한 연구로는 정태욱(2002a: 60 이하)이 있다.

[29] 우리 헌법의 자유민주주의의 규범적 의미를 그렇게 볼 수 없음은 물론이다. 우리 헌법상 자유주의의 내용에 대해서는 정종섭(2001: 279~312)에 잘 설명되어 있다. 첨언하자면, 정종섭의 헌법적 자부심, 특히 "종래 자유에 대한 많은 철학적 논의와 윤리학적 논의들은 우리 헌법에서 이렇게 정치한 구조를 가지고 보장되어 있다"(정종섭, 2001: 286)고 하는 자부심은 정당한 것으로 생각되지만, 더 나아가 "사실 철학이나 윤리학 또는 정치철학 등에서 논의되는 원론적인 논의들의 많은 부분은 우리 헌법하에서 새삼스럽게 따로 논의할 실익은 많지 않다. 오히려 구체적인 문제들에 대해 현실적합성을 지니는 논의를 하는 것이 더 필요하다"(정종섭, 2001: 286)는 주장은 20세기의 하나의 야만의 역사이기도 한 우리 헌정사에 비추어 볼 때 너무 안이하게 느껴진다. 그에 반해 일찍이 국순옥이 제시한 '자유주의적 민주주의(liberal democracy)'와 '자유로운 민주주의(free democracy)'의 구분은 주목할 만하다. 전자는 전통적인 부르주아 민주주의를 말하며, 후자는 자유주의적 전통을 파괴하는 파시즘적 형태라는 것이다. 자유민주주의의 이름이 오히려 독재에 복무한 역사가 오래지 않은 우리의 경우 이러한 구분을 선명하게 할 수 있는 사상적 기초(물론 그러한 사상은 단수가 아니라 복수일 수 있다. 국순옥과 슈클라의 사상적 지향은 같지 않지만, 양자 모두에서 그러한 구분은 도출될 수 있다)는 여전히 소중한 것이라고 생각된다. "자유로운 민주주의는 본질적으로 반자유주의적이다. 그것이 자유주의적 민주주의와 결정적으로 다른 점은 무엇보다도 호전적 공격성이다" 혹은 "이 같은 반자유주의적 호전적 공격성은 자유로운 민주주의의 이름으로 자유로운 민주주의의 본질적인 내용들을 스스로 부정하는 자기부정의 논리로 나타난다"는 등의 국순옥의 주장은 우리 헌법학에서 자유주의에 대한 사상적 논의가 필요한 까닭을 보여주는 것이며, 그러한 관점은 슈클라의 공포로부터의 자유주의의 사상에서도 터득될 수 있을 것이라고 생각한다.

필자는 이 두 사상가의 자유주의로부터, 하이에크는 물론이고 로크 등의 자유주의만이 서구 자유주의의 전통의 전부가 아니라는 점을 확인하면서 위안을 얻었고, 다른 한편으로는 맥퍼슨(Macpherson, 2002)[30]이나 폴라니[31] 등의 비판으로부터 자유주의를 구원하기는 힘들 것이라는 종래의 비판에서 벗어나는 자유를 느꼈다.

아울러 슈클라와의 만남은 필자가 몇 해 전에 롤즈의 정치적 자유주의에 기대어 개진한 바 있는 민주헌정질서의 진보적 가치에 대한 믿음(정태욱, 2002b: 55~72)을 더욱 깊게 할 수 있는 계기가 되었다. 진보적 가치는 어떤 사회경제적 기획 속에만 존재하는 것이 아니라 슈클라의 자유주의가 지향하는 바와 같은 민주헌정질서 자체에도 존재한다. 특히 가장 규범적인 것, 즉 가장 올바른 것을 진보라고 이해하는 입장에서는 더욱 그러할 것이다.[32] 모든(단지 정치적 권력만이 아닌) 권력의 일탈과 남용을 제어하고, 그로 인한 사람들의 공포를 '권리'로서 희석시켜주는 것을 진보적 가치가 아니라고 말할 수 있을까?

그것을 다른 측면에서 보면, 우리 민주적 헌정질서가 진정 자유주의

---

30 한편 슈클라(1998a: 6)는 맥퍼슨이 홉스의 『리바이어던』을 자유주의의 효시로 인식하는 것에 반대한다. 그것은 곧 사회계약론이나 혹은 반(反)가톨릭적 사상이면 모두 자유주의와 등치시키는 것이라고 말한다. 레오 슈트라우스도 또한 그 비판의 대상에 포함됨은 물론이다.

31 폴라니의 여러 저서가 번역되었으나 대표적으로는 Polanyi(1996)가 있다. 그리고 폴라니의 자유주의 비판에 대한 논의로는 「칼 폴라니와 자유주의 비판」(이근식·황경식 엮음, 2001: 341~362) 참조.

32 이에 관해서는 "진보적인 것이 올바른 것이 아니라 올바른 것이 진보적인 것이다"라는 강경선의 명제를 상기하면 좋을 것이다.

의 가치에 충실하려면 그러한 진보적 가치를 멀리할 수 없다는 뜻이 될 것이다. 즉, 우리 헌법이 상정하고 있는 자유민주적 기본질서가 우리 사회의 '레 미제라블'에게 어떤 위안이나 안식을 주지 못한다면, 그러한 자유주의의 해석은 오류이며, 그렇게 된 우리 자유민주주의는 결코 명예롭지 못할 것이다.

# 제 4 장

# 몽테스키외의 자유주의

## 1. 머리말

먼저 심헌섭 선생의 고희 기념논문집에서 몽테스키외의 자유주의를 다루는 것에 대한 간단한 설명이 필요할 것 같다. 많은 이들이 심헌섭 선생과 몽테스키외를 연결시키는 발상에 낯설어할지 모르지만 적어도 필자에게 그 두 분은 지근거리에 있다. 우선 심 선생은 주지하듯이 독일에서 유학을 했지만, 애초에 그가 애착을 가진 쪽은 프랑스어였으며 그 동기는 바로 몽테스키외의『법의 정신』을 읽기 위한 것이었다. 우리 법철학계에서는 아직까지도 몽테스키외에 대한 어떤 변변한 연구를 찾기 어려운 상황인데, 심 선생은 몽테스키외의『법의 정신』을 일찍이 초학시절의 목표로 삼았던 것이다.

물론 이후 심 선생이 몽테스키외의 연구를 얼마나 더 진척시켰는지는 알 수 없다. 그러나 심 선생이 근대의 입헌주의 전통에서 몽테스키외가 점하는 위상에 대해 정통하다는 점을 짐작할 수 있다. 수학시절 한때 필자가 루소의 평등주의와 민주주의에 대한 주장을 높이자, 심 선생은 루소의 『사회계약론』의 실제적 귀결은 몽테스키외식의 대의정부론과 입헌체제라며 그 설익은 견해를 견책했던 것이다.

그러나 당시 필자는 '루소의 망혼(亡魂)에 대한 맹세'를 하며 프랑스 혁명에 출정한 로베스피에르[1]의 민중의 덕성과 평등의 공화국에 대한 열망에 압도되어 대의제와 권력분립같이 절제를 미덕으로 삼는 몽테스키외의 자유주의 사상을 한낱 진부하게만 여겼다. 더욱이 필자는 그 시절 우리 현실에서 정의에 대한 성마른 열정에 들떠, 심 선생의 인식 비판적 신중함과 절차탁마의 겸허함 또한 제대로 음미할 수준이 못 되었으니 그 가르침을 머리로는 들어도 가슴으로는 담지 못했다. 하지만 필자의 더듬거리는 사유는 그 동안 자유주의 덕목의 가치를 실감하고, 지금은 몽테스키외에 대해 짧은 글이나마 쓰려 하고 있으니, 돌이켜보면 그간 필자의 공부는 심 선생의 법철학에 대한 음미의 시간이었는지도 모르겠다.[2]

이제 다시 얘기해보라면, 필자는 몽테스키외를 근대 자유주의의 원형으로, 심 선생을 우리 현대사에서의 자유주의 법철학의 원형으로 부르고 싶다. 물론 몽테스키외의 동서고금을 망라하는 박람강기와 심 선생의 논리분석적인 시종일관은 사뭇 다름이 사실이다. 그러나 쉼 없는 지적 탐구와 합리적인 사고, 진리와 정의에 대한 부동의 신념 그리고 자

---

1 로베스피에르에 대한 루소의 영향에 대해서는 서정복(1991: 176~214) 참조. 한편 로베스피에르에 대한 연구로는 민석홍(1995: 212~317) 참조.

2 이전에 필자는 심헌섭 선생의 정의론을 '인식비판적 정의론'으로 이름하고 그의 방법론을 '소극적 인식주의'라고 논한 바 있다(정태욱, 2002: 39~58).

신의 논리의 한계를 인지하면서 그것을 진리 과정의 한 부분으로 이해하는 지적 성숙 등 두 분은 공히 자유주의적 지성을 전승하고 있음은 물론, 심 선생의 법철학을 인식론적으로는 소극적 인식주의(정태욱, 2002: 54), 가치론적으로는 인간다운 평화질서(심헌섭, 1984), 종합적으로는 과학적 인도주의(심헌섭, 2001: 7~22)라고 할 때, 이는 전제(專制)화된 프랑스 절대주의의 무지와 편견에 맞서 계몽과 합리성을, 그 전쟁지향성과 권력 남용에 맞서 평화와 입헌적 자유를 옹호하되, 대신 어떤 절대 진리와 이상 사회에 대한 열망은 접어둔, 몽테스키외의 자유주의적 지향과 정확히 일치한다.

한편 이와 같은 자유주의의 재론은 법철학적 차원만이 아니라 우리 현실의 자유주의에 대한 재인식을 위해서도 필요할 것으로 보인다. 자유민주적 기본질서가 우리 헌법의 핵심 원리이며, 사람들은 그것을 우리 헌정사의 자랑으로 삼고 있으나, 시장과 재산의 전제를 허용하는 신자유주의와 반북 친미의 전투적 보수주의가 우리 자유주의의 실상이라면, 이는 자유주의의 고전(古典)과는 아주 이질적인 한국적 그 무엇일 따름이며, 따라서 이 시대의 전선(戰線)은 '반자유주의 투쟁'이기에 앞서 '자유주의를 위한 투쟁'일지도 모르기 때문이다.


## 2. 슈클라와 몽테스키외

불행히도 필자는 프랑스어를 할 줄 모르고 따라서 몽테스키외의 저서를 옳게 읽어보았다고 말할 수 없어 이 주제를 감당할 역량은 못 된다. 그럼에도 불구하고 만용을 부려보기로 한 것은 슈클라라는 존재 덕분이다. 몇 해 전에 필자가 이미 슈클라의 자유주의에 대해 논문을 낸 적도 있지만(정태욱, 2004: 65~98), 슈클라는 롤즈 등과 더불어 현대 자유주의 정치철학의 대표자라고 해도 손색이 없는 인물인데, 그 자신이 몽테스키외의 전문가이자, 바로 몽테스키외를 자유주의의 원형으로 추앙하고 있었던 것이다. 그런 슈클라가 몽테스키외의 생애와 저술들에 모두 통달하고 자유주의적 혜안으로 그의 사상을 정리했다면, 그를 따라가기만 해도 자연히 몽테스키외의 자유주의에 대해 가장 좋은 안내를 받는 셈은 아닐까 하는 영악한 희망을 가져본 것이다.

또한 필자는 이미 슈클라의 자유주의 법철학에 깊이 공감한 바 있으며, 논문에서도 지적한 바와 같이 슈클라의 인식론적 겸허 그리고 정의보다 부정의를 먼저 얘기해보자고 하는(putting injustice first) 그의 방법론에서 심헌섭 선생의 '소극적 인식주의'를 다시금 떠올린 적도 있다(정태욱, 2004: 85). 아울러 슈클라가 말하는 공포로부터의 자유주의(liberalism of fear) 역시 심헌섭 선생이 얘기하는 인간다운 평화질서와 다르지 않다고 할 때, 슈클라의 논의로써 몽테스키외를 설명하는 것이 심 선생의 자유주의를 기념하기 위해서라도 썩 괜찮은 방식이라고 생각했다.

슈클라가 몽테스키외를 어떻게 생각하는지는 그의 유일한 회상기(Shklar, 1996: 263~279)에 잘 드러나 있는데, 그에게 있어 몽테뉴, 로크, 루소는 모두 자유주의 사상의 원천이지만 동시에 자유주의의 모범이 될 수는 없었다. 몽테뉴는 인간의 악덕 가운데 잔혹함(cruelty)을 가장 피해야 할 것으로 보았고 그리하여 '공포로부터의 자유주의'의 원류가 되기는 하지만, 동시에 그의 철학적 회의주의는 어떤 정치적 제도에 대한 전망을 결여하고 있다는 점에서, 로크는 개인의 천부적 자연권론에 기초하여 자유주의적 권리론과 정부론을 제시했지만, 반면에 사회적 약자들의 희생으로 점철된 역사에 대한 의식이 약하다는 점에서, 그리고 루소는 부정의와 차별이라는 문명의 치부와 약자들에 대한 연민에 관한 인권적 감수성을 대표하지만, 그것이 아직 '정치적 자유주의'로 충분히 발전하지 못했다는 점에서 모두 한계를 지닌다는 것이다. 말하자면 몽테스키외의 자유주의는 그 사상가들의 '자유주의들'의 종합이라고 부를 수 있다.

몽테스키외에 대한 슈클라의 연구는 옥스퍼드 사상가 열전의 하나로 기획된『몽테스키외』(Shklar, 1987)에 집약되어 있다. 독자들은 그 책에서 몽테스키외의 생애는 물론이고 그의 모든 저술들에 대해 정확한 안내를 받을 수 있으며, 아울러 자유주의적 법의 정신을 체득할 수 있다. 슈클라는 몽테스키외의 자유주의 사상을 시간적 흐름에 따라 보르도 아카데미 시절의 과학적 인식론,『페르시아인의 편지』에서의 전제주의의 파국적 심리학의 논증,『로마성쇠론』에서의 고대 공화정의 전쟁주의에 대한 고발,『법의 정신』에서 자유와 법치의 원리 그리고 풍토적 한계 속에서의 적정한 정체의 건설 요청 등에 대해 차례로 서술하고, 이어서 이후 몽테스키외의 사상이 프랑스, 특히 미국의 헌정사에 끼친 영향사까지 추적했다.

슈클라의 여러 논문들 가운데에서 몽테스키외의 사상이 직접적으로 다루어진 것으로는「정치이론과 법의 지배」및「몽테스키외와 신공화주의」를 꼽을 수 있다. 전자에서는 시민의 안녕과 평화가 바로 자유주의적 법치주의가 지향하는 바임을 다시 한 번 주지시키고 있으며, 후자에서는 마키아벨리와 같은 고대 공화제를 선망하는 고전적 공화주의는 자유주의와 부합하기 어려움을 갈파하고 있다.

「정치이론과 법의 지배」(Shklar, 1998: 21~37)에서 슈클라는 법치주의를 '아리스토텔레스의 법치주의'와 '몽테스키외의 법치주의'로 구분하여 후자의 법치주의를 자유주의적 법치주의의 원형으로 제시한다. 전자의 법치주의는 '이성의 지배(rule of reason)'인 데 반해 후자의 법치주의는 '권력의 제한'으로서의 '법의 지배'이며, 전자는 법관 및 법담당자들의 재판과 통치의 덕목으로 요청되는 것인 데 반해, 후자는 권력의 부당한 간섭과 억압으로부터 시민의 안녕과 자유의 공간을 확보해주는 제도적 조건으로 얘기되고 있다. 슈클라는 단지 몽테스키외의 법치주의의 이념을 제시하는 것에 그치지 않고 그 후 법 사상가들 — 다이시, 하이에크, 풀러, 웅거 등 — 의 법치주의론을 얘기하면서 그들의 법치주의론은 앞서 본 바와 같은 법치주의의 두 유형들을 혼동함으로써 자유주의적 법치주의의 정치적 의의가 흐려지고 또 사라지고 있음을 아쉬워한다.

「몽테스키외와 신공화주의」(Shklar, 1998: 244~261)에서 슈클라는 마키아벨리의 공화주의와 몽테스키외의 공화주의의 차이를 밝히고, 몽테스키외의 사상이 신공화주의(New Republicanism)의 원천이 되었음을 밝히고 있다. 몽테스키외는 마키아벨리가 흠모했던 로마의 상무(尙武)정신 및 정치적 영웅들에 대해 어떠한 환상도 갖지 않았다. 오히려 로마의 전쟁지향성이 바로 로마 공화정의 몰락의 원인이라고 이해한다. 물론 몽테스키외가 로마 공화정의 공민적(civic) 덕성, 즉 애국심과 평등주의에 대해 평가하는 바가 없지는 않으나, 그러한 공화정은 동질적인 시민으로 구성된 소규모의 나라에서만 가능하리라고 회의한다. 몽테스키외는 당시 유럽의 미래를 위한 모델로서 공민적 덕성에 기초한 로마 공화정이 아니라 시민적 자유에 기초한 영국식의 대의민주제를 제시했다. 한편 이와 같은 몽테스키외의 공화정에 대한 논의는 루소와 매디슨에 와서 새로운 상상력과 활력을 얻어 신공화주의로 이어지는데, 루소는 몽테스키외가 단지 고대의 덕성으로만 치부한 평등의 가치를 근대 자유주의와 민주주의 체제에 결정적으로 소중한 것으로 되살려 놓았으며, 미국 헌법의 기초자인 매디슨은 몽테스키외의 회의와는 달리 오히려 방대한 나라에서 민주적이고 평등한 공화제를 구성할 수 있음을 실증했다.

## 3. 몽테스키외의 자유주의 법철학

필자는 이와 같은 슈클라의 논술들에 기초하여 몽테스키외의 자유주의적 법철학을 인식론·가치론·제도론의 차원에서 다음과 같이 구성해 보고자 한다.

첫 번째로 방법적 측면에서 몽테스키외는 과학적 인식론을 취하되, 적극적 인식주의가 아니라 포퍼와 같은 소극적 인식주의임을, 그러나 비관적 인식주의가 아니라 낙관적 인식주의를 취하고 있음을 말하고자 한다. 두 번째로 가치론적 차원에서 몽테스키외의 자유주의는 어떤 자유와 평등의 적극적 가치에 대한 열망이 아니라 전제주의에 대한 공포로부터의 해방을 추구하고 있음을, 즉 몽테스키외의 자유는 적극적 자유가 아니라 소극적 자유, 아니 더 정확하게는 안전과 평화의 의미에서의 자유를 희구하는 것임을 말하고자 한다. 세 번째로는 제도론적 차원에서 몽테스키외의 자유주의의 본질은 곧 법치주의를 뜻하는데, 그것은 어떤 이상적인 체제를 추구하는 것이 아니라 전제주의에 대비되는 의미에서 권력의 오남용을 방지하고 그럼으로써 평화와 안전을 도모하는 방어적인 법치주의임을 말하고자 한다.

이러한 방법론, 가치론 및 제도론은 상호 유기적으로 연결되는데, 소극적 인식론에서 소극적 자유론이 그리고 소극적 자유를 위해 방어적 법치주의론이 나온다고 할 수 있다. 이를 다시 역순으로 하면 방어적 법치주의는 시민들의 소극적 자유를 보호하기 위한 것이며, 소극적 자유의 보호는 각 개인의 삶의 진실을 서로 존중하는 소극적 인식론을 배양하는 것이라고 말할 수 있다.

### 1) 과학적 방법

몽테스키외의 자유주의의 심리학적 동인은 구체제의 인습과 편견에 대한 혐오라고 할 수 있다. 그는 당시 무지한 궁정을 멀리하며 과학과 지식을 숭상하는 데에서 낙을 구했다. 몽테스키외의 신분은 고등법원의 법복귀족이었으나 그가 가장 애착을 가지고 활동한 곳은 보르도의 과학원이었다. 수학자 달랑베르(d'Alembert)는 몽테스키외에 대한 칭송의 글에서 그를 정치과학에서의 뉴턴이라고 불렀으며, 스위스의 식물학자 보네도 같은 비유를 했다. 몽테스키외는 궁극적으로 자연적 인과관계의 언어를 정치와 역사의 영역에서 활용했고, 뉴턴이 물질적 우주에 대해 발견한 것을 몽테스키외는 정신적 세계의 법칙에 대해 발견했다고 평가된다(Shklar, 1987: 10~11).

이는 단지 몽테스키외의 개인적 기호에 그친 것이 아니라 당시 계몽주의의 시대정신이기도 했다. 아카데미의 내부에는 비록 엄격한 위계질서가 자리했고 또 전통적인 관습에 따랐지만, 논문을 보낸 과학자들의 사회적 신분은 전혀 고려되지 않았다. 과학은 지배적인 사회적 위계질서와 정치적 권위의 구속에서 벗어나 있었다. 몽테스키외는 데카르트가 수립한 새 시대의 원리에 따랐던 것이다. 데카르트는 더 이상 어떤 것도 그냥 수용하는 법이 없도록, 심지어 그 자신의 철학조차도 그냥 수용하지 않도록 하는 교훈을 남겼으며, 몽테스키외는 정치과학의 영역에서 그것을 충실히 발전시킨 것이다(Shklar, 1987: 7~8).

이러한 몽테스키외의 방법은 『페르시아인의 편지』에서의 통렬한 비판과 풍자의 정신, 『로마의 성쇠론』에서 로마 공화정에 대한 전통적 찬양을 일축하는 냉철한 역사 인식, 그리고 『법의 정신』의 전편에 흐르는 사물의 본성에 대한 헌신, 그리하여 풍토 결정론으로 오해를 살 만큼의 실증적 사실에 대한 존중에서 잘 드러난다. 하지만 몽테스키외의 실증주의는 현실 추수적인 것이 아니라 비판적 혹은 합리적 실증주의라고 해야 할 것이다. 그의 정치과학은 가치와 규범을 학문의 세계에서 배제하려 하기는커녕 오히려 인간의 비참과 악폐에 대한 단호함을 특징으로 하기 때문이다. 몽테스키외는 인간은 풍토를 비롯하여 여러 원인들에 의해 영향을 받지만, 가장 중요한 것은 도덕적 원인, 즉 국민정신이며 그것에서 결정적인 것이 바로 정치문화라고 보았다(Shklar, 1987: 99).

이러한 과학과 합리성에 대한 존중은 계몽주의의 무한한 낙관론, 즉 과학만능주의와는 다르다. 몽테스키외의 정치철학은 유토피아론은 아니다. 다양한 사회적 경력의 몽테스키외의 인생역정은 섣부른 이상주의를 용인하지 않는다. 계몽기의 지식인들이 실제적 경험을 결여하고 있다는 토크빌(Alexis de Tocqueville)의 주장은 몽테스키외에서는 맞지 않는다. 몽테스키외는 구체제의 일원이었으며, 끝까지 고등법원의 의장직을 유지함과 동시에 누구보다도 급진적인 비판의 필봉을 휘둘렀다. 그는 이상주의자가 되기에는 모순이 착종된 현실의 한계를 명백히 인식하고 있었던 셈이다(Shklar, 1987: 28).

몽테스키외는 마키아벨리즘의 기회주의자들에 대해 반대했는데, 그것은 도덕적인 이유에서가 아니라 지적 경박성 때문이었다. 그들은 역사적 원인의 규명, 미래의 예측과 설계의 가능성을 너무 쉽게 생각한다는 것이다. 몽테스키외가 보기에 역사적으로 중요한 사건들의 실제 원인은 훨씬 먼 과거에 있으며, 인간이 그것을 촉진하거나 회피하기에는 우리의 인지는 너무 미약하다. 또한 몽테스키외는 어떤 탁월한 지도자에 대한 마키아벨리와 그 후계자들의 염원과는 정반대로, 평범한 이들이 가장 훌륭한 통치자가 될 수 있다는 투키디데스에 동의한다. 왜냐하면 그러한 지도자들은 대담하고 파괴적인 기획을 도모하지 않기 때문이라는 것이다(Shklar, 1987: 16).

이처럼 몽테스키외의 인식론은 회의주의에 기초한다고 할 수 있지만, 그의 문화적 회의주의는 몽테뉴나 흄과 같은 철학적 혹은 근본적 회의주의로 이르지는 않았다. 오만과 편견이 진실의 자리를 차지하는 것에 대한 몽테스키외의 치열한 비판은 진리에 대한 포기가 아니라 오히려 정치적 개선에 대한 강렬한 희망을 뜻하는 것이다. 몽테스키외는 당시 유럽의 문화적인 혹은 종교적인 교조주의에 대해 저항하고 그 왜곡과 오만함을 조소하면서도 유럽 과학의 가능성에 대해서는 신뢰를 잃지 않았다(Shklar, 1987: 26~27).

몽테스키외는 1725년 「과학을 추구케 하는 도덕적 동기에 대한 고찰」이라는 글에서, 과학은 가장 훌륭한 도덕적 의학이라고 했다. 과학은 우리에게 내재한 파괴적인 편견을 치유하고 그것의 재발을 막아준다는 것이다. 나아가 과학은 우리를 행복하게 하는데, 우리는 우리의 정신의 수준을 높이고 더욱 지적인 상태가 되어감에 따라 깊은 만족을 느끼게 된다는 것이다(Shklar, 1987: 8).

몽테스키외에서의 과학과 지식의 숭상은 궁정의 아첨꾼들과 대비되는 자유인으로서의 삶의 방식이기도 하다. 몽테스키외는 진실된 인간이란 '노예들 사이에서의 자유인'과 같은 존재라고 생각했다. "지식은 우리를 더 신사답게 만들고, 이성은 우리를 인류애로 이끈다. 단지, 편견만이 우리를 그로부터 멀어지게 할 뿐이다"라는 몽테스키외의 말은 그 자유인의 풍모가 어떤 것인지 간명하게 나타내고 있다(Shklar, 1987: 28).

## 2) 공포로부터의 자유

보르도의 아카데미는 몽테스키외에게 단지 학문적인 차원에서만이 아니라, 전쟁과 폭력이 난무하던 세상에서 하나의 평화의 사원, 즉 비판이 폭력을 대신할 수 있는 유일한 장소라는 점에서도 소중했다(Shklar, 1987: 9). 그 '학문의 자유'는 곧 '자유의 학문'이기도 한 것이다. 몽테스키외의 자유를 한마디로 표현한다면 '폭력에 대한 혐오', 즉 전제의 공포로부터의 자유라고 할 수 있다. 몽테스키외가 말하는 법의 정신은 곧 공포의 정치학(politics of fear)에 대한 반대이다(Shklar, 1987: 69). 이러한 자유는 자유주의 일반에서 얘기하는 소극적 자유, 곧 법으로 금지되는 것이 아닌 이상 무엇에든 강요받지 않는다는 소극적 자유에 해당하나 단순히 그에 그치지 않고 평화와 안녕이라는 강력한 도덕적·정치적 함의를 가지고 있다.

몽테스키외의 자유란 자신이 하고 싶은 것을 무엇이든 마음대로 하는 독립이 아니라, 일신과 재산의 안전성을 뜻한다. 몽테스키외는 공포가 전제주의의 인민들의 일반적인 감정이라면, 안전은 자유인들의 일반적이고도 정상적인 감정이라고 한다. 그에게는 자연권에 관한 어떤 권리론도 불필요한 것이었다. 몽테스키외는 자유를 마치 물고기가 속박을 느끼지 못하는 상태에 있는 좋은 그물과 같은 것으로 묘사했다(Shklar, 1987: 86). 자유란 억압적인 통치자로부터 인민을 보호하고 상호 공격을 막아주는 정치적 장치들의 결과로 이해되는 것이지 어떤 권리의 형이상학에서 나오는 것이 아니라는 것이다.

봉건시대를 뒤로 하고 종교의 다원성이 정착되어가는 새로운 유럽에서 가장 중요한 것은 여러 가지 종류의 영역들을 구분하는 것이었다. 여기서 몽테스키외는 특히 사적 영역과 공적 영역의 구분을 일차적 과제로 놓는다. 법은 오직 후자를 규제하는 것이고, 전자는 보호의 대상이 되어야 하며, 그러한 구분을 잊으면 자유는 존재하지 않을 것이라고 한다. 시민적 문제에 대한 규율은 형사적 문제에 대한 규율과 구분되어야 하며, 통치자들은 그들의 관직을 사적 소유물로 취급해서는 안 된다는 것이다. 공사의 혼합이라는 봉건적 특징은 이제 끝나야 하며, 정부가 시민적 법에 간섭하려 들면 시민들의 신체와 재산은 위험에 빠지게 된다고 한다. 그로부터 사적 소유권의 철저한 보장이 요청된다(Shklar, 1987: 73).

이는 곧 법과 도덕의 구분으로 이어진다. 몽테스키외에서 법은 정치적 안정, 즉 평화를 위한 것이지 어떤 도덕을 시민들에게 강요하기 위한 것은 아니다. 몽테스키외는 영국을 예로 들면서 나쁜 인간들이 어떻게 뛰어난 근대적 시민들이 될 수 있는가를 말한다. 영국의 법은 그들에게 자유 특히 정치적 자유를 보장할 뿐 시민들을 교육하려 들지 않는다는 것이다. 영국인들은 "신앙을 무엇보다 중히 여기며, 상업에만 관심이 있고, 자유를 위해서는 모든 것을 희생할 각오가 되어 있다"고 한다. 이제 헌정체제를 유지하는 원리들은 상업과 정치적 이해관계들일 뿐 더 이상 고전적 덕성이나 기독교적 도덕성이 정치적 원리가 될 수는 없다는 것이다(Shklar, 1987: 104~105).

또한 세속의 법은 이제 종교적 법과 구분되어야 한다. 몽테스키외는 종교란 영원의 진리들을 다루는 것이므로, 끊임없이 변화하는 세속의 일들에 종교적 규범을 획일적으로 적용하는 것은 옳지 않다고 본다. 종교적 규율은 우리의 마음에 호소하고 자문적 기능을 해야지 강제력을 띠어서는 안 된다는 것이다. 따라서 종교적 범죄를 형사법적으로 처벌하는 것은 이제 그만 두어야 한다. 종교재판 및 종교적 박해들은 더 이상 용인될 수 없는 인격의 침해일 뿐이다(Shklar, 1987: 73).

이와 같은 몽테스키외의 안녕과 행복으로서의 자유론이 국제적인 관계에서 평화로서의 자유론으로 연결되는 것은 당연한 일이라고 할 것이다. 몽테스키외는 자기보존의 관념을 만민법(law of nations)의 핵심으로 놓으며, 국제관계에서 각 정부는 자신들의 편익에 따른 행위를 항상 정당화할 수는 없다고 말한다. 그리하여 전면적 전쟁은 오직 방어적이거나 혹은 해방을 위해서만 허용될 뿐이며, 혹 전쟁의 점령 초기에 어떤 구속과 탄압이 필요할지라도 영구적인 노예제는 허용될 수 없다고 한다. 정복의 법이 만민의 법을 대신할 수 없으며, 따라서 라틴아메리카의 인디언들이 스페인의 법을 따르지 않는다고 그들을 살해할 권리는 도대체 없는 것이다. 몽테스키외는 인류성은 항상 시민성에 앞선다고 천명한다(Shklar, 1987: 74).

국제관계에서 몽테스키외의 자유론은 '전쟁 대신 법 그리고 폭력 대신 상업'이라는 말로 요약될 수 있다. 몽테스키외에게 상업이란 국가들 사이의 평화를 뜻하는 것이다. 또한 상업은 국제관계에서 편견을 줄이고 매너를 세련되게 하며 정의를 중진시키고, 나아가 검약과 절제 그리고 성실과 침착과 같은 덕성들도 고무한다고 본다. 몽테스키외는 유럽은 상업으로 인해 야만의 시대로부터 번영과 지식을 얻게 되었다고 한다(Shklar, 1987: 107).

　몽테스키외가 실제로 가장 두려워한 것은 프랑스의 절대주의가 스페인과 같은 전제주의로 타락할 가능성이었다. 몽테스키외가 보기에 스페인의 타락은 어리석은 전쟁 정책에서 비롯했다. 스페인의 아메리카 정복은 잔인한 절멸을 의도한 것이었고, 그 대가는 피폐일 뿐이었다. 전쟁 정책에서 전제적 통치자는 단지 자기 한 몸과 재산만을 염두에 둔다. 전제주의는 통제되지 않은 전횡이며 그 사회에서는 공포가 지배한다. 형벌이 교육을 대신하며, 자기보존의 본능은 동물적인 추종으로 유지될 뿐이다. 테러가 작동하여 재산의 안전성은 기대할 수 없으며, 저항은 공포에 의해 질식된다(Shklar, 1987: 83).

　또한 몽테스키외는 루이 14세와 결탁한 가톨릭이 전제주의를 고무할 수 있음을 우려했다. 내세에 대한 믿음은 사람들을 숙명적이며 수동적으로 만들고, 억압에 순종토록 하는 경향이 있으며 종교적 관행들이 나라를 피폐하게 하지만, 그것이 도리어 전제적 통치에 도움이 되는 불행한 패러독스를 직시하고 있었다. 예컨대 웅장한 조형물에 대한 경배는 신도들의 믿음을 강화시키고 그들의 비참한 삶에 책임이 있는 이를 오히려 사랑하게 만든다는 것이다(Shklar, 1987: 84).

　몽테스키외의 자유론에서 행복론을 도외시할 수는 없다. 이미 언급한 대로 몽테스키외가 추구하는 공포로부터의 자유는 소극적 자유가 암시하는 어떤 형식성에 그치는 것이 아니다. 몽테스키외의 자유론은 단지 자기가 하고 싶은 대로 하게 해주는 방임이라기보다 전제주의하에서의 피폐와 비참을 넘어서는 행복을 위한 것이다. 몽테스키외는『페르시아인의 편지』에서 전제주의의 심리학을 묘파함으로써 자유가 행복의 조건임을 말하고 있다.

『페르시아인의 편지』의 주인공인 우즈벡(Uzbek)은 아주 무지한 인물은 아니고 일종의 계몽 지배자 격인데, 그럼에도 불구하고 그의 전제주의적 하렘(harem)에서는 누구도 행복하지 않다. 우즈벡의 부재로 말미암아 하렘에 남아 있는 부인들의 성적 좌절감은 표면화되지만, 그것은 우즈벡이 곁에 있든 없든 전제주의적 관계에서 필연적으로 발생하는 문제이다. 어떤 전제적 체제에 의존하여 행복을 찾는 것은 그 자체로 결핍과 좌절을 뜻한다. 전제주의에서는 너와 나를 진실로 알 수 없으며, 따라서 사랑도 가능하지 않게 된다(Shklar, 1987: 34). 우즈벡은 순종하는 아내들이 그를 경애하고 그의 세라글리오(seraglio)에서 완전히 행복할 것을 믿어 의심치 않지만, 그것은 환상일 따름이며, 설사 그를 경애하는 부인이 있을지라도 그 심리는 도리어 자포자기에 가까운 것이다.

피학적 침묵과 일사불란한 행동들, 이는 단지 보편적 공포를 뜻할 뿐이다. 전제주의의 지배 원리는 이처럼 자유는커녕 행복도 아니고 단지 공포일 따름이다. 훈계적이며 엄격한 교의가 지배하는 사회에 갇힌 이들은 결국 상호 경멸과 악의 그리고 모욕에서 위안을 삼게 된다(Shklar, 1987: 46). 행복이란 어떤 완전성, 확실성에서 나오는 것이 아니라 능동성과 호기심 그리고 어떤 목표를 위해 스스로를 넘어서는 데에서 존재한다(Shklar, 1987: 48). 자유는 행복 자체는 아닐지라도 행복의 조건이 된다. 이와 같이 몽테스키외의 '공포로부터의 자유'는 어떤 고답적인 형이상학이나 혹은 추상적인 개인주의적 원리가 아니라 인간 보편의 자유의 심리학에서 유래하는 것이라고 할 것이다.

### 3) 법치주의

몽테스키외의 자유는 전제주의의 공포에 대한 반대이다. 따라서 몽
테스키외에게 인민의 소요는 전제주의의 공포보다 덜 두려운 것이다.
몽테스키외는 전제보다는 불화를 택한다. 심지어 맹목적 복종보다는 내
전의 위험을 감수한다. 어떤 사회도 통치와 제재는 피할 수 없다. 하지
만 그것이 억압으로 기능하는가 혹은 자유로 기능하는가는 매우 다르
다. 자유로 기능할 수 있는 통치, 그것이 몽테스키외의 정치과학의 제도
적 목표이다.

그러나 자유의 통치는 인민들의 이해관계와 의사가 서로 다르고 상
충할 수 있다는 점에서 특히 어렵고도 미묘한 과제이다. 여기에는 권력
의 견제와 균형이라는 미묘한 기술이 요청된다. 몽테스키외는 그에 관
한 성공적인 사례로서 영국과 로마 공화정을 든다. 몽테스키외가 보기
에 영국은 군주제의 가면을 쓴 민주제이다. 즉, 인민들은 귀족과 군주와
권력을 나눌 것을 양해한 것이다. 또한 로마 공화정에서 평민들이 그 실
력을 확인했음에도 불구하고 원로원이 계속 지배하도록 허용한 것도 같
은 이치이다. 몽테스키외가 생각한 자유란 헌정질서의 모든 구성 부분
에서 권력이 다른 부분들을 장악할 수 없도록 하는 것, 즉 헌정적 자유
(constitutional liberty)인 것이다.

제도화된 권력의 집중화가 진행되면 이는 구조적으로 전제주의로 흐
르게 된다. 몽테스키외는 민주제의 덕성(평등과 애국심), 귀족제의 절제,
군주제의 명예라는 각각의 체제 원리를 제시하지만, 절제는 귀족제의
덕목을 넘어선다고 보아야 한다. 그것은 지성적인 정치 형태(intellectual
form of politics) 일반의 덕목인 셈이다. 결국 몽테스키외의 정체의 구분

에서 핵심적인 것은 순화된(moderate) 체제인가 아닌가의 여부이다. 순화된 정부, 즉 제한정부는 곧 권력의 상호 견제와 감시의 체계를 뜻하는 것이며, 몽테스키외는 이를 이름하여 '입법의 걸작'이라고 했다(Shklar, 1987: 85).

이러한 헌정적 자유 그리고 권력의 견제와 균형은 곧 법치주의를 의미한다. 이러한 법치주의는 전체 사회의 설계를 위한 어떤 이성적인 지배 혹은 훌륭한 질서를 의도하는 것이 결코 아니다. 몽테스키외의 법치주의는 단지 국가권력의 오남용을 제어하고 그로부터 시민의 자유와 안전을 보호하기 위한 것이다. 한편 몽테스키외가 법치주의의 제도에서 가장 중요하게 여긴 것은 사법부의 독립이다. 몽테스키외는 그 예로서 역시 영국을 제시한다. 반면에 로마의 경우에는 비록 통치권력들 간의 견제와 균형은 복잡하고도 정교하게 되어 있었지만, 사법부가 별도로 독립되어 있지 않았다는 점에서 치명적 결함을 안고 있는 것으로 평가한다. 즉, 로마 공화정은 민회, 원로원, 집정관들이 각각 개별적으로 사법적 기능까지도 담당했던 것이다(Shklar, 1987: 64).

영국의 제도에 영감을 받은 몽테스키외는 공정하고 엄격하게 법규에 구속되는, 그리고 예견 가능한 사법 기구를 강조한다. 그러한 사법이 없이는 법치주의도, 정치적 자유도 없다는 것이다. 사법의 독립에 대한 몽테스키외의 논의는 아주 실질적이고 구체적이다. 몽테스키외는 보통 시민들이 국가의 권력을 가장 체감하게 되는 자리는 바로 기소되어 법관 앞에 섰을 때이며, 그 자리에서 공포를 느끼는가 아니면 자유를 느끼는가에 따라 그 체제가 무엇인지 판가름 난다고 본다. 자유의 체제라면 그는 법관의 직위에 대해서는 두려움을 가지지만, 법관이라는 개인에 대해서는 전혀 두려움을 느끼지 말아야 한다. 또한 그들은 자신들과 같은 보통 사람들로부터 재판을 받을 수 있어야 하며, 이로부터 배심제가 요망된다. 군주와 그의 관리들은 법관이 될 수 없다. 그리고 재판과정은 천천히 그리고 단계적 절차로 구성되어 피고인들이 그들의 무죄를 입증할 수 있는 충분한 기회를 보장받을 수 있어야 한다(Shklar, 1987: 82). 몽테스키외는 이러한 사법의 원리를 군주제와 모순되는 것으로 보지 않는다. 다만 군주제를 순화시키는, 즉 절제된 군주제의 최소한의 조건들로 보는 것이다.

몽테스키외의 자유주의적 법치주의론은 형사법의 원리에서 더욱 빛을 발한다. 그가 제시한 형사법의 원리는 베카리아(Beccaria)의『범죄와 형벌』을 이미 선취하고 있음은 물론, 오늘날의 관점에서 보아도 시의성이 떨어지지 않을 정도로 현대적이다. 범죄로 규정되는 행위들을 최소화해야 한다. 종교적 잘못은 종교적 문제로, 즉 신이 교정할 수 있도록 두어야 한다. 성적 일탈행위도 부주의와 나태로 비난받을지언정 공적 법규로 다스려야 할 문제는 아니다. 부모의 범죄로 인해 아이들에게 불이익이 가는 것은 경악스럽고 전제적인 것일 뿐이다(Shklar, 1987: 89).

말은 행동이 아니므로 그것이 어떤 수행적 결과, 예컨대 혼잡한 시장에서 폭동을 선동하는 것과 같은 위험을 가져오기 이전에는 범죄가 될 수 없다. 이웃의 위험한 사상 역시 행동이 아니므로 법의 제재 대상이 아니다. 밀고는 애국심을 덕목으로 삼는 공화제에서는 가능할지 모르나 그 밖의 체제에서는 배제되어야 할 것이다. 범죄는 정확하게 규정되어야 하며, 그리하여 어떤 자의적인 형벌도 부과되어서는 안 된다. 특히 대역죄는 분명하고도 제한적으로 규정되어야 한다.

몽테스키외의 자유주의적 형벌론은 실체적인 형법만이 아니라 처벌 및 행형의 문제에까지 이어진다. 과도하게 가혹한 형벌은 용인될 수 없으며, 또 쓸모도 없다. 거듭되는 중벌에 사람들은 도리어 정신적으로, 심리적으로 둔감해질 뿐이다. 고문은 허용될 수 없다. 이는 무고한 사람이나 진범에게나 모두 불합리한 결과를 낳는다. "고문이 무고한 이들에게 가해진다면 그것은 더할 나위 없는 잔인함이고, 고문을 이겨낸 진범들이 풀려난다면 이는 얼마나 큰 부정의인가?"라고 몽테스키외는 설파한다(Shklar, 1987: 90).

몽테스키외는 신체적인 학대가 아니라 사회적인 불명예와 모독만으로도 범죄 예방의 효과가 있다고 믿는다. 가혹하고 잔인한 형벌은 가능한 회피되어야 하며, 또 범죄와 형벌 사이에는 비례적 균형이 있어야 한다고 본다. 그 비교 형량에 있어 '억압적 정부의 위험성'이란 요소는 반드시 고려되어야 한다. 또한 무고한 이를 보호하는 것이 범죄자를 처벌하는 것보다 우선시되어야 한다. 몽테스키외의 마음에 일관된 사상은 보통사람들에게 형벌의 공포를 줄여주는 것이다. 그는 그것을 죄형법정주의 혹은 형사법에서의 정의의 요체라고 본다.

첨언하자면, 이러한 법치주의는 법률지상주의 혹은 권력적 법실증주의와는 거리가 멀다. 이 법치주의는 폭정에 대해 시민의 평화와 안전을 위한 것이지, 권위주의적 질서를 위한 것은 아니다. 따라서 이러한 법치주의와 상극인 것으로는 소위 '국가의 영광'을 위한 전쟁을 들 수 있다. 몽테스키외의 법치주의는 바로 '전쟁 대신 법'이라는 모토로 얘기될 수도 있다.

이 점에서 로마 공화정에 대한 몽테스키외와 마키아벨리의 인식은 근본적 차이를 나타낸다. 마키아벨리는 군사적 힘의 유용성을 신뢰하고 제국주의적 팽창의 영예를 믿지만, 몽테스키외는 그것의 무용성을 강조하고 유럽의 권부가 그것을 흉내 내지 않도록 하는 것을 자신의 임무로 삼는다. 마키아벨리는 역사를 바꾸는 위대한 인물들 혹은 명예와 영광을 추구함으로써 세계를 바꾸는 영웅들을 찬미하나, 몽테스키외는 로마의 전설적 영웅들을 탈신비화하는 데 주력한다. 예컨대 최초로 무장 군대를 이끌고 로마로 진군함으로써 헌정상의 문제를 해결한 술라(Sulla)는 단지 '잔인한 인간이자 나쁜 시민'으로서의 선례를 남긴 것이며, 그러한 흐름에서 로마 공화정이 카이사르에 의해 종말을 고한 것은 당연한 귀결이라고 보았다. 공화주의의 덕성이 쇠퇴하고 전쟁의 영광이 국민정신을 지배하는 순간 로마의 성공에는 이미 몰락의 미래가 내포되어 있던 것이다. 몽테스키외는 정복 대 상업 그리고 전쟁 대 법을 대비시키며, 당시 유럽이 택해야 할 길이 무엇인지 묻고 있다(Shklar, 1987: 54).

## 4. 맺음말

자유주의의 정신은 한마디로 무엇이라고 말할 수 있을까? 다시 처음으로 돌아가 심헌섭 선생을 생각한다. 심 선생은 그의 법철학 주저의 표제에 20세기 자유주의의 대표자 칼 포퍼의 글을 인용해놓았다(심헌섭, 1984: 4).

우리가 해야 하는 것은 …… 앎의 궁극적 원천에 대한 이상을 포기하는 것이며, 모든 인식은 인간적이라는, 즉 인식이란 우리의 오류, 편견, 꿈 그리고 희망이 혼재되어 있다는 사실과 그리고 우리가 할 수 있는 최선의 것은 비록 진리가 우리 너머에 있다고 해도 그것을 구하여 더듬어 가는 일이라는 점을 인정하는 것이다.

위의 구절은 자유주의의 진리관으로 얘기되는 포퍼의 반증가능성론의 취지를 잘 말해주고 있다. 그 반증가능성이란 무엇인가? 그것은 단지 진리의 잠정적 유효성을 뜻하는 것이라기보다 반증가능성을 부인하는 무오류의 폐쇄적인 주장은 그 자체로 진리의 자격이 없다는 것, 그리고 한계에 대한 자의식과 지속적인 교정의 과정, 그 자체가 진리에 상응한다는 것이 아닐까?

필자는 이와 같은 차원에서 '교정가능성'을 자유주의 정치철학의 요체라고 보며, 슈클라가 말하는 몽테스키외의 자유주의의 정신 역시 그와 같다고 생각한다. 이미 언급했듯이 마키아벨리와 달리 몽테스키외는 로마의 고전적인 공화정이 아니라 영국의 입헌군주제가 추천할 만하며 또 본질적으로 우월한 것으로 보는데, 그 이유는 바로 영국의 체제가 '자기교정 능력'을 갖추었기 때문이다(Shklar, 1987: 52; 1998a: 248).

몽테스키외가 추구하던 입법의 기술은 지고의 정의에 대한 것이 아니라, 부정의의 교정, 즉 덜 비참하며 덜 억압적인 정부를 구성하는 시도였다는 슈클라의 결론은 몽테스키외의 자유주의의 요체를 말해준다(Shklar, 1987: 109). 그러한 절제된 통치, 공포의 제거가 사람들을 행복하게 만들거나 혹은 사람들을 덕스럽게 만들지는 못할지 모른다. 하지만 그러한 조건이 없이는 행복과 덕성에 대한 희망이 아예 사라져버린다. 그러한 참혹한 귀결을 피하고자 하는 것이 몽테스키외의 자유주의적 희망이었던 셈이다.

# 제 5 장

## 롤즈의 국제적 정의

## 1. 머리말

롤즈는 주지하듯이 현대 정의론의 대가이다. 그는 필생의 과제로서 공정한 협력체계로서의 사회구성 원리를 탐구해왔다. 현대 정치철학과 법철학의 고전이 된 『사회정의론(A Theory of Justice)』과 『정치적 자유주의(Political Liberalism)』는 그 주요한 성과물이다. 이어서 롤즈는 국제적 관계에서의 규범적 척도에 대한 저작을 내놓았는데 그것이 바로 『만민법(The Law of Peoples)』(Rawls, 2000)[1]이다. 이 글은 그 저서를 바탕으로

---

1 『만민법』은 국제엠네스티가 개설한 옥스퍼드 인권강좌에서 롤즈가 강연한 내용을 초고로 하여 다시 쓴 것이다. 그 논문은 Shute and Hurley, ed.(1993); 정태욱 옮김(2000: 54~106)에 실려 있다. 한편 이 '만민법'이라는 번역어에 대해 논란이 있을 수 있다. 우선 롤즈는 옥스퍼드 인권강좌에서 '만민법'이라는 용어는 각 민족의 법규들이 공유하는 바를 뜻하는 로마법상의 'ius gentium intra se'에서 유래한 것이라고 하고 있다(정태욱 옮김, 2000: 54 각주 1, 역주 1 참조). '만민법' 말고도 '제(諸) 인민

롤즈의 국제정의론을 정리하는 데에 목적이 있다.

롤즈의 만민법은 한마디로 관용과 평화공존의 국제정의론이라고 할
수 있다. 그의 국제정의론은 개인을 단위로 하는 자유주의적 국제정의

의 법'이라는 번역어도 생각할 수 있지만, 이는 전 세계를 하나의 단위로 하는 사해
동포주의적 뉘앙스를 풍기는 것으로서 롤즈의 의도와는 다른 면이 있다. 롤즈의 'the
law of peoples'는 분명히 정치적 단위로 구별되어 있는 'people'을 전제로 하는 것이
며, 개인이 아니라 그러한 정치적 단위가 국제관계의 당사자가 되는 이론이다. 이 점
은 롤즈 자신이 그의 만민법의 이론을 전개하면서 베이츠(Beitz)나 폭기(Pogge) 등의
전 지구적 보편적 정의의 방법론을 거부하는 데에서도 알 수 있다. 한편 'people'의
번역에도 어려움이 있다.『만민법』의 역자들은 이를 만민으로 일관되게 번역하고 있
으며 그것이 'people'과 'state'를 구별하는 롤즈의 서술체계에 더 부합하는 것이긴
하지만, 필자는 이 글에서 특별한 경우를 제외하고는 모두 국가로 번역하기로 한다.
마찬가지로 'society of peoples'도 만민사회가 아니라 국제사회로 번역하기로 한다.
롤즈의 사상을 이해하는 데에 반드시 롤즈의 논의구조를 답습해야 하는 것은 아니라
고 본다. 그 논의의 체계가 통상적인 서술방식과 다를 경우 롤즈의 연구자들은 그 이
론을 객관화시키는 과정에서 좀 더 일반적인 용어를 선택할 수 있다고 본다. 롤즈가
국가와 만민을 구별하고 자신의 이론에서 후자를 채택하는 것은 그 이론이 현실적인
국제관계에 대한 서술이 아니라 하나의 규제적 이념으로 제시될 것을 의도하고 있기
때문이다. 즉, 롤즈의 만민법의 이론은 이상적인 상황에서의 가상적 당사자들의 국
제관계론인 것이다(더 자세한 설명은 이 글의 맺음말 부분 참조). 롤즈가 국가라는 단
어를 피하고 굳이 만민이라는 용어를 택하는 것은 자신의 이론이 현실의 합리화가
아니라 현실이 지향해야 하는 지향점에 관한 것임을 강조하기 위함이다. 그러나 일
상적으로는 국가라는 개념 속에는 이미 그 현실적 의미와 이상적 의미가 중층적으로
혼재되어 있다고 말할 수 있다. 즉, 사람들은 국가라는 용어를 쓰면서 그것이 국가이
기주의에 의해 움직이는 현실적 존재를 의미할 수도 있고, 동시에 국제평화의 정당
한 당사자라는 규범적 의미로 사용할 수도 있다. 양자를 엄밀히 구분하여 별도의 개
념으로 만드는 것은 지나친 이론화일 수 있으며, 나아가 플라톤적 이원론의 폐해를
낳을 수도 있다.

론과도 구분되고, 또 각국의 주권의 자율성을 절대적으로 긍정하는 무관심적 현실유지론도 아니며, 전 지구적 차원에서의 사회경제적 평등을 추구하는 보편적 평등주의도 아니다.[2]

롤즈의 만민법의 목적은 국제적인 차원에서 공정한 협력의 체계를 건설하고자 하는 것이다. 그러한 체계는 곧 질서정연한(well-ordered) 사회로 표현되고 있다.[3] 롤즈의 만민법은 그러한 질서정연한 국제관계의 이상적 상태와 그에 미치지 못하는 비이상적 상태로 나누어 고찰한다. 전자는 어떠한 조건에서 가능하며 또 후자는 어떻게 전자의 단계로 이끌 것인가가 문제이다.

롤즈의 만민법의 구조 및 평화공존의 과제는 다음의 네 가지 관계로 구분된다. ① 자유주의 입헌국가 상호 간, ② 자유주의 입헌국가와 적정한(decent) 비자유주의 국가의 관계, ③ 무법국가들에 대한 관계, ④ 결핍국가(burdend society)들에 대한 관계.

첫 번째 관계에서는 각 국가의 자족성과 상호거래의 이익으로 민주

---

2 세계적 차원의 계급투쟁을 전제로 하는 소비에트 사회주의의 국제법 이론인 평화공존론과는 더욱 거리가 멀다. 그에 대해서는 김용구(1994: 58 이하) 참조. 그러나 툰킨(Tunkin)의 자기제한(auto-limitation)에 기초한 합의이론이나 페레스트로이카 시대의 평화공존론(김용구, 1994: 104)에서의 협력과 평화적 경쟁의 내용은 대립하는 포괄적 교리들을 합당한 만민법으로 제어하려는 롤즈의 관용에 입각한 평화공존론과 일맥상통하는 바가 있다고 생각한다. 툰킨의 합의이론에 대한 자세한 것은 툰킨(1985) 참조.

3 롤즈의 질서정연성은 오해하기 쉬운 용어이다. 일견 확고하게 질서가 잡힌 사회라는 의미를 표현하지만, 롤즈의 이론에서 질서정연함이란 단순히 실효성과 안정성의 문제가 아니라 규범적으로 더 강한 의미를 담고 있다. 즉, 이는 공정한 상호협력의 체계가 실효적으로 작동하는 사회를 말한다.

적 평화에 자연적으로 도달할 수 있으며, 두 번째 관계에서는 관용과 상호존중으로서 평화공존이 달성될 수 있다고 본다. 이것이 바로 이상적(ideal) 단계에서의 국제평화론이다. 세 번째 관계는 일단 평화체제가 깨어진 상태지만, 팽창국가에 대한 방어전쟁과 인권유린국가에 대한 강제적 간섭으로 평화체제를 회복하며, 네 번째 관계에서는 정치문화의 개선과 원조의 의무로서 결핍국가들을 정상국가로 회복시킬 수 있다는 것이다. 이러한 셋째 및 넷째 관계는 비이상적(non-ideal) 이론으로서 이상적 상태로 이행해가는 조건을 제시하는 것이다.

롤즈는 자유주의적 입헌국가를 가장 훌륭한 체제로 생각한다. 즉, 가장 훌륭한 질서정연한 사회인 것이다. 그러나 롤즈는 동시에 적정한 비자유주의적 국가도 비록 자유주의적 입헌국가만은 못하더라도 질서정연한 사회의 범주에 넣어준다. 롤즈는 그러한 체제들 각기 같은 범주 상호 간은 물론이고, 서로 다른 체제들 간에도 평화공존이 달성될 수 있을 것으로 본다. 즉, 그런 사회들은 롤즈가 제시하는 만민법을 기꺼이 수용하게 되는 사회이다.

여기서 중요한 것은 자유주의적 사회가 비자유주의적 사회에 대한 우월성을 내세우면서 어떤 간섭을 하려는 충동에 관한 것이다. 롤즈의 만민법의 과제 가운데 하나는 바로 그러한 간섭은 부당한 것이며, 그것을 제어해야만 평화공존이 가능하다는 것을 확인하는 데에 있다.

그러나 비자유주의적 사회가 그 국가이념에 따라 공격적인 팽창을 보이는 경우에는 당연히 방어전쟁에 나서야 하며, 나아가 비록 외부적으로 적대적이지 않다고 해도 자국 내의 소수자들의 인권을 중대하게 유린한다면 그에 대한 강제적 간섭도 인정된다고 말하고 있다. 롤즈의 평화공존은 단순한 무관심의 다원주의가 아니라 일정한 한계가 있는 합당한 다원주의이며 공정하고 협력적인 국제관계를 지향한다. 또한 롤즈는 그러한 국제관계의 구성원으로 되기에 너무나 사정이 어려운 결핍된 사회를 어떻게 공정하고 평등한 국제관계의 당사자로 끌어올릴 것인가에 대해서도 관심을 보인다.

이하에서 그러한 네 가지 관계에서 롤즈의 『만민법』에서 설명하는 평화공존론을 구체적으로 살펴보기로 한다.


## 2. 본론

### 1) 입헌적 자유주의 국가들 간의 평화공존

롤즈는 이를 '민주적 평화'라고 부른다. 롤즈의 민주적 평화는 두 가지 요소에 의지하고 있다. 하나는 레이몽 아롱(Raymond Aron)이 말한 '만족에 의한 평화'[4]이고, 다른 하나는 자유교역의 이점이다.

만족에 의한 평화는 곧 '만족한 만민(satisfied peoples)' 사이의 평화공존을 뜻한다. '만족한 만민들'은 자유주의 입헌정체를 취하고 있는 국가로서 이들은 다른 나라들을 어떤 종교나 세계관으로 개종시킬 이유가 없다는 것이다(『만민법』, 80). 즉, 자유주의 국가의 시민들은 개인적으로나 단체를 통해 종교적일 수 있지만, 그 헌법상 국가종교가 인정되지 않는다. 다시 말하면 이들의 정체는 신앙고백적인 것이 아닌 것이다. 또

---

4 만족에 의한 평화(peace by satisfaction)는 힘에 의한 평화(peace by power), 무능에 의한 평화(peace by impotence)와 대비되는 개념이다(『만민법』, 80).

이들은 권력과 명예에 대한 열정 혹은 자만심에 기한 지배욕구에 의해 움직이지 않으므로 다른 나라들에 적대적인 행위로 나갈 이유가 없다는 것이다(『만민법』, 81).

민주적 평화의 또 하나의 축은 자유교역의 이점이다. 롤즈는 이를 몽테스키외의 '신사적 태도(moeurs douces)'에서 구한다. 상업적 사회가 시민들 내에 따뜻한 배려, 근면성, 정확함, 정직성과 같은 덕목을 형성시키며 상업은 평화로 연결되는 경향이 있다는 것이다. 즉, 만민들은 사신이 결여하고 있는 상품들을 무역을 통해 좀 더 쉽고 싸게 구할 수 있는 이점에 기인한다(『만민법』, 80).

이 중에서 롤즈가 더 중요시하는 것은 바로 자유주의 입헌체제의 의의이다. 여기서 롤즈는 자유주의(liberalism)와 자유지상주의(libertarianism)의 차이를 부각한다.[5] 자유주의 입헌체제는 민주적 평화에 이를 수 있지

---

5 자유주의와 자유지상주의의 차이는 개인의 인격성 및 자유의 의미에 대한 차이, 소득재분배 및 사회보장제도에 대한 인식의 차이에서 비롯한다고 할 수 있다. 오늘날 롤즈로 대표되는 자유주의는 개인의 인격성과 자유를 단지 형식적인 차원에서 이해하는 것이 아니고, 자유를 실현할 수 있는 전목적적 수단(all-purpose means)에 의해 지지되는 충만한 개인(personal integrity)을 지향한다. 이는 롤즈의 정의론의 제1원리인 평등한 자유의 원칙으로 표현된다. 또 그를 위해서는 소득재분배 및 사회보장제도 등 사회경제적 평등조치를 개인 및 소유권자의 자유의 침해로 보지 않고, 사회연대를 위한 당연한 의무로 이해하게 된다. 이는 롤즈 정의론의 제2원리, 즉 사회경제적 불평등은 불리한 처지에 있는 이들에게 이로운 한도 내에서만 타당하다는 등의 원칙으로 나타난다. 롤즈의 정의론에 대한 것은 롤즈(1985: 81), 그리고 약간 수정된 형태로서 롤즈(1998: 6) 참조. 한편 주지하듯이 자유지상주의자의 대표자인 노직(Nozick)은 개인 인격의 자유와 소유권의 보장을 위해 특히 롤즈의 차등의 원리에 반대한다. 노직의 이론은 노직(1974) 참조.

만, 자유지상주의는 그렇지 못할 것이라는 얘기다. 즉, 자유지상주의는 상호성을 결여하여 극심한 사회경제적 불평등을 허용해 올바른 명분에 입각한 안정성을 유지할 수 없을 것이라고 한다(『만민법』, 85).

그러면 롤즈가 말하는 자유주의의 요건들은 무엇인가? 롤즈는 다섯 가지를 제시한다. 첫째, 공정한 기회의 평등(특히 교육에서), 둘째, 기본적 자유의 실효성을 위한 소득과 부의 적정한 분배, 셋째, 고용의 안정에 대한 사회적 책임의 제도화, 넷째, 기본적 건강보험제도, 다섯째, 선거에 대한 공적 자금의 지원 및 정책 관련 사항 등 공적 정보에 대한 다양한 접근의 보장 등이 그것이다(『만민법』, 85~86).

롤즈는 이와 같은 요건들이 충족된 자유주의 입헌체제의 국가들은 '만족한 만민'으로서 다른 나라들에게 공격적인 팽창적 국가경영을 할 이유가 없다고 본다. 롤즈는 자신의 이론의 현실성을 강조하기 위해 1800년 이래 확고하게 자리 잡은 자유주의적 입헌국가들 사이에는 전쟁이 없었음을 주장한다. 19세기의 전쟁들 — 나폴레옹 전쟁, 비스마르크 전쟁 등 — 은 자유민주적 국가들 간의 전쟁이 아니었으며, 두 차례 세계대전에서도 민주적 국가들은 연합국으로서 동일한 편에서 비민주적 국가들에 대항해 싸웠다는 것이다.

이와 같은 롤즈의 입론은 일견 서구민주주의에 대한 맹목적 환상을 보여주는 것이 아닌가 하는 인상을 준다. 그러나 롤즈는 서구 민주국가들의 오류와 한계들에 대해서도 인식하고 있다. 미국이 제3세계 국가들에 부당하게 개입하여 체제의 전복을 꾀한 여러 사례들 — 칠레의 아옌데(Allende) 정권, 과테말라의 아르벤스(Arbenz), 이란의 모사데그(Mossadegh) 등 — 에 대해서도 언급하고 있다(『만민법』, 90). 나아가 롤즈는 제국주의를 언급함으로써 자유무역이 평화를 지향하고 있다는 점에 대해서도 단서를 붙이고 있다(『만민법』, 91).

롤즈는 현실의 자유주의 입헌체제들에 내재하는 상당한 부정의와 비민주적 과두제적 경향, 독점적 이익 추구의 경향을 분명하게 지적하고 있다(『만민법』, 83). 그러나 롤즈는 자신의 자유주의 입헌체제에 입각한 민주적 평화의 주장을 포기하지는 않는다. 롤즈의 이론은 '현실적 유토피아'론인 것이다. 현실에서의 자유민주국가들의 한계는 앞에서 제시한 바와 같은 다섯 가시 요건들에 의해 비판되고 수정되어야 한다는 강력한 당위를 제기하며, 또 그에 바탕을 둔 민주적 평화에 대한 확고한 희망을 표명한다.

### 2) 비자유주의 국가들과의 평화공존

롤즈는 그의 만민법의 원칙들을 비자유주의 국가들까지 포함하는 좀 더 넓은 범위로 확장시킨다. 여기서 롤즈는 자유주의 국가들과 비자유주의 국가들 간의 평화공존이 어떻게 가능할지에 대해 탐구한다.

롤즈의 만민법은 기본적으로 자유주의적인 성격이나, 롤즈는 비자유주의 국가들이 나름대로의 정의관을 가지고 우호적인 국제관계를 도모한다면 그에 대한 상호존중이 필요하다고 역설한다. 즉, 자유주의의 가치를 비자유주의 국가들에 강요할 수 없음을 강조한다.

여기서 중요한 것은 인권의 개념이다. 롤즈는 만민법에서 타당한 인권의 개념은 자유주의 국가의 헌법에 열거된 모든 권리들을 뜻하는 것이 아니라 특별한 종류의 절실한 권리들이라고 한다. 거기에는 노예와 농노의 신분으로부터의 자유, 양심의 자유(평등한 자유는 아님), 집단학살과 인종청소로부터의 보호 등이 포함된다(『만민법』, 128).

롤즈는 인권의 개념에 관한 서구적 전통을 고집하지 않는다. 모든 인간이 신에 의해 동등하게 창조되었다는 주장이나 모든 인간은 도덕적이며 이성적인 존재로서 인권의 주체라는 식의 입장은 만민법에서 수용될 수 없다고 한다(『만민법』, 112).

롤즈의 만민법은 자유주의 전통에 서 있지만 롤즈는 결코 자유주의를 세계주의적 정의로 격상시키려는 의도는 보이지 않는다. 롤즈는 국제관계에서의 정의론을 전개함에 개인주의적 방법론을 거부한다. 즉, 롤즈의 만민법이론은 그의 기본 방법론이 그렇듯이 계약론적 정당화에 기초하고 있는데, 여기서 계약의 당사자는 각 개인이 아니라 정치적 단위로서의 만민이다. 롤즈는 일국의 경우에서처럼 국제적 관계에서도 각 개인을 당사자로 취급한다면, 그것은 결국 자유주의적 세계관을 강요하는 결과가 될 것이라고 말한다(『만민법』, 133).[6]

롤즈는 각 국가들이 상호 간에 대우하는 방식과 그 국가가 내부의 자국민을 대우하는 방식은 서로 다른 문제임을 분명히 밝히고 있다(『만민법』, 135). 비록 비자유주의적 국가들이 자국의 국민들을 자유롭고 평등

---

6 롤즈의 정당화론은 가상적 계약론이라고 할 수 있다. 이를 롤즈는 원초적 상황 (original position)이라고 부른다. 즉, 계약 당사자들은 주객관적 상황에 대해 무지한 채, 미래의 불확실성 속에서 사회구성 원리를 정해야 한다는 것이다〔원초적 상황(혹은 입장)에 관한 논의는 롤즈(1985: 39 이하, 155 이하) 참조〕. 롤즈의 이러한 방법론은 『만민법』에서도 지속되고 있는데, 여기서 그러면 그 원초적 상황에 들어서는 당사자들을 누구로 볼 것인가 하는 것이 문제된다. 즉, 전 세계를 하나의 단위로 하여 각 개인들이 당사자로서 들어설 것인가, 아니면 국가와 같은 정치적 단위들이 당사자로 들어설 것인가가 문제이다. 이 문제에서 롤즈는 분명히 후자의 관점을 택했다. 반대로 뒤에서 보는 것처럼, 베이츠나 폭기 등은 전자의 관점에서 국제관계의 보편적 정의론을 도모한다. 베이츠의 이론은 베이츠(1982) 참조.

한 시민으로 대우하지 않더라도, 그 국가들이 만민법을 존중한다면 평화공존의 국제관계에서 정당한 구성원으로 승인되어야 한다는 것이다 (『만민법』, 135 참조).

롤즈는 나아가 국제기구들을 통해 비자유주의 국가들을 자유주의 쪽으로 유도하는 방법에 대해서도 반대한다. 예컨대 IMF의 차관에 그러한 조건을 붙이는 것은 허용될 수 없다고 주장한다. 이는 자유주의 국가들의 외교정책 일반에서도 적용되는 사항임을 지적하고 있다. 요컨대 비자유주의 국가들의 합당한 민족자결권은 존중되어야 한다는 것이다 (『만민법』, 136~137).

그러나 롤즈는 비자유주의 국가들을 국제사회의 정규의 구성원으로 무조건 승인하는 것은 아니다. 그것은 단지 적정수준(decent)의 국가들인 경우에만 그렇다. 따라서 문제는 과연 그 적정성의 요건은 무엇인가 하는 것이다. 그 적정성을 앞뒤로 하여 바로 평화공존인가 아니면 국제적 개입인가가 결정되는 것이다.

비자유주의 국가의 적정성을 판별하는 기준은 다음의 두 가지로 제시된다. 하나는 비공격성이고 다른 하나는 공동선의 체계화이다. 비공격성은 다른 사회들의 종교적 자유 내지 시민적 자유 등의 자율성을 존중하는 것을 말하고, 공동선의 체계화는 기본적 인권의 보호와 공동선에 입각한 적정한 법질서의 존재를 말한다.

첫 번째의 측면을 보자. 종교적 원리와 같은 포괄적 교리[7]를 국가이념

---

7 롤즈의 사상에서 포괄적 교리(comprehensive doctrine)와 정치적 원리의 구별은 매우 중요하다. 롤즈의 정치적 자유주의의 핵심적 가르침은 상호 양립 불가능한 포괄적 교리들이 평화공존할 수 있는 입헌적 정치원리를 확립해야 한다는 것이다. 포

으로 하는 비자유주의 국가는 그 교리를 논리적으로[8] 관철하는 팽창적인 태도를 보이기 쉽다. 그러나 그와 같은 일방적인 태도로서는 국제관계에서 평화란 단지 잠정적 타협(modus vivendi)밖에 될 수 없다. 롤즈는 비록 종교적 원리를 국가이념으로 하는 비자유주의 국가라고 하더라도 종교적인 관용을 갖추고 국제관계에서의 공적 영역을 위한 만민법을 수용하는 국가가 될 수 있음을 강조한다.

두 번째의 요건에서는 인권의 개념이 문제된다. 공정한 협력체계로

---

괄적 교리란 예컨대 종교적 교리와 같이 삶의 목적을 규정하는 근본적 세계관 혹은 가치관을 말한다. 그런데 문제는 그러한 포괄적 교리들을 논리적으로 관철시키는 것은 곧 다른 포괄적 교리와의 충돌을 뜻하는 것이고, 따라서 그것을 정치적 영역에서는 상호 자제하고 민주적 평화를 확보할 수 있는 입헌적 틀을 마련해야 한다는 것이다. 그것이 바로 정치적 정의이다. 즉, 정치사회의 구성원들은 자신의 삶을 규율하는 포괄적 교리들을 유지한 채 공적인 영역을 규율하는 입헌적 원리들에 합의를 보아야 하는 것이다. 이러한 소위 중첩적 합의(overlapping consensus)가 롤즈의 정치적 자유주의의 기본 틀이 된다. 롤즈의 만민법은 그러한 정치적 자유주의의 사상을 국제적인 단계로 확장한 것이다. 따라서 모든 국가들은 그것이 자유주의 입헌체제이든, 비자유주의 정교일치 체제이든 자신의 체제원리를 다른 나라들에 강요해서는 안 되며, 만민법이라는 국제적인 평화공존의 영역에 대해 합의를 보아야 한다는 것이다. 포괄적 교리와 중첩적 합의에 대한 더 자세한 설명은 『정치적 자유주의』(제4강 「중첩적 합의의 개념」) 참조.

8 롤즈의 용어로는 "합리적으로"가 되겠다. 롤즈의 사상에서 '합리성(rationality)'과 '합당성(reasonableness)'의 구분이 또한 중요하다. 합리성은 공적 영역에 대한 의식이 없는 주체의 논리적 일관성을 뜻하는 것으로서 여기서는 상호성을 기본으로 하는 공정성이 충족되기 어렵다. 그에 반해서 합당성은 공적 영역을 존중하여 주체의 이익이나 원리를 제어하는 것 그리고 그 결과로 나온 상호성을 만족시키는 결과를 뜻한다. 이 구분에 대한 자세한 설명은 『정치적 자유주의』(제2강 제1절 「합당한 것과 합리적인 것」 등) 참조.

서의 국제관계의 구성원이 되기 위해서는 기본적인 인권을 존중해야만 하기 때문이다. 그러나 앞서 말한 대로 롤즈는 자유주의적 인권개념보다 인권개념의 보편성에 더욱 주목한다. 롤즈가 말하는 인권의 예들은 생명의 권리(생존과 안전의 수단의 확보), 자유권(노예, 농노, 강제노역으로부터의 자유 및 사상과 종교의 자유를 위한 실효적인 양심의 자유), 개인적 소유권, 자연적 정의에 입각한 형식적 평등권들이다(『만민법』, 107). 주의할 것은 개인들이 평등한 시민으로서 동등한 기본권을 가진다는 관념은 포함되지 않는다(『만민법』, 109). 비자유주의 국가들에서는 개인보다 단체가 중요하고, 따라서 1인 1표의 개인주의적 관념이 존재하지 않는 것이다(『만민법』, 119). 한편 이는 민주주의의 문제와도 연결된다. 서구의 자유주의의 관점에서 보면 정교일치의 위계적 국가들에서는 민주주의가 없는 것으로 이해될 수도 있으나 롤즈는 비자유주의적 국가라고 하더라도 위계적 협의체(consultation hierarchy)를 구성할 수 있다고 한다.[9]

9 롤즈는 위계적 협의체 국가의 민주적 성격에 대해 다음과 같이 말한다. "적정수준의 위계적 사회에 사는 모든 사람들이 자유롭고 평등한 시민들로 또는 동등한 대표(1인 1표)로 인정받을 만한 개인으로 간주되지 않음에도 불구하고 이들은 자신들의 사회에서 적정수준의 품위를 갖추고, 합리적이며, 도덕학습능력을 지닌 존재로 간주된다. …… 정치적 결정에 있어서 적정수준의 위계적 협의체는 비록 자유민주주의적 방식은 아니지만 그 사회의 종교적 관점에서 나름대로 다양한 목소리들을 경청할 기회를 부여한다. 나아가 개인들은 그 논의의 절차에서 협회, 법인 그리고 신분의 한 성원으로서 어느 선까지는 정치적 반대의견도 표현할 수 있는 권리를 가지며, 정부는 그러한 이견을 진지하게 수용하고 양심적으로 답변할 수 있다"(『만민법』, 117, 번역은 필자가 일부 수정).

롤즈는 그와 같은 비자유주의적 적정수준의 국가의 가상적 예로서 이슬람국가인 카자흐스탄을 제시한다. 카자흐스탄의 특징은 다음과 같다. 카자흐스탄은 이슬람국

이처럼 롤즈는 국제관계에서 자유민주주의의 기준적 성격을 부정하고, 위에서 제시한 요건을 충족하는 비자유주의의 위계적 국가를 국제관계의 정규의 구성원으로 긍정한다. 그러나 그 요건들은 동시에 관용의 한계를 뜻하는 것이기도 하다. 즉, 비자유주의적인 위계국가가 그의 국가이념을 넓히려는 팽창적 태도를 보인다든가 혹은 국가이념을 이유로 소수자의 기본적 인권을 유린한다거나 하면 국제관계의 민주적 평화는 더 이상 존재하지 않게 된다. 이 문제는 바로 무법국가(outlaw state)에 대한 관계가 된다.

### 3) 무법국가들에 대한 방어와 개입으로서의 평화

롤즈가 희망하는 공정한 협력체계로서의 국제관계는 평화공존을 거부하는 팽창주의 국가들과 또 기본적인 인권을 유린하는 국가들에 의해 침해받을 수 있다. 이 경우 롤즈는 그에 대한 방어와 개입의 만민법을 통해 국제평화를 지키고자 한다.

전자는 곧 방어를 위한 전쟁의 권리를 통해 구현된다. 자유주의 입헌국가, 적정수준의 위계적 국가는 물론이고, 자애적 절대주의 국가[10]도

---

가이긴 하지만 제국과 영토를 추구하지 않는다. 여기서 지하드〔聖戰〕는 군사적인 면이 아니라 정신적·도덕적인 차원에서 이해된다(『만민법』, 124). 카자흐스탄은 국가종교로서 이슬람을 채택하고 종교가 외교정책에 영향을 미치며 이슬람교도가 아니면 고위관직에 오를 수 없지만, 기본적인 종교적 관용은 보장되어 있다(『만민법』, 123). 비록 개인주의적 민주주의는 아니지만 각 집단의 의견이 반영되는 협의체의 의사결정 절차를 갖추고 있으며, 사회의 공동선을 위한 법질서가 확립되어 있다.

10 롤즈의 이론에서 국가의 종류는 다음의 다섯 가지로 상정된다(『만민법』, 서문

팽창주의적 국가의 공격에 대해 스스로를 지킬 권리가 있다.

방어전쟁을 통한 국제적 평화의 확보는 전통적인 국제관계의 이념이라고 할 수 있다. 그러나 롤즈는 그에 머물지 않고, 인권을 통한 국제적 개입을 지지하고 나선다. 즉, 기본적 인권의 유린은 곧 국제관계의 민주적 평화를 해치는 심각한 사태로 인식되는 것이다. 이런 점에서 롤즈는 전통적 주권이론과 국가의 자율성 개념을 제한한다(『만민법』, 47 이하).

즉, 롤즈는 비록 주변 국가들을 침략하거나 그럴 의도를 갖고 있지 않더라도, 자국 내의 소수파의 인권을 유린하는 국가에 대해서는 국제적인 차원에서 개입할 수 있다고 본다(『만민법』, 146 각주 1). 그러나 이 문제는 참으로 민감하다. 롤즈는 그러한 인권유린 국가들을 약소국인 원시국가와 발전된 문명국가의 경우로 나누어 신중한 접근을 보이고 있다. 즉, 전자의 경우에는 다른 발전된 국가들이 개입하는 것이 허용되지 않는다고 한다. 반대로 후자의 경우에는 강제적 간섭이 요청된다고 한다(『만민법』, 151 각주 6).

롤즈는 비록 최소한도이긴 하지만 인권외교와 인권전쟁을 긍정하는 것이다. 롤즈의 만민법에서 인권은 핵심적인 요건 가운데 하나이다. 롤즈는 만민법에서 인권의 기능과 지위를 다음과 같이 정리하고 있다(『만민법』, 130).

---

14, 104~105). ① 합당한 자유적 만민(reasonable liberal peoples), ② 적정수준의 위계적 만민(decent hierarchical peoples), ③ 무법적 국가들(outlaw states), ④ 불리한 여건으로 고통 받는 사회들(societies burdened by unfavorable conditions), ⑤ 자애적 절대주의(benevolent absolutisms)의 사회. 자애적 절대주의 체제의 국가는 기본적 인권을 존중하지만, 협의적 민주주의 체제가 결여되어 적정수준의 위계적 만민에 속하지 않는다.

① 인권의 구현은 한 사회의 정치제도와 법질서의 적정성에 대한 필수 조건이다.

② 인권의 구현은 정당화되고 강제적인 타 국민의 간섭, 가령 외교적 및 경제적 제재 또는 중대한 경우에 군사력에 의한 간섭을 배제하는 충분조건이 된다(따라서 인권이 중대하게 유린되고 있다면, 군사력에 의한 간섭도 용인된다 — 필자 주).

③ 인권은 만민 간의 다원주의에 대한 하나의 한계를 설정한다.

④ 결핍 사회에 대한 원조로서의 평화공존

롤즈의 만민법의 마지막 부분은 결핍사회, 즉 불리한 여건으로 고통 받는(burdened) 국가들에 대한 관계이다. 롤즈의 만민법의 이론에서 무법국가와 고통 받는 사회에 대한 관계는 이른바 비이상적 이론에 속한다. 입헌자유주의 국가와 적정수준의 위계국가 간에 형성되는 만민법의 질서 속에 무법국가에는 그 무법성을 제거시키고, 고통 받는 사회는 그 문제를 해소시켜서 정상적인 구성원으로 편입시킬 과제가 부여되는 것이다.

불리한 여건으로 고통 받는 사회란 인적 자본과 기술 수준 그리고 물질적 자원 및 과학기술이 결핍되어 있는 국가들을 말한다. 그러면 그러한 고통 받는 사회의 문제를 어떻게 해소할 수 있을 것인가? 첫째 방법은 외적인 차원에서는 정상적인 국가들의 원조에 의해 국제적 연대를 구축하는 것이고, 둘째 방법은 내부적인 차원에서 고통 받는 국가의 정치문화를 바꾸는 것이다. 여기서 롤즈가 더욱 강조하는 것은 내부적인 정치문화의 혁신이다. 롤즈는 한 사회가 적정하게 조직되고 통치된다면 자원의 부족만으로 저개발의 결핍사회가 될 리는 없다고 보고 있다(『만민법』, 173).

롤즈는 센(Amartya Sen)의 유명한 연구에 크게 의지하고 있다. 센은 "기근은 경제 재난이지 단순한 식량 문제는 아니다"라고 한다. 적정한 권원의 체계와 국가 차원의 식량정책의 부재가 곧 재앙의 원인이라는 것이다(Sen, 1981: 162).

롤즈는 결핍된 사회들은 그의 전통적인 종교적·도덕적 신념들과 같은 문화적 배경과 법제도, 소유권제도, 계급구조 같은 정치적 전통들이 개선된다면 적정수준의 만민의 사회로 진입할 수 있다고 보고 있다(『만민법』, 169).

따라서 외부에서의 도움도 바로 그런 점에 대한 고려가 전제되어야 한다. 즉, 결핍사회의 정치문화를 바꾸도록 도와야 하는 것이다. 하지만 롤즈는 그것을 위해 강제력을 사용하거나 또는 그 변화를 위한 자금의 지원을 부정한다. 그것은 만민법에 어긋나는 것으로 보는 것이다. 결핍 사회가 대외적으로 팽창적인 공격적 행태를 보이거나 대내적으로 인권을 의도적으로 유린하지 않는 이상 강제적 간섭이나 그를 위한 자금지원은 만민법에 반하는 것이다(『만민법』, 176). 롤즈는 다만 한 사회의 종교와 문화를 부당하게 훼손한다는 비난을 받지 않는 한도 내에서 원조의 조건으로서 정치문화의 변화에 대한 충고를 줄 수 있다고 말한다(『만민법』, 177).

이렇게 하여 결핍된 사회를 정규의 국제관계의 구성원으로 끌어들이는 과제는 원조를 통한 정치문화의 개선에 의해서 수행될 수 있는 것이다. 그런데 여기서 주의할 것은 그 원조의 의무는 단지 결핍된 국가가 국제관계의 자율적인 구성원이 될 수 있는 정도까지만 인정된다는 점이다(『만민법』, 188). 즉, 이 원조의 의무는 계속적인 재분배를 요구하는 것과 같은 분배의 정의는 아니다.

이와 관련하여 롤즈는 베이츠의 전 지구적 평등주의 이론을 비판한다. 베이츠는 롤즈의 정의의 두 원칙 가운데 차등의 원칙(difference prin-ciple)을 원용하여 국제적인 차원에서도 자원과 부의 이동을 요구하는 지구적 분배의 정의(global distribution justice)를 천명한다.[11] 그러나 롤즈는 차등의 원리는 국내적인 차원에서만 적용될 수 있을 뿐이며, 국제적인 관계에서는 단지 제한된 원조의무로 족하며 그 이상은 실행되기 어렵다고 말한다(『만민법』, 184).

## 3. 맺음말

본론에서 살펴본 롤즈의 평화공존의 사상은 그의 만민법의 원칙들에 의해 정리될 수 있다.

① 만민은 자유롭고 독립적인 존재이다. 이들의 자유와 독립성은 다른 국민에 의해 존중되어야 한다.
② 만민은 조약과 약속을 준수해야 한다.
③ 만민은 평등하며 자신들을 구속하는 약정에 대한 당사자가 된다.
④ 만민은 불간섭의 의무를 준수해야 한다.
⑤ 만민은 자기 방어의 권리를 갖는다. 그러나 자기 방어 이외의 이유로

11 이에 관해서는 이 글의 각주 6 참조.

전쟁을 일으킬 수 있는 권리를 가지지 못한다.

⑥ 만민은 인권을 존중해야 한다.

⑦ 만민은 전쟁 수행에서 특별히 규정된 제약 사항들을 준수해야 한다.

⑧ 만민은 정의롭거나 적정수준의 정치 및 사회 체제의 유지를 저해하는 불리한 조건하에 살고 있는 다른 국민을 도와줄 의무가 있다.

롤즈의 만민법의 규범원리들은 기존의 국제법의 원칙들 그리고 현실의 국제관계의 규범적 요청과 크게 다르지 않다. 롤즈는 자신의 이론은 '현실적 유토피아'라고 부른다. 롤즈는 평범한 듯이 보이는 위와 같은 만민법의 원칙들을 다시 한 번 우리 국제관계에서 확립해야 하는 시급한 과제로서 제시하고 있다.

거듭 말하지만 롤즈의 이론은 서구 자유주의 중심의 현실의 국제법 질서를 합리화하는 이론으로 치부될 수 없다. 그것은 그가 왜 국가들(states)이 아니라 만민(peoples)이라는 용어를 쓰는가에서도 알 수 있다.[12] 롤즈는 현실의 국가와 평화공존의 국제관계의 구성원으로서의 이상적 나라를 구분한다. 롤즈는 투키디데스 이래로 제기된 현실주의 국제정치론을 결코 가볍게 취급하지 않는다.

세계정치의 특징은 여전히 세계적 무정부 상황에서 힘, 명성, 국부를 추구하는 국가 간의 투쟁으로 이해하고 있다. 롤즈는 그러한 상황에서 벗어나기 위해 우리 국가들이 만민의 수준으로 승화될 것을 요청한다. 국가와 만민은 큰 차이가 있다. 국가가 자신의 목표에 의해서 움직이고

---

12 이에 관해서는 이 글의 각주 1 참조.

다른 사회와의 문제를 해결하는 데에 있어 상호 간의 기준을 무시한다면, 그리고 국가의 힘에 대한 관심이 지배적이라면, 즉 국가의 이익이 다른 사회를 자신의 국가종교로 개종시키는 것, 국가의 통치영역을 확장하고 영토를 획득하는 것, 왕조나 제국 또는 민족의 영예와 권위를 추구하는 것, 국가의 상대적 경제력을 강화하는 것을 포함한다면 그 국가는 만민의 수준에 한참 못 미치는 것이다. 이러한 이익들은 국가로 하여금 타 국가 및 국민들과 불화관계로 몰아넣는 경향이 있으며, 타 국가가 팽창주의적인가와 관계없이 이들 국가의 안전과 안보를 위협하는 경향이 있다. 이런 배경적 상황들은 또한 패권전쟁을 유발할 위험이 있다. 그런 국가들과 달리 합당한 만민 자신의 기본적 이익을 국제적 평화공존을 위해 제한한다는 점에 그 특징이 있다.

롤즈의 만민법에는 인류 역사에서 저질러진 크나큰 죄악들에 대한 반성과 고민이 담겨 있다. 롤즈는 부당한 전쟁과 압제, 종교적 박해와 양심의 자유에 대한 거부, 기아와 가난, 그리고 인종 말살 및 대량 학살의 비참한 역사를 떠올리며 만민법을 저술한 것이며, 그 결과로서 평화공존의 자유주의[13]적 국제질서를 제시한 것이라고 할 수 있다(『만민법』, 서문 18). 롤즈는 그의 전 생애를 공정한 협력체계로서의 사회를 구성하

---

13 이 자유주의는 롤즈의 『정치적 자유주의』에서 나오는 자유주의이다. 즉, 포괄적 교리로서의 자유주의가 아니라 정치적 자유주의인 것이다. 이 자유주의는 오직 정치적 영역에서만 입헌적 자유주의의 원리를 말할 뿐 구성원들을 자유주의자로 개종할 의도를 갖지 않는다. 공정한 협력체계로서의 사회를 유지하기 위해 사적인 이익과 이념에 의해 침해당해서는 안 되는 입헌적 원칙들을 말하는 것일 뿐, 합리적이고 자유롭고 평등한 개인이라는 전제에서 나오는 개인주의적 정치체제와는 다른 것이다.

는 원리를 숙고하는 데 바쳤다. 그의 『만민법』은 『사회정의론』과 『정치적 자유주의』에 이어 그러한 그의 역정의 완결이라고 할 수 있다. 앞의 두 저서가 일국적 차원에서 자유적 세계가 어떻게 가능할 수 있는지 보여주고자 했다면, 『만민법』은 세계적 차원에서 자유적 그리고 적정 수준의 만민의 세계적 사회가 어떻게 가능한지에 관해 보여주었다.

# 제 6 장

# 정전론과 월저의 이론

## 1. 머리말

현재 미국이 진행 중인 이라크와의 전쟁은 흔히 새로운 국제질서를 낳을 것이라고 한다. 그러나 그 새로운 국제질서란 말은 희망이 아니라 불길한 예감을 갖게 한다. 자국의 안전을 위협하는 '불량국가들(rogue states)'[1]을 그대로 둘 수 없다는 부시 미 대통령의 논리, 즉 이른바 선제 방어전쟁(preemptive war 혹은 preemptive strikes)의 논리야말로 초강대국의 패권 유지를 위한 불한당의 논리와 다름이 없어 보인다.[2] 제2차 세계

---

1 이른바 부시 독트린에 따라 미국이 선제 핵공격을 배제하지 않는 '불량국가'로서 지목된 나라는 이라크, 이란, 북한, 시리아, 쿠바, 리비아, 수단의 일곱 국가이다. 한편 부시 미 대통령은 이라크, 이란 그리고 북한을 특정하여 악의 축(axis of evil)으로 규정하기도 했다.

2 미국의 패권적 군사주의의 위험성을 지적하는 책은 많다. 예컨대 촘스키(2001)를 참조할 수 있다.

대전이 자유의 승리를 확인해주고 냉전체제까지 해체되어, 이제 인류는 전쟁으로부터 해방될 수 있을 것으로 기대되었지만, 그 기대는 환멸로 바뀌는 것 같다. 오히려 21세기는 전쟁의 세기가 될지 모른다는 두려움이 번지고 있다.

20세기 정전론(正戰論, the theory of just war)의 대표자인 월저(Michael Walzer)는 과연 작금의 사태를 어떻게 보고 있을까?[3] 우리는 과연 월저의 이론에서 광포한 전쟁의 파노라마를 막을 수 있는 어떤 이론적 힘을 얻을 수 있을까? 공교롭게도 월저의 전쟁론 가운데는 선제 방어전쟁론에 관한 유력한 논의가 포함되어 있으며, 부시 정부의 대이라크전 정당화 논리도 그와 비슷하다. 그러면 과연 미국의 전쟁은 월저의 이론에 의해 탄력을 받게 될까 아니면 탄핵을 받게 될까?

이 글은 위와 같은 문제의식하에 월저의 정전론 가운데 이른바 선제 방어전쟁론의 문제에 집중하려고 한다. 월저의 정전론은 매우 광범위한 주제들에 걸쳐 있는 것으로, 선제 방어전쟁론은 단지 일부분에 지나지 않는다. 하지만 그에 대한 이해는 월저의 정전론 전체에 대한 이해를 가능케 하며, 또 현대 국제정세의 이해를 위해 상당한 중요성을 지닌다.

---

3 월저의 대표작인 *Just and Unjust Wars* (2000)는 전쟁과 평화의 윤리에 관한 현대의 고전으로 평가된다. 월저는 우리 법철학계에서 정의론으로 잘 알려져 있으며(월저, 1999), 보통 공동체주의적 관점에서 평가되고 있다(김정오, 2000: 71~100 참조). 그러나 월저의 관심영역은 광범위하며 박정순에 따르면 그는 "천의 얼굴을 한 영웅"으로 표현된다. 월저 자신의 성격규정에 따르면 월저는 '미국 좌파 자유주의' 혹은 '사회민주주의'라고 할 수 있다(월저, 2001: 239). 첨가하자면 월저는 스스로를 기본적으로 롤즈, 드워킨, 네이글 등과 같은 미국의 자유주의자들과 같은 입장이라고 하며, 반대로 매킨타이어와는 같지 않다고 한다(월저, 2001: 243~244).

먼저 일반적 이해를 도모하기 위해 정전론의 전통에서 월저의 이론의 특수성은 무엇인지 간단하게 살펴보고, 이어서 월저의 정전론의 도덕주의적 성격과 권리존중적 성격을 논했다. 다음으로 그와 같은 기본 성격에 비추어 월저의 선제 방어전쟁의 논리를 구체적으로 살펴보고, 또 비판했다. 필자의 결론은 월저의 선제 방어전쟁의 이론은 그 자신의 의도와는 다르게 중대한 결점을 내포하고 있고, 결국 월저의 선제 방어전쟁론은 근대의 국가이성에 의한 예방전쟁(preventive war)론과 같은 함정에 빠질 위험이 적지 않다는 것이다. 그리고 끝으로 그러한 관점에서 미국의 대이라크 전쟁을 볼 필요가 있다는 점을 지적해보았다.

## 2. 정전론의 전통과 월저의 정전론

정전론은 역사적으로 고대 희랍의 플라톤과 아리스토텔레스의 논의에서도 흔적을 찾을 수 있고, 더 분명하게는 고대 로마의 키케로까지 소급될 수 있으나 오늘날과 같은 모습을 갖추기 시작한 것은 아우구스티누스와 토마스 아퀴나스를 비롯한 기독교 사상가들에 의한 것이었다(김태현, 1983: 9 이하). 근대 민족국가의 절대주의의 시대에는 정전론보다는 국가이성(raison d'Etat, Staatsraison)에 의한 전쟁론이 더욱 유력한 것이었지만(Walzer, 2000: 63),[4] 정전론은 여전히 지속되어 오늘날 전쟁에

---

4 한편 그러한 이론은 근대 이전에 이미 르네상스 그리고 이후의 휴머니즘 법학에서 생긴 것으로서 홉스와 그 이후의 근대 사상은 그 연장선상에서 배양된 것이며, 또 홉스의 국제관계론은 많은 이들이 생각하듯이 국내적 자연상태론을 국제적으로 확

관한 국제법의 기초를 닦는 데에 기여했다.

정전론은 내용적으로 전쟁 개시의 정당성(jus ad bellum), 전쟁 수행의 정당성(jus in bello), 전쟁 종결의 정당성(jus post bellum)으로 구성된다고 할 수 있다. 그에 맞추어 월저의 정전론의 개요를 간단하게 언급해본다.

첫째, 전쟁 개시의 정당성은 보통 많게는 여섯 가지를 들 수 있다. 정당한 이유, 정당한 의도, 합법적 권위에 의한 공개적 포고, 최후수단성, 성공가능성, 비례성이 그것이다(Orend, 2000: 87).[5] 월저는 대체로 그러한 요건들을 수용하지만, 공개적 포고의 요건과 정당한 의도 및 비례성의 부분은 거의 다루고 있지 않다. 또한 최후수단성에 대해서도 상당히 유보적이며, 그것이 그의 선제 방어전쟁론의 한 특성을 이룬다. 이 부분은 후술하기로 한다.

---

장한 것이 아니라 거꾸로 국제관계의 무정부성에서 홉스의 자연권 사상의 착상이 얻어진 것이라는 흥미로운 주장에 대해서는 Tuck(2001) 참조.

5 전쟁 개시의 정당성 요건들을 자세하게 설명하면 다음과 같다. ① 정당한 이유: 이는 공격에 대한 방어, 무고한 생명들의 보호, 불법행위에 대한 징벌을 뜻한다. 비토리아(Vitoria)는 그것을 그릇된 침해(a wrong received)라는 범주로 포괄한다. ② 정당한 의도: 이는 위에서 말한 정당한 이유가 바로 전쟁의 목적이 되어야 한다는 것이다. 다른 의도를 가지고 명분만 정당한 이유로 내세우는 것은 허용되지 않는다. 종교도덕적인 엄격성이 반영된 것으로 볼 수 있다. ③ 정당한 권위와 공개적 선언: 적정한 권위에 의한 적절한 절차를 통해 자국의 시민들 및 적국에 대한 공개적 선언으로 수행되어야 한다. 이는 중세의 제후 혹은 귀족가문들 간의 사투(私鬪, Fehde)를 제어하는 차원에서 이해된다. ④ 최후의 수단: 전쟁은 평화적 해결책이 더 이상 존재하지 않을 경우 전쟁은 허용될 따름이다. ⑤ 성공의 가능성: 전쟁으로 유효한 결과를 보장받을 수 있을 때에만 허용된다. 실패하는 전쟁은 무고한 희생만 낳을 것이라는 우려 때문이다. ⑥ 비례성: 전쟁으로 야기될 피해가 전쟁 수행으로 얻어질 목적보다 크다면 전쟁은 허용되지 않는다.

한편 월저가 전쟁 개시의 정당성에서 특히 강조하는 것은 정당한 이유(just cause)에 관한 것인데, 그것은 바로 침략(aggression)에 대한 방어이다. 월저는 정당한 전쟁이란 침략에 대한 방어전쟁이며, 방어야말로 유일하게 정당한 이유가 된다고도 한다. 그의 선제 방어전쟁론도 설사 적대국의 위협행위가 구체적인 침략이 아니라고 해도 그것이 일정 상황에서는 벌써 침략이라고 볼 수 있다는 논리에 서 있다. 이 부분도 아래에서 더 상세히 논하게 될 것이다.

둘째, 전쟁 수행에서의 정당성은 이른바 오늘날 국제인도법으로 구체화된 영역인데, 보통 적 전투원의 처우, 민간인 처우, 무기 사용의 제한의 규범으로 나누어볼 수 있다. 이는 이른바 19세기 말 독일학자들의 '전쟁이성(Kriegsraison)'을 배척하는 것이다(김대순, 2002: 957). 그에 대해 월저는 무고한 시민들은 무력행사의 대상이 되어서는 안 되며, 구체적인 타격 계획에서 이익과 피해에 대한 합당한 비례성이 있어야 하며, 인류의 양심을 유린하는 무기나 방법은 사용되어서는 안 됨을 강조하고 있다. 월저의 논의 가운데 많은 주목을 받은 것 중 하나가 바로 '극도의 비상상황(supreme emergency)'의 이론이다(Walzer, 2000: 251 이하). 즉, 국가공동체의 생존이 위협받게 되는 결정적인 위험에 봉착하게 되면 생존의 권리를 위해서 전쟁 수행 중의 규범에 구속받지 않고 비상한 수단을 택할 권리가 있다는 것이다.[6]

---

6 흥미로운 것은 롤즈의 국제정의론인 『만민법(The Law of Peoples)』이 월저의 논의에 의존하는 바가 크다는 점이다. 이 극도의 비상상황에서의 면책론도 월저의 개념을 그대로 가져온다. 다만 롤즈의 논의에서는 일국의 이해관계보다 국제적인 규범질서의 존속이라는 면이 좀 더 부각되고 있다고 볼 수 있겠다(Rawls, 1999: 98~99).

셋째, 전쟁 종결에서의 정당성의 문제이다. 이 문제는 정전론의 많은 학자들이 경시하는 부분이다. 월저는 그 중요성을 무시하지 않고 있지만, 앞의 두 부분에 비해 부족하고 모호한 부분이 많다고 평가된다 (Orend, 2000: 6). 사실 전쟁 종결의 문제는 강화조약, 전쟁범죄의 사법처리, 무장해제, 복구 등 복잡하고도 다양한 층위의 여러 과제들이 혼재해 있어 정전론의 범위를 넘어서는 부분이 많다.

이 글이 주제로 삼는 선제 방어전쟁론은 그 가운데 첫 번째 전쟁 개시의 정당성에 관한 이론에 속한다. 월저의 정전론의 주요한 특징 가운데 하나는 전쟁 개시의 정당성의 범위를 고전적인 정전론보다 확대시켰다는 데에 있다. 물론 월저는 소위 법리주의적(legalist) 패러다임이라고 하여 고전적인 정전론과 유사하게 기본적으로 침략에 대한 방어만이 정당한 전쟁이라는 데에서 출발한다. 그러나 월저는 그에 머무르지 않고, 법리주의적 패러다임을 수정하여 방어전쟁에 대한 통상적인 인식과 다른 몇 가지 새로운 정전(正戰)의 유형을 제시한다.

그 첫째가 바로 선제 방어전쟁(preemtive war, preemptive strikes, legitimate anticipation)이고, 둘째는 개입의 전쟁(intervention)이다. 그리고 개입의 전쟁은 다시 세 가지로 구분되는데, 하나는 내전에서 소수민족의 자치권의 옹호이고, 둘째는 강대국에 의한 개입에 맞서는 역개입이며, 셋째는 극심한 인권적 재앙을 구제하기 위한 인도적 개입(humanitarian intervention)이다.

이러한 월저의 논의는 현대 국제관계론에서 거의 교과서적인 이론으로 평가받고 있다. 월저의 수정론은 그의 인권 중심의 도덕주의적 입장을 보여주며, 보편적 인권 개념에 기한 주권의 부분적 제한이라고 하는 현대 국제법의 추세와 맞물려 있는 것으로 볼 수 있다. 이하에서 선제

방어전쟁론을 보기 전에 먼저 개입의 전쟁론에 대해 간단히 언급한다.[7]

첫째, 탄압받는 분리운동에 대한 지원을 위한 개입이다. 다민족국가에서 중앙권력에 항거하는 민족적·정치적 분리운동을 중앙권력이 무력으로 탄압할 경우가 그에 해당한다. 그러나 그것이 개입의 요건에 해당하기 위해서는 소수민족이 독자적인 정치적 공동체의 구성을 위한 진지한 능력과 노력을 보여야 하고 그리하여 외부의 무력적 간섭이 헛수고가 아님을 증명해야 한다. 이를테면 대표성, 정당성, 미래의 독립을 위한 헌신적 투자 등을 실증해보여야 한다. 그리하여 종종 국제법적으로 '교전권'을 인정받을 수 있는 수준에 이르는 경우가 많을 것이라고 한다.

둘째는 역(逆)개입의 경우이다. 이는 대체로 내전의 상황에서 나오는 것인데, 내전의 한 당사자에 대한 강대국의 부당한 간섭에 맞서서 다른 당사자를 지지해주는 것이다. 내전의 승리를 목표로 하는 것이 아니라 진실한 자기결정권을 행사할 수 있도록 해주는 것이 목적이다. 즉, 외부의 간섭 없이 자국의 문제를 자국의 인민들이 스스로 결정할 수 있도록 돕는 것이다. 그러나 이는 상당히 난해한 척도일 뿐이다. 어디까지가 외세의 부당한 간섭을 배격하는 일이며, 어디까지가 해당 국가의 인민의 자주권을 보호해주는 것인지 알기 어렵다. 여기서 월저는 정통성이 있는 정부라는 척도를 제시하고 있다.[8]

---

7 이에 관한 간결한 요약 설명으로 Orend(2000: 104~108); 나이(2001: 225~226) 참조.

8 월저는 베트남 전쟁을 이러한 관점에서 평가한다. 베트남 전쟁은 남베트남에 대한 북베트남의 부당한 간섭에 대해 남의 자주권을 보호해주기 위한 정당한 역간섭이라고 볼 수 없다고 한다. 그 이유는 남베트남은 정통성이 있는 정부라고 보기 어려우며, 나아가 대표성도 인정되기 어렵기 때문이라는 것이다. 부당한 정권을 위한 역간

셋째, 인도적 개입이다. 대규모(massive)의 끔찍한(terrible) 인권침해, 예컨대 광범위한 학살이나 노예화가 발생하는 경우 국제사회의 다른 구성원들은 개입할 권리와 의무가 있다고 한다. 국제주의를 강조하는 측에서는 그렇게 심각한 상황으로 가지 않더라도 인권을 존중하지 않는 체제는 응징되어 마땅하다고 볼 수 있다. 그러나 월저는 최소화된 인권 개념을 제시하며, 국가의 자기결정권과 공동체의 자율성의 가치도 감안해야 한다고 주장한다. 월저는 전쟁에 의하지 않는 간섭은 광범위하게 허용하되 전쟁에 의한 간섭은 예외적인 경우에만 국한하고자 한다.[9]

## 3. 월저의 정전론의 사상적 기초

### 1) 현실주의와 평화주의를 넘어서

정전론의 기본 원리는 모든 전쟁이 허용될 수는 없지만, 그렇다고 모든 전쟁이 다 부당한 것은 아니라는 것이다. 즉, 정전론의 이론적 위치

---

섭은 허용될 수 없으며, 그것은 침략적 간섭에 지나지 않는 것이다(Walzer, 2000: 99). 한편 월저는 한국전쟁에 대한 유엔의 참전은 이러한 역개입으로 보지 않는다. 남한 내에서 좌익 반란이 있었다고 하기 어렵고, 남한 정부는 상당한 정도의 지지를 얻고 있었다고 본다. 따라서 북한의 남침은 무단한 침략이며, 따라서 그에 대한 남한과 국제사회의 응전은 상식적인 정당한 방어전쟁의 범주에 들어간다는 것이다.

9 월저는 제3판의 서문에서 이 문제에 대해 더욱 천착하고 있다. 특히 유엔의 이름으로 하지 않는 일방적인 인도적 개입의 정당화에 대한 설명이 추가되었다(Walzer, 2000: xiii~xvi).

는 전쟁을 정치의 연장이자 정상적인 수단으로 이해하는 현실주의(real-ism)와 인간의 존엄과 의무에 비추어 전쟁을 본질적으로 부정하는 평화주의(pacifism)의 중간에 있다. 월저의 정전론 그리고 그의 선제 방어전쟁론도 그러한 맥락에 놓여 있다고 할 수 있다. 물론 월저는 전쟁에 관한 일반론을 전개하지는 않는다(Walzer, 2000: xiii~xvi). 월저는 사례해결식(casuistic) 접근을 택한다. 그러나 월저에게 기본적인 전쟁론이 없는 것은 아니다. 월저의 저작은 바로 현실주의에 대한 비판으로 시작하고, 또 평화주의를 반박하는 후기(後記)로서 끝난다. 이 글은 월저의 전쟁론 자체에 대한 해명이 목적은 아니지만, 그의 선제 방어전쟁론의 이해를 위해서 월저의 전쟁론의 기초에 대해 언급하지 않을 수 없다.

주지하듯이 정전론의 역사 못지않게 현실주의적 전쟁관도 인류의 정신사에서 유구한 전통을 가지고 있다. 현실주의는 일의적으로 규정되기 어렵다. 월저가 중요하게 거론하고 있듯이 투키디데스가 제기한 아테네 제국주의의 전쟁관이 현실주의의 전형으로 꼽히지만, 그 외에도 '영광(glory)'을 위한 전쟁이라는 키케로의 전쟁개념도 또 다른 현실주의의 측면을 보여준다. 르네상스의 마키아벨리즘, 이후 젠틸리와 같은 휴머니즘과 홉스와 같은 전쟁관은 자기보존이라는 자연권에 기초한 현실주의라고 할 수 있다(Tuck, 2001: 16~17). 나아가 전쟁을 '세계사의 법정'이라고 한 헤겔의 전쟁관이나 적과 동지의 구분이라는 실존적인 범주로서 정치를 이해하는 슈미트의 전쟁관도 현실주의의 범주에 넣을 수 있다.[10]

---

10 한편 오렌드는 기술적(descriptive) 현실주의와 규정적(prescriptive) 현실주의를 구분하면서 전자에 대한 월저의 비판은 충분한 설득력이 있으나 후자의 경우에는 그렇지 못함을 지적하고 있다. 오렌드에 따르면 규정적 현실주의는 합리적 선택론에

이렇게 다종다기한 현실주의적 전쟁관을 하나로 묶을 수 있는 것은 무엇일까? 그것은 아마도 정전론의 규범적 기본 전제, 즉 '전쟁의 양 당사자 모두 정당할 수는 없다'는 전제에 대한 거부일 것이다. 현실주의적 전쟁론은 전쟁의 양 당사자 모두 정당한 것으로 보거나 혹은 정당성이라는 도덕적 판단을 아예 배제하는 차원에서 공통성이 있으며, 그 점에서 정전론과 대립을 보이는 것이다.

여기서 월저의 우선적인 비판의 대상이 된 것은 도덕적 판단을 배제하는 현실주의이다. 월저에 따르면 이러한 현실주의는 일반인들의 도덕적 상식에 반하는 비실제적인 이론이다. 또한 이 현실주의에서 강조하는 필연성이라는 것은 인간의 의지적 결정과정을 도외시하는 위장된 것에 불과하다. 투키디데스가 전하는 바와 같은 '정복의 필연성'이란 전쟁을 감행하기로 한 민회의 결정이라는 선택의 과정을 호도하는 것에 불과하다는 것이다(Walzer, 2000: 9).

전쟁은 인간의 의지의 산물이며, 의지적 결정에 도덕적 판단이 없을 수 없다[11] 투키디데스와 같은 현실주의자가 말하는 전쟁의 불가피성이

---

기초한 것으로서, 월저의 정전론과 유사한 결과를 얻을 수 있을 것이라고 본다(Orend, 2000: 67).

11 이는 현대 고전적 현실주의자로 불리는 저명한 역사학자 E. H. 카(Carr)의 입장과 같다. "철저한 현실주의가 있을 수 없는 가장 큰 이유는 목적론적이고 의식적인 행동의 근거를 부정하기 때문이다"(카, 2000: 120). 카는 비록 현실주의자로 불리지만, 그는 다만 이상주의가 평화를 보장하지는 못한다는 점에서 현실적 세력균형의 필요성을 강조할 따름이지, 국제관계에서 도덕적 중요성을 무시하는 것은 결코 아니다. 카는 "국제도덕질서도 궁극에는 패권적 힘에 의존할 수밖에 없다"고 하면서도, "못 가진 자들의 복종"과 "가진 자들의 희생"의 교환을 요구한다. 또한 "독일인들이 도덕적으로 우월하다든가 미국의 원칙이 인류의 원칙이라든가 영국의 안보가 세계

라는 것은 사후적인 판단에 지나지 않는 것이고, 그 이전에 정치적 검토와 판단이 항상 선행한다고 비판한다(Walzer, 2000: 8). 전쟁은 역사적·사회적 조건에 의해 필연적으로 발생하는 것이 아니라, 전쟁 자체가 하나의 사회적 산물이며, 전쟁이냐 아니냐는 인간의 결정에 달려 있다는 것이다(Walzer, 2000: 24).

마찬가지로 월저는 홉스적 국제관계론에 따른 18~19세기에 일반적으로 수용되었던 전쟁론, 즉 전쟁권은 주권 국가들의 본래적 특권이며, 일국의 법률적 혹은 개인의 도덕적 판단의 대상이 아니라는 국가이성적 현실주의를 거부한다(Walzer, 2000: 63). 월저는 앞의 필연성을 내세우는 현실주의에 대한 비판과 마찬가지로 이러한 국가이성적 이론도 또한 전쟁을 개개인의 도덕적 삶과 분리하려는 비상식적 생각이라고 했다. "전쟁은 언제나 보통 사람들과 공공의 여론에 있어서 도덕적 의미를 띠고 있다. 정당성을 가지고 취해진 것이라면 충분한 승인이 있어야 하고, 정당성이 없이 감행된 것이라면 단죄되어야 한다"라고 했다(Walzer, 2000: 63).[12]

월저는 오히려 대중들의 의견에서야말로 참으로 전쟁의 구체적 현실과 죽고 죽이는 것에 대한 도덕적 의미가 나타난다고 본다. 이 전쟁을

의 최고이익이기 때문에 자국의 입장에서는 희생할 필요가 없다는 식의 주장이야말로 국제도덕에 가장 해로운 것"이라고 단언한다(Carr, 2000: 203).

12 월저는 아울러 "여론은 정치적 관계와 사건들에 대해 너무 지나치게 시민법과 일반 사람들의 통상적 관계들의 관점에서 고려한다. …… 그것은 정치적 문제에 대한 완전한 인식의 결여를 보여주는 것이다"라는 비스마르크의 말을 되받아 그러한 대중들의 인식이야말로 정치적 문제에 대한 깊은 이해를 보여주는 것이라고 말한다(Walzer, 2000: 63~64).

지지할 것인가, 전쟁에 참여해 싸울 것인가 말 것인가 하는 의문이 일반 인들의 생각이며, 그것보다 전쟁의 진실을 더 잘 말해주는 것은 없다는 것이다. 월저는 전쟁이 생명이 없는 객체들, 예컨대 장기판의 졸들이 아 니라 살아 있는 인간으로 이루어지는 이상 도덕적 삶과 유리될 수는 없 다고 본다(Walzer, 2000: 64). 도덕성에 관한 판단은 전쟁의 문제에서 회 피할 수 없는 범주(unavoidable category)라고 한다. '전쟁은 모든 것을 허 용한다'는 항간의 속설은 현실주의의 사상을 입증하는 것이 아니라, 전 쟁참여자들에 대한 도덕적 변호를 위한 규범적 발언일 따름이라고 한다 (Walzer, 2000: 4).

이처럼 월저는 전쟁을 정책의 한 수단으로 편의적으로 생각하는 정 치가들의 입장에 대해 전쟁에서 바로 생명의 위협을 받고 또 목숨을 걸 고 참전하게 되는 일반인들의 입장을 내세우며 전쟁에 대한 도덕주의적 관점을 견지한다. 그러나 월저가 전쟁에 대한 이상적 도덕주의라고 할 수 있는 평화주의에 대해 찬성하는 것은 아니다. 그것은 지나치게 이상 적이기 때문에 오히려 일반인들의 도덕감과 맞지 않는다.

평화주의 역시 유구한 전통으로 전개되어왔으며, 다양한 유형을 보 이고 있다. 무엇보다 초기 기독교적 전통에 기초한 평화주의를 들 수 있 다. 그러한 전통은 전쟁만이 아니라 모든 폭력을 거부하는 것으로 퀘이 커 교도와 톨스토이의 무저항주의로 이어지고 있다.[13] 현대의 유력한 평 화주의는 간디의 비폭력 저항주의에서 역사적으로 실증된 바 있다. 다 른 한편 갈등에 의한 평화학은 폭력의 거부라는 소극적인 개념을 탈피

---

13 평화주의에 대해서는 박종화(1992: 87~126) 및 황필호(1992: 157~206) 참조.

하여 문화적 폭력까지 배제하려는 적극적인 평화를 지향한다(갈퉁, 2000).

이러한 평화주의가 정전론과 대비해 공통점을 갖는 것은 바로 부당한 침략에 대해서도 폭력적 대응은 불허한다는 것이다. 저항에 대한 입장 차이는 있을지 몰라도 어떠한 경우에도 폭력의 행사는 인간의 권리로 승인될 수 없다는 것이다.

월저가 고려하는 평화주의는 간디의 경우와 같이 침략자를 물리칠수 있는 가능성을 전제로 하는 비폭력 저항주의이다. 그러나 월저는 그것의 실효성에 납득하지 않는다. 간디와 킹 목사의 비폭력 저항주의가 성공할 수 있었던 것은 영국과 미국의 체제가 그것을 인정할 수 있을 만큼 도덕적인 기초가 있었기 때문이라는 것이다. 만약에 히틀러의 나치체제였다면 성공할 수 없었을 것이다. 비폭력 저항주의는 상대방이 민간인에 대한 전쟁규범을 지킬 것을 요구하는 도덕성에 호소하는 것으로서, 만약 사악한 상대방이 그에 대해 전혀 개의치 않는다면 결국 실패하고 말 것이라고 본다(Walzer, 2000: 332). 나아가 비폭력이란 극단적인 경우에는 오히려 자기 자신에 대한 폭력으로 귀결될 뿐이라고 비판한다 (Walzer, 2000: 332).

그러나 단지 실패할 수밖에 없다는 이유만으로 평화주의를 거부한다면 그것은 실천적인 지혜는 될지언정 철학적 논변이라고 하기 어려울 것이다.[14] 실패할 수밖에 없다고 해도 권리임을 부인할 수 없거나, 설사

---

14 칸트의 표현을 빌자면 이는 '정치적 도덕주의'에 불과하지 '도덕주의적 정치'에서 취할 바는 못 되는 것이다. 즉, 그러한 논변은 월저의 도덕주의적 정전론의 논거로서는 맞지 않는 면이 있다. 칸트의 설명은 칸트(1988: 183 이하) 참조.

성공하더라도 전쟁의 권리로서 인정될 수 없는 경우가 있을 수 있기 때문이다.

그래서 좀 더 중요한 논거로는, 비록 월저가 짧게 언급하는 데에 그치고 말았지만 비폭력 저항운동은 논리적으로 정전론을 내포한다는 점이다. 즉, 비폭력 저항운동은 적에게 전쟁법규의 준수를 요구하는 차원에서 이해될 수 있는데, 그렇다면 그것은 전쟁 자체를 전쟁법에 묶어두는 것도 당연히 요구할 수 있다는 것이다. 평화는 전쟁에 저항하기 이전에 전쟁을 억제하는 데에서 시작해야 한다는 것이다. 요컨대 비폭력 저항운동이 인간에게 요청되는 도덕적 권리라면 동시에 부당한 전쟁에 대한 저항도 또한 인간에게 주어지는 도덕적 권리라고 보는 것이다(Walzer, 2000: 334).

굳이 정의하자면, 월저의 전쟁론은 현실의 힘에 맞서는 도덕주의이되, 평화주의와 같은 근원적 도덕주의가 아니라 온건한 도덕주의라고 말할 수 있다. 현실주의에서는 정당한 전쟁에 대한 규범적 척도가 상실되므로 도덕의 요청에 반하고, 평화주의에서는 전쟁의 권리가 부인됨으로써 합당한 도덕적 요청의 한도를 넘어선다는 뜻으로 이해될 수 있을 것이다.


### 2) 공리주의를 넘어서

이처럼 월저의 정전론은 도덕주의에 기초한 것인데, 정전론의 근거가 되는 도덕 자체에 대해 이견이 있을 수 있다. 윤리학의 전통적 구분인 목적론적 윤리(teleological ethics)와 의무론적 윤리(deontological ethics)의 차이가 그것이다. 월저는 여기서 후자의 입장을 취하며 전자의 대표라고 할 수 있는 공리주의에 대해 반대한다.

물론 공리주의의 전통도 오래된 것이며, 그 유형도 다양하다. 공리주의는 벤담에서 밀 그리고 시즈위크로 계승되며 오늘날까지 유력한 윤리론으로 남아 있다. 그리고 내용적으로 행위공리주의, 규칙공리주의 등 다양한 형태로 구분해볼 수 있다.[15]

어떤 형태의 공리주의이든 그것은 전쟁의 정당성, 즉 전쟁의 권리 그리고 침략에 대한 저항의 권리를 공리적 계산에서 근거하여 구한다는 점에서는 공통적이다. 즉, 여기서는 권리(right)보다 공리(utility)가 더 근본적인 범주이다. 그러나 월저의 정전론은 그에 반대한다. 월저는 공리보다 권리를 우선시한다. 다시 말해 권리의 근원성을 긍정하는 것이다. 말하자면 월저는 목적론적 윤리학이 아니라 의무론적 윤리학의 전통에서 있는 것이다.

월저의 공리주의와의 주된 대결은 전쟁 수행의 정당성(jus in bello)의 문제에서 행해진다. 거기서 월저는 시즈위크의 공리주의가 통상적인 전쟁법규에 기여할 수 있음은 인정하지만, 여전히 군사적 효용에 치우칠 우려가 있으며, 결국 전쟁법규는 우리들의 도덕감에 기초하여 수긍될 수 있는 것이어야 하고, 공리는 그러한 전제하에서 고려될 사항이라는 점을 지적한다.[16] 특히 통상적인 전쟁법규를 넘어서는 지점인 이른바

---

15 공리주의의 다양한 분류에 대해서는 프랑케나(1984: 61 이하) 참조.

16 그러나 월저가 공리주의, 특히 오늘날 가장 널리 받아들여지고 형태인 규칙공리주의적 입장을 완전히 극복했는지는 의문이다(Orend, 2000: 81~84 참조). 현대 규칙공리주의의 대표자인 브란트는 전쟁법규에 대한 정당화에 관해 유력한 논의를 펼친 바 있다(Brandt, 1972: 145~165). 그에 관한 해설로는 이민수(1998: 60~70) 참조.

'극도의 비상상황'에서 공리주의가 채택된다면, 그 결과는 대학살을 피할 수 없게 될 것이라고 한다.[17]

월저가 공리주의에 맞서 제시하는 기준은 인권이다. 전장에서의 인권 침해가 부인되는 까닭은 단지 그 피해에 비해 전쟁의 승리에 기여할 수 있는 효용이 미약하다는 공리주의적 차원이 아니라 인권이 그 자체로 절대적으로 보호되어야 하는 기본적 권리라는 차원에서 이해되어야 한다는 것이다(Walzer, 2000: 134). 전쟁의 규범적 척도의 핵심은 그 누구도 자신의 의사와 무관하게 전쟁의 위험에 연루되거나 생명이 희생이 되어서는 안 된다는 인권존중의 원칙이라는 것이다(Walzer, 2000: 135).

이러한 인권에 기한 전쟁론은 전쟁 개시의 정당성(jus ad bellum)에서도 적용됨은 물론이다. 이 글의 주제인 선제 방어전쟁에 관한 논의에서도 역시 월저는 공리주의적 이론과 대결한다. 월저는 바텔(Vattel) 등의 선제 방어전쟁론과 같은 세력균형을 위한 공리주의적 전쟁론의 결함들을 지적하며, 자신의 선제 방어전쟁론의 차별성을 부각하고자 노력한다. 이 부분은 뒤에서 더 자세히 다루고자 한다.

전쟁 개시의 정당성에서 공리주의와 차별을 두고자 하는 월저의 입장은 또한 이른바 유화책(appeasement)의 비판적 검토에서도 잘 나타난다. 월저는 유화책이 마땅치 않은 까닭은 그것이 전쟁억지라는 목적에 도움이 되지 않는다는 공리적인 차원에 있는 것이 아니라 압력과 부정의에 굴복할 수는 없다는, 즉 부당한 권리 침해를 그대로 수용할 수 없

---

17 월저는 일본 원폭투하에 관한 당시 정치가들의 논리가 공리주의였음을 지적하고, 그것의 부당성으로부터 공리주의의 한계를 명백히 하고자 한다(Walzer, 2000: 263~268).

다는 도덕적 감수성에 따른 것이라고 본다(Walzer, 2000: 67).

월저는 인간 공통의 가치는 투쟁을 통해 확인되고 강화된다고 본다. 유화책은 설사 그것이 실질적으로 더 영리한 처사가 될지라도 인간 공동의 가치들을 약화시키고 우리를 초라하게 만든다고 한다. 이른바 유화책의 대표적인 실패작인 '뮌헨회담'은 물론이고 핀란드와 러시아의 전쟁에서도 월저는 공리주의에 근거한 유화책의 한계가 잘 드러난다고 지적한다.[18] 월저는 물론 유화책의 현실성을 부인하지는 않는다. 그러나 핀란드 전쟁의 예에서 보듯이 다른 입장도 실제를 반영하고 있다고 한다. 즉, '권리'는 실제적인 것이라고 한다. 사람은 권리를 위해 목숨을 걸 수도 있으며 그것은 설사 항상은 아닐지라도 정말로 가능한 일이라고 한다.

물론 월저는 유화책이 전적으로 부당한 것이라고 말하는 것은 아니다(Walzer, 2000: 72). 다만 공리주의적 논변이 피해국가의 권리의 소중함에 대해 경시할 수 있는 오류를 지적하는 것이다. 월저는 부당한 전쟁에 대한 저항이 설사 더 큰 손해를 초래할지라도 저항은 도덕적으로 요청될 수 있는 권리라고 보는 것이다.

---

18 러시아와 핀란드의 전쟁의 결과로 나온 경계선은 4개월 전 러시아로부터 제안받은 것보다 나쁜 것이었다고 한다. 즉, 수천의 핀란드인과 그보다 더 많은 수의 러시아인이 사망했으며, 수십만의 핀란드인들이 강제 이주되었다. 그러나 월저에게 더 중요한 논점은 그럼에도 불구하고 핀란드의 독립성이 지켜졌다는 사실이다. 월저는 정확한 균형에 대해 알지 못한다고 한다. 또한 가치들을 어떻게 측정할지도 모른다고 한다. 다만 핀란드 전쟁이 치를 만한 가치가 있었다고 한다면, 그것은 한 국가의 독립성은 결코 쉽게 거래의 대상이 될 수 없는 소중한 것임을 보여주는 것이라고 얘기한다(Walzer, 2000: 71).

물론 권리에 대한 계산도 완전치는 않다. 그러나 공리에 대한 계산보다는 더 안전하다. 월저가 또한 중요하게 고려하는 공리주의의 결함은 바로 계산가능성의 어려움이다. 공리주의의 계산가능성은 복잡다단하고도 변화무쌍한 여러 조건들을 모두 감안한다는 것을 전제로 하는데, 이는 인간의 이성의 범위를 넘어서는 일이며, 그것은 결국 인간의 권리를 편의에 따른 계산에 종속시키는 우를 범할 수 있다는 것이다.[19]

월저의 입장은 "인간의 권리는 지배세력에 대해 아무리 큰 희생을 대가로 치르더라도 신성한 것으로 보존되어야 한다"는 칸트의 권리존중론과 상통한다(칸트, 1988: 197).[20] 월저의 전쟁론이 공리적 고려를 무시하는 것은 아니지만 권리가 더 근본적인 범주라는 것이다. 월저는 서문에서 "공리적 계산이 고려된다고 할지라도 그것이 전체적인 논거로 수용되는 것이 아니며, 다만 권리의 논거에 보충적으로만 작용하고 또 권리에 의해 제한된 범위 내에서는 타당한 것임"을 밝히고 있다(Walzer, 2000: xxii). 이렇게 하여 우리는 월저의 정전론을 권리존중론적 이론[21]이

---

19 이는 공리주의에 대한 칸트의 비판의 중요 논거이기도 하다. "도덕의 수호신은 (권력의 수호신) 주피터에 뒤지지 않는다. 왜냐하면 주피터는 그래도 운명의 제약 아래 있기 때문이다. 즉, 그에게는 인간 행위가 가져올 좋고 나쁜 결과를 자연의 메커니즘에 따라 확실히 예언할 수 있도록 해주는 일련의 결정적 요인을 간파할 수 있을 만큼 충분한 이성의 조명이 없기 때문이다. 그러나 인간에 관한 한 의무의 궤도에 (지혜의 규칙에 따라서) 머물러 있기에 충분하도록, 그래서 최종목표에 도달하기에 충분하도록 이성은 우리를 두루 밝게 비춰주고 있다"(칸트, 1988: 181).

20 칸트의 의무론적 윤리학의 성격은 다음과 같은 말로 간명하게 요약된다. "무엇보다 순수 실천이성의 왕국과 그 정의를 추구하라. 그러면 너희는 저절로 목적(영구평화의 축복)에 도달하게 될 것이다"(칸트, 1988: 193).

21 주의할 것은 이는 윤리학의 구분인 목적론적 윤리학과 의무론적 윤리학의 구도

라고 말할 수 있다.

### 3) 정당방위론 — 법리주의(legalism)

이상에서 보았듯이 월저의 입장은 도덕주의적이며 권리존중적이다. 그가 현실주의를 거부한 것은 개인의 도덕감을 회피할 수 없는 삶의 실제로서 보았기 때문이고, 그가 평화주의를 거부한 것은 불의에 대한 저항은 개인의 도덕감에서 연유하는 정당한 권리이기 때문이며, 공리주의가 정전론의 근거가 될 수 없다고 한 까닭은 권리가 '거래'될 수 있음을 경계했기 때문이다.

도덕적 시험을 거치지 않고, 힘의 논리로서 전쟁을 설명하려 하는 것은 인간들이 가지고 있는 도덕심과 자존감을 무시하는 비실제적인 것이고, 평화주의로서 전쟁에 비폭력으로 대하라는 것은 전쟁에 저항할 수 있는 권리의 의미를 과소평가한 비실제적 이론이며, 공리주의적으로 계산하여 전쟁을 평가하는 것은 인간의 계산능력을 과신한 나머지 인간의 권리를 처분 가능한 대상으로 만들어 버릴 우려가 있는 위험한 이론이라는 것이다.

그러나 전쟁은 국가 간의 문제이고 따라서 국가에 대해 도덕성과 권

---

에서 본다면 후자에 해당한다는 점이다. 혼동될 수도 있지만 다른 명칭을 찾기 어려웠다. 권리존중적 전쟁론이라고 이름한 것은 앞서 언급하였듯이 부당한 침략으로부터 지켜야 하는, 그리고 그에 저항할 수 있는 권리의 근원성을 강조하기 위함이다. 권리의 근원성에 대한 인식은 드워킨에 의해 진지하게 검토된 바와 같다고 할 수 있겠다. 즉, 실정법규 안에 해소되지 않고, 다른 목적(정책)에 의해 침해될 수 없는 근원적 범주라는 것이다.

리를 얘기하는 것은 무슨 뜻인지 해명되어야 한다. 월저는 이를 국가의 '도덕적 자격(moral standing)'의 문제로 표현한다. 월저는 국가의 권리란 다름 아닌 국가 구성원들의 자유와 권리의 집합체라고 한다. 정치적 주권과 영토보존의 권리는 개인들의 자유와 권리로부터 나온다. 국가의 권리와 의무는 국민의 권리와 의무들에 지나지 않는다는 것이다(Walzer, 2000: 53).[22] 국가가 침략당하면, 구성원들이 침해당하는 것이다.

월저의 정전론은 권리론에 기초한 것이지만 법률실증주의적 입장이 아니라 도덕주의적 입장이다. 월저가 보호하고자 하는 권리는 실정법에 국한된 권리가 아니라 인권의 차원에서 이해된다. 월저의 정전론은 궁극적으로 모든 인류에게 소중한 기본적인 인권, 즉 좁은 범주의 인권을 지켜내는 데에 목적을 두고 있다.[23] 침탈에 대한 저항이 목숨을 걸만큼 소중한 것도 그런 까닭이다.[24] 국가의 주권은 그러한 인권의 보호막으로

22 국가의 주권과 개인의 권리의 관계에 대한 월저의 좀 더 명확한 해명은 다음과 같다. "개인의 권리는 정치적 과정과 사회적 조건에 의존함이 없이 인격과 도덕적 주체성의 이념으로부터 도출될 수도 있다. 그러나 그 권리의 시행은 또 다른 문제이다. 단지 권리의 목록을 선포하고 난 후 비로소 그것을 시행할 수 있는 무장인력을 찾게 되어서는 곤란하다. 권리는 집단적으로 승인되는 정치적 공동체 안에서만 시행될 수 있는 것이며, 그 권리들이 승인되는 과정은 정치적 장을 필요로 하는 정치적 과정이다"(Walzer, 1980: 226). 더 간결하게는 "개인들이 집을 필요로 하듯이 권리들도 영역을 필요로 한다"(Walzer, 1980: 227~228).

23 월저는 좁은 범주의(thin) 도덕과 넓은 범주의(thick) 도덕을 구분한다(Walzer, 1994). 좁은 범주의 도덕은 인류의 보편적인 인간의 기본 가치를 전제로 하는 것이며 정전론의 기준이 된다. 넓은 범주의 도덕은 각 사회 공동체의 역사와 문화의 영향을 받는 것으로서 분배적 정의의 기준이 된다(Walzer, 2000: 237). 한편 이에 대한 상세한 설명으로는 Orend(2000: 31~60) 참조.

24 월저는 개인의 권리가 자연적인지 아니면 약정으로 만들어진 것인지, 그것은

의미가 있다. 따라서 어떤 국가가 자국민의 인권을 오히려 유린하고 있다면, 그 국가의 주권과 영토는 보호받을 권리를 주장할 수 없게 된다. 인도적 개입을 필두로 한 개입의 전쟁이 침략이 아니라 정당한 전쟁이 될 수 있는 근거도 여기에 있는 것이다.

월저의 정전론의 기초는 이러한 정당방위의 개념이다. 그 개념은 국내법적으로 유추된 것이다. 이를 월저는 법리주의(legalism)라고 표현한다. 월저는 국제법 질서도 국내법적 유추에서 이해될 수 있다고 본다. 국제적으로 비록 통일적인 경찰권이 없다고 해도 전쟁관계는 기본적으로 범죄–처벌이라는 국내법적 구도에서 이해될 수 있다.[25] 월저의 침략의 개념도 또한 국내법적으로 유추된 것이다. 침략이란 독립국가의 정치적 주권과 영토의 보존에 대한 침해이며, 그에 대한 저항과 응징 곧 방어전쟁은 정당하다. 그리고 그러한 방어전쟁이야말로 정당한 전쟁의 유일한 이유가 된다.

이러한 법리주의에 따르면 국내적인 정당방위가 그렇듯이, 전쟁에 대한 도덕적·법적 판단은 필수적이다. 또 전쟁의 당사자인 두 나라 모두 정당한 경우는 없게 되며,[26] 부당한 침략에 저항하는 전쟁은 정당한 권

---

중요치 않다고 한다. 그것은 어쨌든 우리 눈앞에 있는 도덕적 특징이라는 것이다. 국가의 권리들은 단적으로 말해 개인들의 동의에 기한 권리의 집합체라는 것이다 (Walzer, 2000: 54). 주의할 것은 그 동의는 일반적인 사회계약론에서 상정되는 계약과는 성격이 다른 공동의 삶의 역사와 전통에서 우러나오는 것으로 이해된다. 월저는 자신의 방법론을 롤즈의 경제학적·심리학적 방법론과 비교해 역사적이고 인류학적이라고 표현하고 있다(Walzer, 2000: 243).

25 월저는 국제관계에 대한 홉스식의 이론은 국내적 관계를 국제관계에 유추하기보다 자연상태에서 국제관계를 유추했다는 데에 문제가 있다고 본다.

리로서 허용된다. 반복하자면, 현실주의와 평화주의가 모두 거부되는 것이다. 그런 전제하에 월저는 여섯 원칙을 제시한다.

① 독립적인 국가들로 구성된 국제사회가 있다.
② 국제사회는 구성원들의 정치적 주권과 영토 보존을 위한 권리를 설정한다.
③ 타국의 정치적 주권과 영토 보존에 무력 사용이나 시급한 무력 위협은 침략이며 범죄행위이다.
④ 침략이 있는 경우 두 가지 무력 사용이 정당화되는데, 하나는 피해국의 방어전쟁이고, 다른 하나는 피해국과 다른 구성원들의 징벌전쟁이다.
⑤ 침략 이외의 다른 이유로 인한 전쟁은 정당치 않다.
⑥ 침략국이 군사적으로 패퇴당한 경우에도 처벌된다.

그러나 이는 어디까지나 출발선이다. 월저의 정전론의 특색은 오히려 그것을 수정해가는 데에서 발견된다. 앞서 본 바와 같이 개입의 전쟁도 그렇고 이 글에서 다루고자 하는 선제 방어전쟁도 중요한 일례이다. 그러면 월저의 선제 방어전쟁의 이론을 구체적으로 살펴보기로 하자.

---

26 그러나 두 나라 모두 부당할 수는 있다. 첫째는 정의의 개념을 벗어난 전쟁, 귀족주의적인 기사들의 자발적 투쟁이 그 예인데, 월저는 이것은 인류 역사에서 드문 예에 불과하다며 논의의 대상에서 뺀다. 둘째는 마르크스가 얘기한 제국주의적 전쟁의 예이다. 이는 정복자와 희생자 간의 전쟁이 아니라 정복자와 정복자 간의 전쟁으로서 모두 부정의한 세력인 것이다(Walzer, 2000: 60).

## 4. 월저의 선제 방어전쟁론

선제 방어전쟁은 법리주의의 틀에서 벗어난다. 왜냐하면 아직 일반적 의미에서 '침략'이 발생했다고 말하기 어렵고, 따라서 정당방위의 개념으로 포섭되기 어렵기 때문이다. 선제 방어전쟁은 전통적 정전론에서는 대개 금기시되어왔다. 그리고 현재 국제법상으로도 용인되기 어렵다.[27] 그것은 오직 정당방위의 개념으로 포섭되는 방어전쟁일 때에만 정당화될 수 있다. 그에 대한 대표적인 공식이 바로 웹스터(Webster)의 공식이다.

1842년 캐롤라인호 사례에서 미 국무장관 웹스터는 선제공격이 정당화되기 위해서는 "다른 수단의 선택의 여지가 없고, 더 이상 숙고해볼 여유가 없을 정도의 급박한 상황에서의 자기방어의 경우"라고 했다 (Walzer, 2000: 74).

그러나 월저는 이에 회의적이다. 이는 반사적 행동(reflex action), 즉 마지막 순간에 주먹을 내뻗는 것과 같은 자연적인 필연성만을 얘기할 뿐,

---

27 유엔헌장 제51조에서는 "이 헌장의 어떠한 규정도 유엔 회원국에 대해 무력공격이 발생한 경우(an armed attack occurs) 안전보장이사회가 국제평화와 안전을 유지하기 위해 필요한 조치를 취할 때까지 개별적 또는 집단적 자위의 고유의 권리를 침해하지 아니한다"고 규정하고 있어, 정당방위의 전쟁은 "무력 공격이 발생한 경우"를 전제로 하고 있음을 알 수 있다. 나아가 이에 대한 해석에서 국제사법재판소는 "국제관습법에서 잘 확립된 한 개의 특별한 규칙에 의하면 무력공격에 '비례'하고 또 그것에 대응하는 데 '필요'한 조치들만 자위의 이름으로 정당화된다"고 판시하여 그 대응에 대한 요건도 엄격하게 규정하고 있다(Nicaragua v. USA, 1986: 176, 김대순, 2002: 900에서 재인용).

정당화 근거에 관한 어떤 실체를 보여주는 것은 아니라고 한다(Walzer, 2000: 75). 월저는 웹스터의 공식은 국제법 학도들에게는 선호되는 것으로 보이지만, 그 이론이 급박한 상황의 전쟁의 경험에 유용하게 적용될 것으로 믿지는 않는다고 한다(Walzer, 2000: 75). 이리하여 월저는 법리주의의 패러다임을 넘어선다. 월저는 "그 패러다임은 실제로 우리가 (합당하게) 판단하는 것보다 제한적"이라고 말한다(Walzer, 2000: 75).

즉, 월저는 웹스터의 공식을 넘어서 선제 방어전쟁의 정당성을 확보하려 한다. 그런데 그렇게 선제 방어전쟁의 범위를 넓힐 경우, 그의 권리존중적이고 도덕주의적인 입장에 반하는 결과를 낳을 수도 있다. 웹스터의 정당방위에 기초한 선제 공격론을 벗어날 경우, 그것은 자기보존을 위한 자유로운 선택으로서의 전쟁, 국가이익을 위한 정치적 팽창을 위한 전쟁, 세력균형을 복원한다는 차원에서의 전쟁과 같은 고전적인 현실주의적 전쟁론 혹은 공리주의적 예방전쟁론의 논리로 빠져들 위험이 있다.[28]

월저도 그 점을 인식하고 있다. 월저는 웹스터의 공식보다 선제공격의 범위를 넓히는 자신의 입장은 일견 공리적 예방전쟁과 유사한 것으로 생각될 수 있으며, 그러한 공리주의적 예방전쟁론과의 구별이야말로 자신의 선제적 예방전쟁론의 핵심이라고 한다(Walzer, 2000: 75).[29] 월저

---

28 키케로부터 젠틸리에 이르기까지의 선제 공격론이 갖는 국가주의적 성격에 대해서는 Tuck(2001: 18~31)에 잘 나와 있다.

29 흥미로운 것은 월저는 베이컨류의 현실주의적 선제전쟁론도 세력균형을 위한 공리주의적 관점에서 같이 이해하고 있다는 점이다. 물론 베이컨의 타국이 지나치게 강해져(overgrow) 때가 늦기 전에 선제적으로 치는 것이 '유리'하다는 차원에서 공리주의적인 요소가 없다고는 할 수 없으나, 그것은 기본적으로 자국의 보존과 이익을

는 베이컨이나 바텔(Vattel) 그리고 흄까지 근대 유럽의 일반적 전통은 세력균형을 위한 예방전쟁론이었으며, 그것은 자국의 이익만이 아니라 유럽 전체의 자유를 위한 것으로 공리주의적인 것으로 평가한다.

그 가운데 월저는 이른바 스페인 왕위계승 전쟁[30]과 관련하여 바텔의 공리적 기준을 소개한다. "한 국가가 부정의, 탐욕, 오만, 야망 혹은 전제적인 지배욕의 징조를 보인다면, 그 나라는 마땅히 경계해야 할 의심스러운 이웃이 된다. 그 나라가 위협적으로 국력을 증강(formidable augmentation of power)하는 순간 안보의 위험이 야기되며 …… 따라서 무력을 동원해서 그러한 계획을 저지하는 것은 허용된다."[31] 월저는 그 공리

---

위한 것이므로, 공리주의적이라기보다 현실주의적인 전쟁론이라고 보는 것이 옳을 것이다. 베이컨의 '정당한 공포(just fear)'에 입각한 선제공격론의 현실주의적 성격에 관해서는 Tuck(2001: 19) 참조.

30 스페인 왕위계승전쟁(1701~1713)이란 영국 주도의 연합국이 프랑스의 루이 14세의 팽창주의를 저지하기 위해 벌인 전쟁이다. 월저에 따라 전쟁의 원인을 간략하게 소개하면 다음과 같다. 프랑스의 루이 14세는 오만하며 야심만만한 군주였으며, 팽창주의를 공공연히 과시했다. 그러한 루이 14세에게 위협적인 국력의 증강의 계기가 찾아왔다. 그의 손자인 앙쥬 공에게 스페인의 왕위가 제안되었기 때문이다. 루이 14세는 앙쥬 공이 후에 프랑스 왕위의 계승은 하지 않을 것이라는 보증을 거부했다. 따라서 장차 유럽의 두 강국 프랑스와 스페인이 하나의 거대한 국가로 합쳐질 가능성이 생긴 것이다. 영국은 그에 대항하는 연합을 구성하여 유럽을 지배하려는 루이 14세의 계획을 저지하기 위해 전쟁을 선언한다.

31 Vattel(1805: 357~378), Walzer(2000: 78)에서 재인용. 주의할 것은 바텔도 영국 등의 연합국의 전쟁이 공리적으로 타당성이 없다고 보았으며, 따라서 선제 방어전쟁의 정당성의 여부에 대한 결론에서는 월저와 일치한다. 다만, 월저가 지적하는 것은 바텔의 공리주의적 논거는 일반적으로 선제 방어전쟁의 논거로 쓰일 수 없다는 것이다(Walzer, 2000: 79).

주의적 성격을 다음과 같이 요약한다.

① 세력균형이 유럽의 자유(또한 아마도 유럽의 복리)를 보존해준다.
따라서 일정한 비용을 치루더라도 그것은 지켜질 가치가 있다.
② 따라서 세력균형이 결정적으로 기울기 전에 전쟁을 하는 것이 방어
의 비용을 훨씬 줄일 수 있다. 기다린다고 전쟁은 회피될 수 없고(자
유를 포기한다면 모를까), 오히려 더 대규모의 그리고 승리가능성은
더 줄어든 전쟁을 하게 될 뿐이다.

그러나 월저가 보기에 그러한 논변은 또 다른 공리주의적 반론에 봉
착하고 만다. 즉, 국제관계의 역학관계 변동이 올 때마다 전쟁을 야기할
것이므로, "셀 수 없이 많고, 무익한 전쟁들"을 야기한다는 것이다(Wal-
zer, 2000: 77). 월저는 그로부터 한 단계 더 나아간다. 즉, 그러한 이론적
혼란은 결국 공리주의적 논리의 문제를 스스로 노출하는 것이라는 얘기
이다. 국제정치역학의 불안정성을 고려할 때, 전쟁의 감행과 억제가 낳
을 수 있는 공리적 이익들을 도저히 계산해낼 방도가 없다는 것이다. 이
미 언급한 바와 같이 공리주의의 문제는 그것이 인간의 이성의 능력을
넘는 계산가능성을 추구한다는 것에 있다.

월저에게 중요한 것은 정치적 이해득실의 셈법이 아니라 저항할 수
있는 권리이다. 월저에게 선제 방어전쟁의 정당성의 문제는 상대국의
의도에 대한 계산이 아니라 대응행위의 권리(right of response)의 문제이
다(Walzer, 2000: 79). 월저는 위협에 맞선 방어라는 도덕적 권리를 강조
하는 것이다. 그렇다면 문제는 무엇이 그러한 위협인가 하는 점이다.

월저는 그에 대한 내용적 목록을 만들 수는 없다고 한다. 다만 개략적

으로 말해 공리주의적 예방전쟁보다는 좁고, 웹스터의 정당방위적 선제공격보다 넓은 개념이 될 것이라고 한다. 즉, 목전에 닥친 공격의 순간이 아니라, 충분한 위험이 도래하는 시점에서 선제 방어전쟁이 정당화될 수 있다는 것이다. 그리하여 월저는 다음의 세 가지 척도를 제시한다. 침략의 명백한 의도, 일정 정도의 적극적 준비, 그대로 있을 경우 위험이 치명적으로 증대되는 상황이 그것이다. 월저는 이 세 가지 요건을 바텔의 공리주의적 입장과 비교하여 그 특징을 다음과 같이 부연 설명한다(Walzer, 2000: 81).

① 탐욕과 야심의 징표가 아니라 현존하는 특정한 징표가 필요
② 힘의 증대가 아니라 실제 전쟁 준비가 필요
④ 장래의 안전보장의 거부가 아니라 현재의 위험이 심화될 것이 필요

월저에 따르면, 공리주의적 예방전쟁론은 과거와 미래의 시계열을 다 고려하려는 '무리한 이론'이며, 웹스터의 공식은 자연발생적인 즉각적인 반응을 표현한 '공허한 이론'인 데 반해, 자신의 이론은 '현재의 권리'에 비추어 합당한 이론이라는 것이다.

월저는 자신의 선제 방어전쟁론에 부합할 수 있는 전쟁의 예로서 이스라엘과 아랍 간의 6일 전쟁을 들고 있다.[32] 이스라엘의 선제공격은 아

---

32 6일 전쟁은 1967년 6월 5일 이집트를 대표로 한 아랍의 군사적 위협에 대응하여 이스라엘이 전격적으로 일으킨 전쟁으로 제3차 중동전쟁이라고도 한다. 이 전쟁에서 이스라엘은 예루살렘의 구시가지, 골란 고원, 시나이 반도 등 많은 영토를 장악했다. 그 개전의 과정을 월저의 설명에 따라 간단히 소개하면 다음과 같다. 이스라엘

랍의 군사적 위협에 맞서 자국의 생존을 위한 도덕적 권리의 행사였다
는 것이다. 이로부터 월저는 선제 방어전쟁의 논리를 다음과 같이 더 간
결하게 정식화한다. 국가들은 가만히 있을 경우, 영토적 일체성과 정치
적 독립성이 심각하게 위험에 빠지게 될 전쟁의 위협에 맞서, 선제적인
공격을 할 권리가 있다는 것이다. 이 때 그 나라는 전쟁으로 내몰린 것
이며, 가해자가 아니라 피해자(victim of aggression)이다(Walzer, 2000: 85).

월저는 선제 방어전쟁이라는 난문에 대한 해법을 침략의 개념을 느
슨하게 함으로써 구하고자 했다. 적대적인 국가가 위협적인 군사적 준
비를 보일 경우 그것이 자국에게 바로 침략의 상황이 될 수도 있으며,
그 경우 그에 대한 선제적 전쟁은 자기 방어를 위한 것으로 이해될 수
있다는 것이다. 즉, 침략과 피해자의 의미를 확장해석함으로써 그 자신
의 도덕주의적이고 권리존중적인 전쟁론을 선제 방어전쟁에도 적용할
수 있었던 것이다.

물론 월저 자신도 이는 법률주의에 대한 중대한 수정이라는 점을 인

---

이 군대를 시리아 접경지역에 집결시키고 있다는 그릇된 정보가 유포되면서, 이집트
는 5월 14일 군에 최고 수준의 비상령을 내리고, 시나이 반도로 군을 이동하여 전선
을 구축했다. 나흘 후에는 유엔의 비상군에 대해 철수를 요구했다. 22일 나세르 이집
트 대통령은 이스라엘에 대해 티란 해협의 통항을 금지시켰다. 그것은 전통적으로
전쟁의 원인(casus belli)을 구성한다. 월저에 따르면 이스라엘은 이 때 이미 전쟁을
선포할 수도 있었다고 본다. 즉, 방어전쟁을 가능케 할 침략은 사실상 그 날 시작된
것이라는 뜻이다. 이어서 29일 나세르 대통령은 중대 연설에서 전쟁이 나면 그 목표
는 이스라엘을 파멸시키는 것이라고 호언했고, 30일 요르단 왕은 이집트에 날아가
전쟁 시에 자국의 군을 이집트에 배속시키는 조약을 체결했고, 시리아는 이미 그와
같은 합의를 본 바 있다. 며칠 후 이라크와도 같은 조약을 체결하게 되었다. 이스라엘
의 공격은 이라크의 선언이 있고 난 다음 날이었다.

정한다. 따라서 위험성도 수반된다. 그리하여 월저는 예방적 전쟁은 극히 예외적으로만 허용될 수 있을 것이며, 그 허용조건에 대한 입증책임은 전적으로 예방전쟁을 수행하는 측에 있다고 하여 그 폐해를 줄이고자 노력한다.

## 5. 월저의 선제 방어전쟁론의 비판적 검토

이미 언급했듯이 월저는 베이컨과 같은 '정당한 공포'에 근거를 둔 선제 방어전쟁론의 본질을 공리주의적 정전론으로 이해하고 있는데, 그 둘을 같은 것으로 볼 수 있을지는 의문이다. '공포'에 기초한 전쟁론은 자기보존의 전쟁권을 인정하는 것으로, 보편적 이익보다 일국의 이익을 중시하는 이론이다. 따라서 이는 전체 이익의 극대화를 추구하는 공리주의적 입장과 다른 결과를 낳을 수 있다. 즉, 현실주의적 전쟁론과 공리주의적 정전론은 이론적으로 구별해보아야 할 것이다.

여기서 더 중요한 문제는 월저의 선제 방어전쟁의 이론이 현실주의적 전쟁론으로 빠질 위험성이다. 정전론인 이상 그것이 공리주의적 정전론인지 권리존중론적 정전론인지는 다만 그 논거에서의 차이를 뜻할 뿐, 그로 인한 실제상의 차이는 없을 수도 있다. 하지만 만약 월저의 선제 방어전쟁이 현실주의적인 권력정치(power politics)의 덫에서 벗어나지 못했다면 이는 이론적으로도 월저 자신의 논리에 모순될 뿐더러 실제 결과에서도 국제질서의 파국을 조장하는 이론이 될 수도 있기 때문이다.

물론 월저는 자신의 선제 방어전쟁은 현실주의와 다르다는 점을 강조한다. 월저는 베이컨의 논의를 다루는 자리에서, 당시의 예방전쟁론이 말하는 '공포'란 너무 막연한 것이며, 타국의 실제 행동이나 혹은 악의적 의도의 표현 등이 고려되어야 한다는 점을 지적하고 있다. 또 월저는 신중한 지도자는 타국의 악의를 상정해야 한다고 한 베이컨에 반대하여, 상대의 의도는 판단의 대상일 뿐, 이웃의 악의를 전제할 필요는 없다고 한다. 그러한 전제는 일상적 삶의 원리와는 맞지 않고 기껏해야 부분적인 처세의 요령이라는 것이다. 요컨대 선제 방어전쟁이 정당화되기 위해서는 주관적으로 두려움을 느끼는 것(to be afraid)으로는 충분치 않고, 객관적으로 위협을 받아야 한다(be threatened)는 점을 강조한다 (Walzer, 2000: 78).

현실주의에 대한 월저의 비판은 흔히 현실주의의 원리로 이해되는 클라우제비츠의 전쟁론에 대한 비판에서도 알 수 있다. 전쟁을 정치의 연장으로 보는 클라우제비츠의 전쟁론은 전쟁을 '일상적'인 것으로 만들고, 외교로부터 전쟁으로의 이행이 뜻하는 질적 변화의 중대성을 경시하고 있다는 것이다. 즉, 죽고 죽이는 문제는 도덕심을 도외시하고는 다룰 수 없는 심각한 도덕적 문제라는 것이다. 월저는 우리의 도덕심에 의존한다. 월저는 선제 방어전쟁이 지키고자 하는 것은 결국 도덕적 안보(moral security)라고 한다. 다음과 같은 월저의 주장은 현실주의에 대한 명확한 반대라고 할 수 있다. "우리가 위협받기 전에는 싸우길 원하지 않는 것은 위협을 받을 때에 비로소 우리의 싸움이 정당해질 수 있기 때문이다"(Walzer, 2000: 80).

그러면 이로써 월저의 선제 방어전쟁론이 현실주의적 선제 공격론과 다르다는 점이 분명해졌는가? 그러나 필자가 보기에는 여전히 모호한 부분이 있다. 월저는 6일 전쟁의 설명에서 자기 방어는 현존하는 어떤 정치공동체에게도 주어지는 기본적이고 의심의 여지없는 권리라고 함으로써 '공포'에 기초한 자기보존으로서의 전쟁권이라는 현실주의적 전쟁론과 같은 맥락을 내비친다. 월저가 베이컨의 전쟁론을 공리주의적인 것으로 수용할 수 없다고 하면서도, 6일 전쟁의 상황은 베이컨의 '정당한 공포'의 개념에서 해석될 수 있다는 태도를 보인 것은 우연이 아니라고 여겨진다.

월저의 다음의 말은 아무리 보아도 군색하다(Walzer, 2000: 84). "공포 그 자체로는 선제공격의 근거가 될 수 없지만, 그 상황은 (베이컨이 말한 바와 같은) 정당한 공포에 해당하는 것으로 볼 수 있다. 이스라엘은 진짜 위험에 처해 있었으며, 그것은 나세르의 호전적 의도에서 비롯한 것이기 때문이다."

반복하건대, 전쟁의 근거로서 제시되는 '정당한 공포'란 근대 국가이성에 의한 전쟁권의 주요 논거이다. 그런데 그 논거를 취하는 순간, 방어전쟁과 공격전쟁의 경계는 모호해지고 만다. 따라서 방어전쟁이기 때문에 견지될 수 있었던 도덕적 의미가 퇴색하게 되고, 대신 개인과 국가의 자기보존이라는 홉스식의 자연권이 오히려 전면에 들어설 여지가 크다. 정전론의 목적은 자기보존의 권리의 자의성을 국제적인 규범질서로서 승화시키는 데에 있는데, '정당한 공포'에 대한 승인은 국제관계를 오히려 자기보존의 권리가 지배하는 무정부적 전쟁상태로 되돌려버리는 격이 되는 것이다.

나아가 그러한 위험성은 앞서 언급한 대로 최후수단성에 대한 월저의 지나치게 유연한 태도에서도 나타난다. 월저는 국제적 상황은 국내와 같은 치안질서가 없기 때문에 무력을 사용하는 시점은 어쩔 수 없이 국내적인 경우보다 조금 빠를 수밖에 없다고 얘기한다. 전쟁이 최후의 수단이라고 하지만 전쟁 전에 할 수 있는 조치가 무엇이며, 또 언제까지 그에 관한 시도가 계속되어야 하는지는 선험적으로(a priori) 규정될 수 없다고 한다. 월저는 어떤 선제 방어전쟁도 '최후의 순간' 행해지지 않을 것이라고 말한다. 즉, 논리적으로는 전쟁 개시 이전에 언제든지 다른 것을 할 시간이 있다는 것이다.

월저가 비록 전쟁의 최후성의 요건에 대해 부인하는 것은 아니지만, 이와 같은 월저의 논리는 '최후성'을 '적절한 시점'으로 변질시킬 가능성이 있다. 그렇게 되면 이미 언급했듯이 권리론적 정전론은 그만 공리론적 정전론으로 변질될 수 있으며, 나아가 선제적 공격의 시점이 방어의 필요를 넘어서 국익의 필요에 따라 결정될 수 있다는 현실주의적 논리로까지 갈 수 있다.

월저의 정전론의 가치는 20세기 후반 국제관계론에서 지배적인 이론이었던 현실주의를 비판하며 도덕적 권리로서의 정전론의 전통을 재확인하는 데에 있다고 평가된다. 그러나 그의 선제 방어전쟁론은 국가의 주권적 권리를 강조하는 근대 이래의 현실주의적 전쟁론을 막는 데 얼마나 유용할지 의문이다. 월저는 선제 방어전쟁이 초래할 수 있는 폐해, 즉 제국의 군사적 호전성에 대한 면죄부를 줄 수 있는 가능성에 대해 너무 가볍게 생각한 것이 아닌가 여겨진다. 지구의 다른 구석에 있는 먼 나라에 대한 제국주의적인 병합은 종종 그 지역의 사람들이 자국의 지배력과 시민들에게 해를 입힐 위험성 있다는 이유로 정당화되었다는 지적(Tuck, 2001: 18)은 재삼 음미해볼 만하다.

## 6. 맺음말 ─ 미국의 대이라크 전쟁

월저의 선제 방어전쟁론은 현실주의와 공리주의적 선제 공격론과 다르게 기획되었다는 점은 인정할 수 있다. 그러나 그것이 충분하게 성공했는지는 의문이다. 필자는 월저의 선제 방어전쟁이 정당한 전쟁의 범주에 들어가기 위해서는 웹스터의 정당방위의 공식으로 회귀하지 않을 수 없을 것으로 생각한다. 그리고 그렇게 급박한 상황이 아닌 선제 방어전쟁은 유엔헌장에서의 예처럼, 국제적 공론화를 거친 정당한 국제법의 집행으로 수행되어야 할 것이다.

엄격한 정당방위 혹은 국제관계에서 공적으로 승인된 법의 집행이라는 차원을 넘어서는 선제 방어전쟁의 논리는 위험하다. '급박한 공격의 시점(the point of imminent attack)'이 아니라 '충분한 위협의 시점(the point of sufficient threat)'을 중시하는 것은 결국 강대국들의 권력정치의 늪에서 벗어나기 어렵다. 현재 미국이 감행하고 있는 대이라크 전쟁이 바로 그 위험성을 보여준다고 할 것이다. 이러한 사정은 후세인의 체제가 부당한 독재이고 따라서 그 전복이 당위적으로 요구된다고 해도 달라지지 않는다.

비록 미국이 월저의 이론에 근거하여 전쟁의 정당성을 주장한 것은 아닐지라도, 미국이 내세우는 근거는 바로 선제 방어전쟁론이다.[33] 이는

---

33 사람들은 이번 전쟁은 미국의 자국의 이익을 위한 침략전쟁이라고 한다. 그러나 미국 자신은 그러한 현실주의적 관점의 국익을 명분으로 내세울 수는 없었을 것이다. 월저의 얘기대로 전쟁은 목숨이 걸려 있는 문제이고, 여론에서 도덕적 평가를 피할 수 없기 때문이다. 전쟁 수행 중에도 그렇고, 차후에 전쟁범죄의 평가를 생각할

전쟁 개시 48시간 전에 취해진 부시의 최후통첩 연설에서 분명하게 나타난다. 부시는 이라크 및 그와 연계된 테러리스트들의 미국과 서방에 대한 적대성과 호전성, 또 실제로 화생방의 대량살상무기(WMD)를 사용할 태세, 그리고 시간을 미룰 경우 치명적인 공격을 받아 돌이킬 수 없는 피해를 입을 위험성을 지적하면서 전쟁을 정당화했다(*New York Times*, 2003.3.17.).[34] 이는 월저의 세 가지 요건과 유사성을 보인다. 그러나 그러한 부시의 주장은 설득력이 높아 보이지 않는다.[35] 오히려 부시의 논거들은 월저의 선제 방어전쟁론이 강대국에 의해서 어떻게 오남용될 수 있는지 보여주는 좋은 예가 되는 것 같다.

─────────

때도 그렇다. 따라서 미국은 이라크의 대량살상무기를 거론하며, 선제 방어전쟁의 논리를 내세우고 있다.

[34] 물론 부시의 연설은 무력 사용에 관한 유엔헌장의 요건에도 주의를 기울인 것이다. 부시는 연설의 초반부에서 설사 새로운 유엔 결의가 이루어지지 않았다고 해도 1991년 걸프전에 관한 결의가 아직 유효하고 따라서 무력공격에 대한 유엔의 승인은 이미 존재한다고 말하고 있다.

[35] 월저 자신도 부시의 전쟁은 정당하지 않다고 본다. 즉, 그의 선제 방어전쟁론은 이번 대이라크 전쟁에 해당되지 않는다는 것이다. 월저는 경제제재, 비행금지구역 확대, 무기사찰 등 이른바 '작은 전쟁'을 촉구했었다. 그러나 흥미로운 것은 월저는 동시에 후세인의 전쟁 또한 부당하다고 얘기한다. 월저는 이 전쟁을 말리지 않겠다고 한다. 그것은 후세인이라는 인권유린의 독재체제를 연장시키는 것에 지나지 않기 때문이라는 것이다. 그렇다면 이 전쟁은 '선제 방어전쟁'이 아니라 이른바 인도적 개입의 전쟁이 되는 셈인가? 설사 인도적 개입의 경우라고 해도 이번 전쟁이 그에 관한 합당한 요건을 갖춘 것이라고 말할 수 있을지는 여전히 의문이다. 미국의 대이라크 전쟁에 대한 월저의 입장은 이율배반적이다. 이라크전에 대한 월저의 입장은 그가 편집인으로 있는 *Dissent* 최근호(http://www.dissentmagazine.org/menutest/articles/iraq/walzer.htm)를 비롯하여 여러 군데에서 표명된 바 있다. 이에 관한 상세한 논의는 다른 기회로 미루기로 한다.

물론 월저의 의도는 그와 다를 것이다. 월저의 선제 방어전쟁의 이론은 약자를 위한 논리로 개발된 것으로 보인다. 월저가 그 점을 명확하게 제시하지는 않지만, 6일 전쟁에 대한 월저의 지지에서 우리는 그 점을 간취할 수 있다. 즉, 월저의 선제 방어전쟁론은 위기에 처한 약소국에 대한 동정에서 나온 것이다. 이는 다음과 같은 표현에서도 알 수 있다. "즉각적이면서 압도적인 위협에 아직 처하지 않았다고 해도 잠재적으로 희생을 볼 수 있는 나라들에 대해 동정하게 된다"(Walzer, 2000: 75). 그러나 선제 방어전쟁론이 일반적으로 확립될 경우 그것은 약자의 이익을 위해 쓰이기보다 강자의 이익에 복무할 가능성이 높아 보인다.

이스라엘이 진정 약자라면 중동전쟁에서 승자가 되기 어려웠을 것이다. 약자를 위한 선제 방어전쟁이라 해도, 그것은 결국 '정당한 공포'라고 얘기되는 강자들의 피해의식을 호도하는 장치로 전락할 가능성이 농후하다. 참으로 약자라면 선제공격을 해도 자신을 보호하기 어렵다. 약자가 자신을 보호하기 위해서는 모두를 향해 보편적 원칙에 호소하지 않을 수 없다. 유엔 헌장은 비록 현실에서는 따라가지 못하지만 그러한 정신을 반영하는 것으로 볼 수 있다.

월저가 지적하듯이 전쟁은 지옥의 문을 연다. 전쟁의 전제(tyranny of war)는 인권의 참극이다. 문제는 그러한 비극을 예방하는 데에 모아져야 한다. 그러나 선제 방어전쟁의 요건을 더욱 완화하는 것이 그에 기여할 수 있을지는 의문이다.

## 바이마르 공화국의 법치주의 논쟁

## 1. 머리말

이 글의 문제의식은, 탄핵은 지나갔지만 법치주의의 문제는 아직 남아 있다는 데에 있다. 탄핵을 넘어온 시기는 우리 민주헌정사의 소중한 진전이었지만 민주주의 특히 법치주의의 의미가 충분히 음미되었는지는 여전히 의문이다. 정치적 승리의 영광을 얻은 측은 물론이려니와 그 반대편에서도 법치주의에 대한 성찰과 교훈을 새기기보다 정치적 기술과 완력만을 자부하거나 혹은 그 결여를 애석해함에 그치는 것은 아닌지 모르겠다.

특히 대통령의 몇몇 문제발언만을 침소봉대하고 국회 폭거의 반법치성을 외면하며 윤리적 법원칙과 국민의 일반의지를 도외시하고서 법을 단지 절차와 형식으로 치환해버린, 그리고 시민들의 건전하고도 자율적인 정치참여를 두고 대의제의 위기이니 법치주의의 훼손이니 하며 호들갑을 떤 지식인들과 언론을 떠올리지 않을 수 없다. 이러한 투철한 당파주의자들의 개종을 기대할 수는 없을 테지만 그 왜곡된 법치주의의 공세에 대한 사상적 방화벽을 제대로 건설하지 못한다면 우리의 민주헌정질서는 안심할 수 없다.

법치주의에 대한 개념규정은 다양하지만 자의의 금지, 폭력의 순화, 힘의 횡포로부터의 인권의 보호 등은 거의 공통분모라고 할 것이며, 개인의 존엄과 양심의 존중에 기초한 민주주의가 그 토대를 이룬다는 점도 대체로 수긍할 것이다. 그러나 이러한 법치주의의 이념은 무릇 소중하고 아름다운 가치들이 언제나 그렇듯이, 허위이데올로기의 왕래에 관대하며 때론 딱하게도 그에 의해 희생되기도 한다. 법치주의에 대한 확고하고도 참된 존중, 그리고 법치적 주장의 진실과 허상에 대한 명확한 준별이 없이 법치주의의 혜택만 누리려는 것은 안이한 무임승차이다. 순진한 법치주의를 성숙케 하고, 잔인한 권력주의 및 교활한 법치주의를 정죄하는 일이야말로 어쩌면 민주헌정질서의 존재방식 자체일지 모른다.

이 글은 그러한 관점에서 바이마르 말기의 3인의 법사상가인 칼 슈미트, 한스 켈젠, 헤르만 헬러의 이력과 사상을 소개하고자 한다. 이들은 민주헌정질서의 세계사적 실험이었던 바이마르 공화국의 대표적인 법사상가였으며, 나치의 전체주의로 넘어가는 바이마르 말기에 국가와 개인의 명운을 걸고 논전을 펼쳤고, 이후 서로 극명하게 엇갈리는 운명을 맞게 된 인물들이다.

## 2. 바이마르 공화국 말기의 권위주의 우파의 쿠데타

슈미트, 켈젠, 헬러의 법치주의 논란은 이론적 토론에 그치는 것이 아니라 바이마르 공화국의 생사와 연결된 재판과 관련되어 있다. 그것은 1932년 7월의 '프로이센 타격(Preussenschlag)'이라고 불리는 일종의 친위쿠데타 사건이다.

당시 바이마르 공화국에는 이미 불길한 어둠이 드리워져 있었다. 공화국의 주축이었던 사민당의 민주적 역량은 점점 감소했고, 사민당과 공산당의 분열은 심화되는 반면 나치는 크게 약진했다. 자유주의적이고 민주주의적인 문화는 호전적이고도 전체주의적인 문화에 자리를 내주었고, 패전의 피해의식과 베르사유 조약의 굴욕은 민족적 억하심정을 북돋았다. 결국 바이마르의 의회민주주의는 마비되었으며, 정부는 애초 헌법이 예정한 바에서 일탈하여 의회의 신임이 아니라 대통령의 권위에 의존하는 형태로 바뀌었다.[1] 그 여세를 몰아 권위주의적 우파 세력은 바이마르 공화국을 끝장내고 군부독재를 꿈꾸게 되었다.

이들은 마침내 헌법상 대통령의 권한인 긴급권을 발동하여 바이마르 민주공화국 최후의 보루였던 프로이센 주정부를 강제로 해산시켜버렸다. 이는 치밀하게 기획된 것이었다. 연방정부는 우선 나치의 돌격대(SA)에 대한 금지령을 해제하여 프로이센에서 나치와 공산당원 간의 극

---

[1] 바이마르 헌법의 권력구조는 영국식 의원내각제와 미국식 대통령제의 조화를 추구했으나 의회민주주의를 기초로 한 의회정부가 통치권의 중심이며, 대통령은 그에 대한 견제와 통제의 기구로 이해된다. 송석윤(2002: 90) 참조. 한편 바이마르 말기 대통령 내각의 정치적 성격에 대해서는 오인석(1997: 307) 참조.

렬한 폭력사태를 조장한 후 그것을 빌미로 비상사태를 선언하여 프로이 센 사민당 내각을 해체하고 연방 수상이 전권위원으로서 프로이센을 직 접 통치할 수 있게 한 것이다.[2]

프로이센의 사민당 정부는 그러한 쿠데타에 대해 실력으로 대항하지 않고, 사법적 해결의 길을 택했다. 즉, 국사재판소(Staatsgerichtshof)에 긴 급조치의 무효를 제소했다. 그러나 바이마르 공화국 최고의 사법기관은 프로이센 정부의 정당하고도 절박한 헌법 수호의 호소를 외면했다. 국 사재판소는 가처분신청을 기각한 후,[3] 10월 25일에 연방정부의 조치를 승인하는 본안판결을 내렸다.[4]

---

2 프로이센은 당시 독일 인구와 영토의 대부분을 차지하고 있었고, 바이마르 공화 국의 수도를 프로이센의 수도인 베를린이 겸하고 있었다. 그런 프로이센은 공화국 출범 후 계속 사회민주당이 통치하며 공화국의 안정을 위한 중심추의 역할을 해왔 다. 이에 맞서 연방정부의 실세였던 국방장관 슐라이허(Schleicher) 등은 프로이센의 사민당 정부를 제거해 공화국을 완전히 장악하려는 음모를 꾸민 것이다. 그는 이미 한 달 전부터 히틀러 및 괴링과 비밀리에 교섭한 끝에 나치의 돌격대 금지령을 철회 하는 대가로 정부에 협력하겠다는 약속을 받아 놓은 상태였다. 슐라이허는 대중의 지지를 받는 군부독재를 지향했으며, 그를 위해 나치의 광범위한 조직을 활용하고자 했던 것이다(오인석, 1997: 322~324).

3 프로이센은 우선 긴급조치 무효의 가처분을 신청했으나 국사재판소는 가처분이 본안판결에 대한 예단이 될 수 있다는 이유에서 그 신청을 기각했다. 그러나 가처분 을 하지 않아 몇 달이 그대로 흘러가버린 것 자체가 이미 긴급조치의 성공을 뜻하므 로 가처분 신청 기각도 역시 본안판결에 대한 일종의 예고였던 셈이다.

4 실제 결정 내용은 복잡 미묘하다. 당시 재판의 논점은 바이마르 헌법 제48조 제1 항 및 제2항과 관계된 것이었는데, 제1항은 각 주가 그 의무를 다하지 않은 경우 연 방정부가 주에 대해 필요한 조치를 내릴 수 있다는 것이었고, 제2항은 공공안녕과 질 서가 위협받을 경우 연방정부는 필요한 조치를 취할 수 있다는 것이었다. 연방정부 측이 원래 주된 근거로 삼은 것은 제1항이었다. 즉, 프로이센 사민당 정부가 공화국

이 재판 결과는 비틀거리던 바이마르 공화국에 결정적인 타격이었다. 쿠데타 이후 프로이센의 충실한 공화파 관리들은 대거 숙청되었고 프로이센은 연방정부에 완전히 편입되어버렸다(카, 1996: 429). 정치적 구심점을 상실한 바이마르 공화국은 속절없이 무너졌고 나치의 주권찬탈은 전광석화와 같이 진행되었다. 쿠데타를 주도한 극우파들은 나치의 대중조직을 활용하고 나서 히틀러는 쉽게 순치할 수 있을 것으로 기대했으

---

을 파괴하려는 세력들, 특히 공산주의자들을 통제하는 의무를 이행하지 않고 있다는 것이었다. 재판부는 온당하게도 이를 배격했으나 곧 다시 제2항에 따라 나치와 공산당의 대립으로 프로이센이 사실상 내전상태에 있음을 인정함으로써 결국 연방정부의 긴급조치는 타당한 것으로 결정되었다. 그러나 동시에 기묘하게도 재판부는 프로이센 주정부도 또한 유지될 수 있도록 했는데, 프로이센 정부는 연방의회 및 연방상원 등에서 프로이센을 대표할 권한은 여전히 갖는다는 것이었다. 그 결과 프로이센에는 연방정부에서 파견한 전권위원과 함께 프로이센 정부도 존속하는 기이한 형태가 되었지만, 이는 하나의 립 서비스에 불과했다. 존속하는 프로이센 내각이 만일 긴급조치에 반하게 되면 전권위원은 언제든지 프로이센 내각을 해임할 수 있다는 단서를 달아주었기 때문이다. 이를 켈젠은 '다모클레스의 칼'이라고 촌평했다. 재판부는 프로이센의 유혈폭력사태가 사실상 나치와 결탁한 연방정부에 의해 조장되었다는 점, 프로이센 사민당 정부는 바이마르 민주공화국에 누구보다도 헌신적이었고, 그들이 나치의 발호를 제어하기 위해 취한 노력은 정당한 것이었다는 점을 무시하거나 외면한 것이다. 이렇게 하여 법의 이름으로 권위주의 우파의 권력찬탈과 독재의 야욕이 정당화되었으니, 결국 국사재판소는 극우세력의 쿠데타에 대한 사법적 공범이었을 뿐이고 재판부가 전개한 교묘한 법 논리는 다만 권위주의 세력의 완력에 아첨하는 법적 교언영색일 따름이었다. 재판장 붐케는 이후 나치에 입당하고 나치 시대 내내 제국법원의 법원장을 역임하다가 나치가 전쟁에서 패망하자 자결하고 만다. 이 재판의 내용에 대한 국내 문헌으로는 권영설(1994: 37~66)이 있는데, 그 재판의 헌정사적 전모보다 슈미트의 국가긴급권 이론을 이해하는 데에만 치중하고 있다. 여기서는 Dyzenhaus(1997: 121~134)에 의존한다. 한편 다이젠하우스는 그 논문을 확장해 책을 펴냈다(Dyzenhaus, 1999).

나, 그 쿠데타의 최대 수혜자는 나치와 히틀러였다. 이듬해 히틀러는 수상직을 차지하고, 바이마르 공화국은 바로 종말을 고했다. 이어서 쿠데타를 주도한 보수우파 역시 거꾸로 히틀러에 의해 참혹한 최후를 맞게 된다.[5]

슈미트, 켈젠, 헬러는 이 재판과 직간접으로 관련을 맺게 된다. 슈미트와 헬러는 실제 법정에서 각각 연방정부와 프로이센 주정부의 대리인으로 변론 대결을 벌였으며,[6] 켈젠은 재판 직전에 이미 슈미트와 '헌법수호자' 논쟁을 벌였고, 또 그 재판 이후 평석을 통해 입장을 개진했다.

---

5 긴급조치 이후 치러진 연방의회선거에서 나치는 대약진을 하여 최대 다수의 정당으로 부상했다. 히틀러를 길들이려던 슐라이허의 시도는 실패하고 결국 1933년 1월 히틀러는 수상직을 차지한다. 히틀러는 파펜과 슐라이허가 생각했던 것처럼 천박한 애송이가 아니었다. 히틀러는 슐라이허 등이 선례를 보인 법치적 쿠데타를 더욱 잘 활용하여 바이마르 공화국을 끝장냈다. 히틀러는 긴급조치를 계속 발동하여 민주적 기본권을 박탈해가더니, 드디어 3월 유명한 수권법을 제정했다. 그 수권법은 이른바 '민족혁명'을 위해 정부는 필요한 법령 등 어떠한 조치도 취할 수 있다는 것으로 곧 헌법을 히틀러에게 백지위임하는 것이다. 수권법은 의회에서 441 대 94라는 압도적인 표차로 통과되었으니 놀라울 따름이다. 단, 81명의 공산당 의원들은 이미 배제되어 표결에 참석치 못했다. 이로써 바이마르 공화국은 출범 후 채 15년도 안 되어 허무하게 무너졌다. 히틀러는 이후 특유의 테러 솜씨를 발휘해 그해 6월에 그의 대통령 승계에 반대하는 세력 그리고 지금까지 자신의 충복이었지만 지나치게 비대해진 돌격대들을 무참하게 학살한다. 슐라이허는 잔인하게 살해당했고 파펜의 심복 두 명도 역시 살해당했다. 공식적으로는 70명이 사망한 것으로 발표되었으나 실제로는 수백 명에 이르는 것으로 알려져 있다(카, 1996: 444). 이 학살에 대해 히틀러 자신은 위기상황에서 독일의 최고재판관으로서의 책임을 다한 것이라고 강변했다. 이후 8월 1일 노(老) 대통령 힌덴부르크가 사망하자, 히틀러는 수상과 대통령을 겸하는 총통의 지위에 오른다.

6 슈미트는 이미 슐라이허의 법률고문직을 맡고 있었다.

이 재판에 대한 3인의 입장을 간단히 소개해본다.[7] 슈미트는 연방정부의 긴급조치에 대한 어떤 법적 제한에도 반대했으며, 심지어 사법적 심사도 무의미하다고 주장했다. 슈미트는 우파 권위주의의 상징이었던 힌덴부르크 대통령을 당파적 다툼에서 초연한 중립적인 헌법수호자로 간주하고, 소위 '국가의 적'인 공산당에 대한 대처에는 미온적이고 오히려 국민적 대표성이 더 큰 나치당을 탄압하는 데에만 여념이 없던 사민당 정부를 해산한 것은 지극히 정당한 조치라고 했다. 또한 이 사건은 국가의 통일성이 걸린 근본적인 정치 사안이라며 국사재판소의 심판권한도 부정했다. 법적인 문제에 있어서 국사재판소가 최고의 헌법수호자이겠지만, 정치적 근본문제에 있어서는 이미 언급한 바와 같이 대통령이 헌법수호자라는 것이다. 이미 본 바와 같이 실제 재판에서는 비록 이처럼 노골적인 정치 우월주의와 권력주의가 채택되지는 않았지만, 실질적으로는 슈미트의 주장이 관철된 셈이다. 슈미트나 재판부에게 자의의 금지와 권력의 오남용의 제어라는 법치주의는 안중에 없었던 것이다.

켈젠은 일찍이 슈미트와 누가 헌법수호자인가를 두고 논쟁을 벌이기도 했듯이,[8] 이 사건에 있어서도 슈미트에 반대해 국사재판소의 사법심

---

7 이에 대해서는 Dyzenhaus(1997)에 의존한다.

8 슈미트는 1929년 「헌법의 수호자」라는 논문에서 대통령의 긴급권을 부각시켰고, 이후 1931년 그 논문을 증보하여 단행본을 냈다. 그에 대해 켈젠은 1931년 「누가 헌법의 수호자가 되어야 하는가?」라는 논문을 통해 슈미트의 권위주의적 헌법관을 비판했다. 켈젠은 대통령만이 아니라 의회, 사법부 모두 헌법의 수호자라고 했으며, 특히 헌법재판소의 최종적 심판 권한을 강조했다. 그 논쟁은 슈미트·켈젠, 『헌법의 수호자 논쟁』(1991)으로 묶여져 나왔다. 슈미트의 단행본도 슈미트(2000)로 번역되어 나왔다. 아울러 국순옥(1997: 154~168)에는 슈미트와 켈젠의 논쟁에 대한 짧지

사의 권한을 옹호했다. 민주주의자로서의 켈젠은 슈미트처럼 대통령의 긴급권을 신성시하는 것은 민주헌정질서에 치명적임을 알고 있었다. 그러나 법학자로서의 켈젠은 이른바 '순수법학'의 입장에서 판결의 내용적 불법 부당성이 아니라 단지 그 논리적 이율배반성을 비판할 수 있었을 따름이었다. 결국 켈젠은 헌법상 긴급조치의 규정이 모호하고 광범위하게 되어 있는 이상 대통령의 재량을 막을 수는 없으며, 더욱이 국사재판소의 결정을 대통령이 따르도록 한 규정도 애매하여 결국은 그 긴급조치가 국사재판소에 의해 확실하게 무효로 되지 않는 한 그 효력을 인정할 수밖에 없다는 결론에 이르렀다. 애석하게도 민주주의와 자유주의에 대한 그의 신념은 그의 법학에는 아무 소용이 없었다. 켈젠의 순수법학이 독재를 창출하는 것은 아니지만, 독재와 야만에 저항하는 힘은 전혀 없었으니 그 법치주의는 오히려 독재에 법적 면죄부를 주게 된 것이다.

헬러는 슈미트에 맞서 그리고 재판장 붐케에게 그 긴급조치의 반헌법성과 부정의함을 열렬하게 호소했다. 헬러는 그 긴급조치는 불편부당한 중립적인 대통령의 조치가 아니라 사민당과 프로이센을 제거하기 위한 권위주의 우파의 의도된 쿠데타임을 강조했는데, 이는 이미 언급한 대로 역사적으로 진실임이 증명된 것이다. 헬러는 대통령의 긴급조치는 무한한 재량일 수 없으며, 헌법적으로 반드시 통제되지 않으면 안 됨을 역설했고, 사민당이 공화국의 적이라고 하는 것은 곧 정당 자체가 공화국의 적이라는 뜻이며 따라서 이 긴급조치를 그대로 수용하는 것이 바

---

만 명쾌한 평가가 실려 있다.

이마르 공화국의 미래에 무엇을 의미하는지는 명약관화하다고 재판부에 경고했다. 실제로 이후 나치가 집권한 후 다른 모든 정당을 해산했으니, 헬러의 예측은 선지자적 경고였던 것이다. 형식적이고 절차적인 차원이 아니라 윤리적 헌법원칙에 입각하여 음흉하고도 야만적인 권력의 횡포를 막고자 한 헬러의 법치주의는 전체주의 독재에 대한 명예로운 저항이었던 것이다.

이하에서는 이 3인의 이력과 사상을 좀 더 구체적으로 알아봄으로써 법치주의의 허상과 실상에 대한 이해를 도모해보고자 한다. 그들의 이력에 상당한 지면을 할애하는 까닭은 그 삶의 행로가 바로 각자의 법치주의 사상의 궤적과 그대로 일치하기 때문이다.

## 3. 슈미트, 켈젠, 헬러의 이력과 사상

### 1) 칼 슈미트(Carl Schmitt)[9] ― 법치주의의 파탄과 법학의 치욕

슈미트는 1888년 독일의 플레텐베르크(Plettenberg)의 가톨릭 가정에서 태어났다. 슈미트는 제1차 세계대전에서의 독일의 패전 그리고 그에 이은 혁명, 기아, 인플레 등의 가혹한 시절을 지나며 초법률적인 결단과 전체주의적 독재 사상으로 나아가게 된다. 슈미트는 일찍이 『독재론』

---

9 슈미트의 생애에 관해서는 김효전(1988: 393~420)의 설명에 많이 의존했다. 슈미트의 사상에 대한 더 자세한 설명은 정태욱(2002: 34~46) 참조. 정태욱(2002)의 미주에 있는 슈미트의 저술들에 대한 논평도 참조하기 바란다.

(1921)에서부터 세계 헌정사적으로 독재를 정당화하며 계엄과 같은 긴급권에 어떤 법적 제한을 두는 것에 반대했다. 『현대 의회주의의 정신사적 지위』(1923, 제2판은 1926)에서는 국가의 존립에 아랑곳하지 않는 자유주의와 다원적 정당들에 의해 분열된 의회를 통박했다. 그의 사상의 근저에는 적과 동지의 구분 혹은 실존적 투쟁이라는 정치 개념이 있다〔『정치적인 것의 개념』(1927, 제2판은 1932)〕. 슈미트의 『헌법론』(1928)은 그러한 정치개념에 기초해 정치적 통일성을 강조하는 헌법학의 체계를 세운 것이다. 이후 슈미트는 『헌법의 수호자』(1931), 『합법성과 정당성』(1932) 등에서 "위로부터의 권위, 아래로부터의 신뢰"라는 시에예스(Sieyès)의 명제를 내세우며 의회 중심의 국가에서 대통령 중심의 국가로의 이행을 헌법적으로 정당화하고 '전체국가에의 길'을 창도하기에 이르렀다.

슈미트가 바이마르 공화국의 위기를 권위주의적 권력 해법으로 풀고자 했지만 처음부터 나치와 연결된 것은 아니었다. 개인적 자유는 국가의 정치적 통일성을 침범할 수 없다는 그의 헌법론에 따라 나치와 공산당의 라디오연설 규제에 찬성했고, 나치의 돌격대(SA)와 친위대(SS)의 금지령을 지지하기도 했다. 그러나 앞서 본 대로 '프로이센 타격' 변론에서 이미 나치를 뚜렷하게 옹호했으며, 그 다음 해 히틀러가 정권을 장악하자 바로 나치에 가입했고, 이후 프로이센 추밀원에 들어가고 또 나치 법률가연맹 대학교수회장직까지 맡게 된다. 그리고 이어서 『국가·운동·민족』(1933)에서 민주주의의 원리를 나치 정당운동과 히틀러의 지도자 원리로 완전히 변질시켜버린다. 또한 히틀러의 '6월 대학살'을 옹호하기 위해 「총통은 법을 보호한다」라는 논문을 쓰고, 1936년에는 「유대정신에 대한 독일법학의 투쟁」을 저술하는 등 명실상부하게 나치의 계관(桂冠) 법학자로서 활약했다.

슈미트는 1936년 12월 친위대(SS)의 기관지에서 기회주의 등의 이유로 비난을 받은 후 몇몇 직위에서 물러나게 되었으나, 여전히 국제관계와 정치학 등의 논쟁에서 나치의 중심적 법사상가로 활약했으며, 전쟁이 끝날 때까지 거리낌 없이 베를린 대학의 교수직을 유지했다. 슈미트는 자기가 1936년부터는 나치에 반대했다고 주장하나 동 시기의 그의 저작들을 보면 그러한 주장은 가당치 않은 것으로 평가된다.[10] 슈미트는 바이마르 공화국의 자유주의가 국가와 헌법을 위협한다고 보았으나 바이마르 공화국의 위기는 바로 슈미트와 같은 극단주의와 권력주의에 의해 무너졌다고 보아야 할 것이다.

슈미트의 결단과 힘의 헌법학에서 권력의 오남용에 대한 경계라는 법치주의가 들어설 자리는 없다. 물론 슈미트도 부르주아 시민적 자유와 권력분립을 법치국가의 원리로 이해하지만 그것은 필연적으로 헌법의 '정치적 구성 부분'에 종속될 수밖에 없게 된다. 그 정치적 구성 부분이라는 것은 분명 민주주의 원리이지만, 그것은 그의 정치개념에 의해 호전적 전체주의로 갈 수밖에 없는 것이었으니, 결국 법치주의는 정치역학 속으로 함몰되어 들어갈 뿐이었다.

슈미트 사상의 근저에 있는 '적과 동지의 구분(Unterscheidung von

---

10 슈미트는 「구원은 옥중에서」라는 요상한 제목의 글에서 자신을 베니토 세레노(Benito Cereno)에 비유했다. 세레노란 인물은 멜빌(Herman Melville)의 동명 작품의 주인공으로서, 흑인노예들의 반란으로 어쩔 수 없이 해적선의 선장이 된 사람이다(슈미트, 1994: 89~170). 그는 그런 비유를 통해 자신의 면책을 주장하려는 듯하나 가소로운 일이다(Scheuerman, 1999: 4 참조).

Freund und Feind)'이라는 정치개념은 인간 사회의 정치적 조건에 대한 엄중한 선언일 수 있다. 그런데 문제는 슈미트에게 그 구분이 인간 사회의 정치적 숙명의 한 단면에 그치지 않고, 전부로 인식되는 데에 있다. 나아가 슈미트는 적과 동지의 구분에 대한 가치척도를 부인함으로써 권력의 맹목적인 질주를 가능케 했다. 슈미트는 그의 정치 개념이 군국주의, 제국주의 등의 호전성과는 전혀 무관하며 전쟁은 정치의 목표가 아니라고 말하지만, 적과 동지의 투쟁이 단지 인간의 실존적 본질이라는 그의 주장은 치명적 폭력으로 귀결될 수밖에 없다.[11] '국가의 적'으로서 유대인의 배제를 선동하고 프로이센 군인국가를 제창한 것은 우연이 아니다.

슈미트에게 법질서의 본질은 보편화 가능한 일반적 규범이 아니라 예외상황에서의 권력적 결단에 있다. 주권자의 결단은 규범적으로 고찰할 때 무(無)에서 탄생하는 것이라는 슈미트의 결단론은 국가권력의 방향상실을 낳았다. 이는 특히 대통령의 긴급권에서 결정적이었는데, 대통령의 지위는 국가의 비상사태를 예방하고 또 비상사태에서 국가의 통일성을 유지하는 책임의 주체가 아니라, 거꾸로 임의로 비상사태를 선언하고 그것을 권력적으로 관철하는 자의적 권한의 주체로 변하게 된다. 비록 슈미트는 주권 자체와 권력적 지배자를 구분하고, 주권적 의미의 비상상태와 헌법적인 계엄 등을 구별하고 있지만, 국가적 통일성이 그 가치척도를 상실한 결과, 전자는 후자에 의해 흡수되고 만다. 슈미트

---

11 슈미트는 "전쟁, 싸우는 사람들의 죽을 각오, 적의 편에 선 타인의 육체적 살해, 그것은 모두 규범적 의미가 아니라 존재적 의미에 불과한 것"이라고 하며, 정치를 그러한 생과 사의 투쟁 자체로 이해한다(슈미트, 1995: 59).

사상을 '강권전결주의(强權專決主義)'라고 표현한 것은 참으로 적절하다 (김상기, 1990: 238~252). 권력을 통제하고 투쟁을 순화해야 하는 법이 결국 정치적 투쟁의 전리품 혹은 부산물로 떨어져버렸다.

슈미트의 방향상실은 그의 민주주의론에서도 여실히 드러난다. 그의 민주주의론은 지배와 피지배자의 동일성의 원리에 입각하고 주권자의 직접민주주의의 가능성을 열어놓아 루소의 민주주의 정신에 부합하는 듯 보이나, 그 권력주의는 루소 사상의 뿌리인 인간의 고통에 대한 연민과 인권적 감수성에는 아랑곳하지 않는다. 그의 냉혹한 보수주의는 오히려 약자에 대한 경멸과 가학 그리고 권력에의 숭배와 편승일 뿐이다. 슈미트의 민주주의에서 시민들 개개인의 양심과 자주성은 이른바 적에 대항하는 국가의 전체주의적 통일성, 즉 민족적 동질성의 논리에 부속되고 만다. 결국 그 민주주의는 적과의 투쟁을 이끄는 영도자와의 합일, 즉 영도자에 대한 인민들의 정치적 열광으로 바뀌어버린다. 민주주의가 법치주의의 토대라는 말은 맞지만, 슈미트의 민주주의의 개념 속에 법치주의가 들어설 자리는 없다. 슈미트의 법치국가론은 나치적 독재국가일 뿐이며, 공포를 예방하고 치유해야 하는 법치주의는 오히려 공포 권력에 대한 찬송으로 변질되었다.

'천박한 자유주의'에 대한 환멸이 아무리 크고 그에 대한 슈미트의 통찰에 매혹적인 바가 있다고 해도, 이 시대 슈미트의 권위주의에 향수를 느끼며 그로부터 미래에 대한 어떤 정치적 영감을 구하려는 시도는 위험천만이며 단호하게 근절되지 않으면 안 된다.[12]

---

12 영미권의 일각에서 일고 있는 슈미트 복권의 움직임은 심상치 않다. 현대 영미권에서의 슈미트 논란에 대해서는 국순옥(2002a: 311~323; 2002b: 13~52) 참조.

## 2) 한스 켈젠(Hans Kelsen)[13] — 순진한 법치주의와 법학의 불행

켈젠은 1881년 현 체코의 프라하(당시에는 오스트리아-헝가리 제국에 속해 있었다)에서 태어났다. 그의 부친은 러시아 국경 부근에서 이주해 온 자수성가한 유대인이었다. 3세부터 오스트리아의 빈에서 자라고, 빈 대학에서 수학하여 대학 교수직에 오르게 된다. 이후 제1차 세계대전 후 오스트리아 초대 수상이자 사회민주주의자인 칼 렌너(Karl Renner)와 협력하여 헌법을 기초하고, 자신의 법이론에 입각한 헌법재판소의 창설을 주도했고 실제 헌법재판소의 재판관을 역임했다.

켈젠의 목표는 그가 주창한 순수법학이라는 이름에서도 잘 알 수 있듯이 자연과학 그리고 정치·사회관계로부터 법학의 순수성을 획득하려는 것인데, 이 문제의식은 그의 교수자격 논문인 『국법론의 주요 문제들』(1911, 제2판은 1923)에서부터 명확하게 나타난다. 이후 켈젠은 평생토록 법의 기본적 작동방식과 법체계의 자율성에 관한 이론을 위해 진력했다.

다른 한편 우리나라 법학도들에게는 잘 알려져 있지 않지만, 켈젠은 순수법학자임과 동시에 투철한 자유주의자이자 민주주의자였다. 그는 일찍이 1920년에 출간된 『민주주의의 본질과 가치』(제2판 1929)[14]에서

---

한편 우리 법학계에서 슈미트를 나치와 분리하며 그 복권을 시도하는 예로서는 권영설(1997: 91~114 ; 1998: 7~32) 참조.

13 이하 켈젠의 이력에 대한 설명은 Günther(1988: 367~379)에 의존했다.

14 이는 켈젠, 『민주주의의 본질과 가치』(1958)로 번역되어 있다. 아울러 켈젠이 미국에 망명하여 저술한 『민주정치와 철학·종교·경제』(1986)에는 그의 민주주의 사상과 신념이 더욱 광범위하게 정리되어 있다.

가치다원주의에 입각하여 모든 정당들이 자유롭게 경쟁하면서 대화와 타협하는 의회민주주의를 기대했다. 이 책은 칼 슈미트의 의회민주주의 비판론인『의회주의의 정신사적 지위』(1923, 제2판 1926)에 대한 대응으로 평가된다.

켈젠은 90세가 넘도록 장수했지만 그 인생유전은 기구했다. 헌법재판소 재판관 켈젠의 자유주의는 오스트리아의 기독사회당의 권위주의적 정권에게는 달갑지 않은 것이었고, 마침내 1930년 오스트리아를 떠나 독일의 쾰른 대학으로 옮겨갔다. 그러나 여기서 다시 슈미트와의 악연에 맞닥뜨리게 된다. 앞서 언급한 대로 바이마르 공화국이 의회 중심의 의회내각에서 대통령의 신임에 의한 대통령 내각으로 이행해감에 따라 켈젠은 슈미트와 '헌법수호자론'으로 날카로운 논쟁을 벌이게 되었는데 바로 그 다음 해인 1932년 슈미트가 켈젠이 있는 쾰른 대학으로 오게 되었다. 슈미트는 켈젠을 방문하여 공식적인 학문 활동에서는 대립하더라도 서로 협력할 것을 다짐하고 우정을 맹세했으며, 켈젠은 슈미트를 쾰른으로 초빙하는 것에 대해 지원을 보냈다. 그러나 바로 그 이듬해 초 나치가 집권하면서 '유대인이자 사회주의자인' 켈젠을 해임하라는 명령이 떨어졌고, 동료 교수들이 모두 켈젠의 구명을 위한 서명에 나섰는데 유일하게 슈미트만 빠졌다.

이후 난민의 처지로 전락한 켈젠은 스위스로, 또다시 체코의 프라하로 옮겼으나 나치 학생조직의 야유와 살해위협에 시달린다. 나치법학의 선봉에 선 슈미트는 1936년에 「유대정신에 대한 독일법학의 투쟁」이라는 논문에서 "유대인 켈젠의 빈(Wien) 학파에 대한 투쟁"을 선동하기도 했다. 켈젠은 결국 미국으로 망명해 파운드(Roscoe Pound)의 초청으로 하버드 대학에서 강의하다가 이후 캘리포니아 버클리 대학에서 교수직을 얻는다.

켈젠 자신은 철저한 민주주의자이자 자유주의자였으나 그의 순수법학이 추구한 법의 자율성은 오히려 민주공화국을 무장해제시키고 나치의 집권을 방치하는 불행한 귀결을 보았다. 많은 사람들이 켈젠의 순수법학을 '악법도 법이다'라는 명제로서 기억하고 독재에 봉사하는 이론으로 이해하는 것도 무리는 아니다. 순수법학의 순수성은 열악한 정치상황에서는 본의 아니게 권력주의자들에게 악용되기 십상이다.

그렇다고 법치주의에 복무하는 순수법학의 의의를 경시할 수는 없다. 법학을 정치 혹은 도덕에서 구분하여 과학적으로 정립하고자 한 켈젠의 방법론이 종국적으로 그릇된 것이라고 해도, 법의 기초를 확립하고 법의 자율성을 확보하려는 켈젠의 노고조차 무시할 수는 없다.[15] 순수법학적 법치주의에 대한 일방적 매도나 전적인 승인이 아니라 그 실상과 허상에 대한 명확한 준별이 필요하다.

켈젠 사상의 특징은 법학과 법철학, 혹은 법의 과학과 법의 정치(혹은 정책: Politik)를 구분하는 데에 있다. 그는 무엇이 윤리적으로 혹은 정치적으로 정당한가 하는 물음은 법의 과학에서 배제해야 할 것으로 보았다. 그는 당시 풍미하던 논리실증주의와 같이 가치 상대주의(relativism) 혹은 가치 비인식주의(non-cognitivism)를 신봉했으며, 그에 따라 정당한 법, 혹은 자연법에 대한 탐구는 학문적 인식의 영역에서 다룰 수 없는 것으로 보았다. 그것은 정치 혹은 정책의 몫이라고 본 것이다.

---

15 켈젠의 순수법학 및 법실증주의 일반에 대한 기본적 안내로는 심헌섭(1984: 271~291) 참조. 켈젠의 법이론의 정수를 직접 접하는 데에는 켈젠(1990), 그리고 켈젠의 주저인 *Reine Rechtslehre* (제2판)의 번역본인 『순수법학』(1999)을 추천한다.

이러한 관점에서 법은 형식적이고 절차적으로 규정될 수밖에 없게 된다. 순수법학에서 법 개념은 '상위의 규범에 의해 수권된 명령'으로 요약된다. 권위의 명령이긴 하나 그것이 자의적인 그리고 정치적인 명령이 아니라 상위의 규범에 의한 명령이라는 것이다. 즉, 켈젠은 명령과 힘 위에 규범을 놓은 것이다. 입법, 행정, 사법 그리고 개인들의 법률행위까지 포함하여 모든 법적 행위는 상위의 규범에 따라 나와야 하고 그렇게 할 때에 비로소 법적으로 구속력이 있다고 본 것이다. 따라서 순수법학이 말하는 법질서는 헌법을 정점으로 하는 피라미드와 같은 체계를 갖추게 되고, 그것으로 국가는 비로소 질서와 통일을 이루게 된다. 이로부터 '법=국가' 혹은 '모든 국가=법치국가'[16]라는 명제가 나오는데, 이는 모름지기 국가이기 위해서는 권력국가 이전에 규범국가여야 한다는 취지로 볼 수 있다. 즉, 어떤 국가이든 국가라고 인식되기 위해서는 법치주의적 기초가 불가결하다는 것이다.

켈젠의 순수법학이 윤리적 요청에 적대적인 것은 결코 아니다. 이는 많은 사람들이 크게 오해하는 부분이다. 켈젠은 윤리적이고 정책적인 주장이 법적으로 효력이 있기 위해서는 법적인 규범과 절차를 거쳐야 한다는 점을 강조하는 것뿐이지, 악법을 적극적으로 정당화하는 것은 아니다. 켈젠은 법원이 내심 사회정의를 고려하여 판결을 내릴 수 있음에 반대하지 않는다. 그가 요구하는 것은 판결은 다만 윤리적으로 정당한 것에 그쳐서는 안 되고 반드시 법적으로 타당한 것이 되어야 하며, 그를 위해서는 사회정의가 아니라 법률적인 근거를 찾아야 하고 또 법

---

16 켈젠은 동시에 법치국가란 용어가 특별한 국가유형, 즉 자유민주적 헌정질서의 국가에 특정하여 사용되고 있음도 언급한다(켈젠, 1999: 464).

률에 규정된 절차에 따른 선고여야 한다는 것이다.

또한 켈젠은 소위 '개념법학'과 달리 판결 혹은 처분에서 법학적으로 어떤 유일하게 정당한 답이 있다고 보지 않는다. 국회의 입법에 어떤 정답이 있을 수 없듯이, 판결도 그렇다는 것이다. 켈젠의 순수법학에서 사실상 법의 내용적인 제약은 없다. 상위 법규범에 근거를 두고 그에 따른 절차대로 나온 결정은 법학적으로는 모두 등가적인 것이다(켈젠, 1999: 517~518).[17] 켈젠은 상위 법규에 의한 어떤 테두리는 인정하지만, 그 테두리도 결국 법적 기관의 유권해석의 여하에 따라 달라질 수밖에 없는 것이다.[18]

---

[17] 한마디 첨가하자면, 순수한 법치주의를 얘기하는 사람들 가운데 대부분은 오히려 자신들의 '특정한' 가치관을 정당화하는 데에 순수법학을 이용한다는 점이다. 이들은 법원의 결정이 자신들에게 우호적인 경우 그 결정에 내포된 가치를 법 논리를 빌어 혹은 순수법학의 이름으로 정당화하는 것이다. 그러나 이는 켈젠의 이론과는 다르다. 켈젠의 논지는 다만 법원에게 판단의 권한이 부여되어 있고, 그렇게 수권된 범위와 절차에 따라 법적 결정이 이루어지지 않으면 안 된다는 얘기일 뿐이다. 켈젠의 이론은 나아가 그 판결에 문제가 있을 경우 심급제도를 통해서든 아니면 다시 입법을 통해서는 혹은 시민불복종을 통해서 새로운 판결을 받든가 하여 법체계 내적으로 변화와 수정될 수 있다는 것까지 포함한다. 그럼에도 많은 사람들은 '순수한 법논리'를 얘기하면서도 법원의 결정을 '가치론적'으로 정당한 것으로 보고 자신의 정치적 입장을 법적으로 정당화한다. 한편 이들은 반대로 법원의 판단이 그들의 취향에 맞지 않게 되면, 서슴없이 켈젠의 순수법학의 틀을 완전히 벗어던지고, 소위 '정법론'으로써 자신들의 고유한 가치관과 이해관계를 미화하여 법원을 비판하기도 한다. 순진무구한 인간들이 대개 그렇듯이, 순수법학도 교활한 권력주의의 총애를 받지만 그것은 사랑과 존경이 아니라, 단지 안심과 편익을 뜻할 뿐이다. 그 용도가 다하는 순간 혹은 오히려 걸림돌이 되는 순간 그 순수함은 여지없이 타기되어버린다.

[18] 예컨대 '여호와의 증인'의 양심적 병역거부에 대한 엇갈리는 판결들도, 켈젠 이론에 따르면, 그것이 모두 법에 근거를 둔 판결인 이상(병역거부를 인정한 판결도

이렇게 하여 순수법학은 모든 합법적 결정의 정당성을 긍정하는 소위 '악법도 법이다'라는 명제로 귀결되는 것으로 볼 수 있는데, 주의할 것은 여기에서 그치면 이는 순수법학에 대한 큰 오해가 된다는 점이다. 순수법학은 그와 동시에 '악법은 법적 절차를 통해 항상 폐기될 수 있다'는 명제까지도 포함하는 것이다. 순수법학은 악법을 옹호하는 것이 아니라 악법의 폐기에도 다시 법적 규범과 절차를 따라야 한다는 법치주의를 얘기할 뿐이다. 우리의 경우 국회의 법률폐지 및 개정, 법원의 심급제와 재심제도 및 위법명령심사, 헌법재판소의 위헌법률심사, 행정처분에 대한 행정소송 및 행정심판 등을 얘기할 수 있을 것이다.

켈젠의 순수법학의 진실은 법을 자율적인 공적 공간으로 남겨두어 사회의 다원주의와 민주주의를 뒷받침하고자 하는 것이다. 순수법학에서의 법과 정치 그리고 법과 도덕의 준별은 이데올로기의 절제와 가치론적 겸허로 이해되어야지 결코 정치와 도덕에 관한 희망의 거세로 오해되어서는 곤란하다. 켈젠은 오히려 자연법론 및 정의론 등이 지배질서의 정당화와 기득권의 옹호에 기여했음을 지적하기도 한다. 요컨대 순수법학은 법에 대한 과잉기대가 오히려 법을 망칠 수 있음을 경계하고, 법치국가의 최소한을 엄밀하게 해명해냈다고 할 수 있다.

그러나 순수법학의 절제는 너무나 지나친 것이었고, 결국 역으로 아

---

'정당한 사유'라는 법문에 기대어 나온 것이다) 법학적으로는 모두 타당하게 된다. 그 모순은 다만 상위의 심급 판결에서 해결될 뿐이다. 최상위 심급인 대법원의 판결에는 물론 기판력이 있지만, 그렇다고 그것이 미래를 완전히 구속하는 것은 아니다. 순수법학은 법체계의 과정과 절차 그 자체일 뿐이다. 따라서 그 문제가 다시 예컨대 국회의 입법이나 헌법재판소의 결정 그리고 심지어 대법원의 판례변경 등에 의해서 변화될 가능성을 배제하지 않는다.

주 방자하고 무책임한 이론이 되었다. 즉, 자신의 이론이 법학의 기초를 얘기하는 것에 불과하다는 것에 만족하지 않고, 그것이 학문의 이름으로 얘기할 수 있는 '전부'라고 선언함으로써 파괴적인 귀결을 본 것이다. 그러한 학문관에서 법의 내용적 정당성의 문제, 정의로운 판결의 과제, 즉 법과 법률의 구분, 정당성과 합법성의 구분은 법학의 영역에서 모두 추방되는 것이다.

켈젠과 같은 법실증주의는 '법철학의 안락사' 혹은 '법철학의 불임수술'이라는 라드브루흐(Gustav Radbruch)의 신랄한 비판은 이 점에서 지당한 것이었다. '법=국가', '모든 국가=법치국가'라는 순수법학은 법의 규범적 존재양식에 대한 일깨움을 넘어, 헬러의 비판처럼 '법이 없는 법이론', '국가가 없는 국가론'이 되고 말았다(헬러, 1997: 278). 그리하여 도대체 어떤 법적 결정이 정당한 것인지, 우리가 어떤 국가를 소망해야 하는지에 대한 물음은 법을 떠나 권력자의 손에 백지위임되어 버린 것이다.

켈젠의 법치주의는 이처럼 법의 가면을 쓴 권력지상주의에는 무기력하다. 정치적 역학관계에 대해 법학적으로는 아무런 가치평가도 하지 못하게 됨으로써, 그 법치주의는 오히려 권력주의의 만만하고도 매력적인 도구가 된다. 전체주의를 불러들이고 있다는 헬러의 비판은 지나친 것이지만, 켈젠의 순수법학이 전체주의의 발호에 무기력한 것만은 틀림없다. 법의 엄정한 기초를 세우고자 한 켈젠의 노력은 가상한 것이었지만, 그 법의 기초를 파괴하는 정치에 대해 법의 이름으로는 어떤 방어도 하지 못하게 되었으니, 이는 슈미트에 대한 인간적 선의가 결국 치명적 배신으로 돌아온 그의 개인적 운명과 겹쳐져 더욱 애달픈 형상을 자아낸다.

## 3) 헤르만 헬러(Hermann Heller)[19] — 민주적 법치주의와 법학의 사명

헬러는 1891년 지금의 체코와 폴란드의 접경지역인 테쉔(Teschen: 당시 오스트리아-헝가리 제국에 속했다)에서 출생했다. 그 가계는 유대인 혈통이었으나 유대 문화권에는 속해 있지 않았다. 빈, 그라츠, 인스브루크, 키일에서 수학하고 제1차 세계대전에 자원 참전하여 러시아 전선에서 힘겨운 전투를 경험했다. 이 때 물구덩이 참호에서 밤을 지새운 것이 이후 류머티즘성 관절염과 심장병의 원인이 되었다.

이후 헬러는 전쟁에 대한 환멸과 분노로써『헤겔과 민족적 권력국가 사상』이라는 저술에 착수하여, 전쟁에서의 승리를 곧 사회의 명예와 이상으로 칭송하는 제국주의와 민족주의적 사조에 맞서게 된다. 1920년 헬러는 그 저술을 키일 대학에서 라드브루흐의 후원하에 교수자격 논문으로 제출하게 된다. 또한 곧이어 터진 바이마르 공화국 초창기의 군부 반란(소위 '카프 반란')에 맞서 라드브루흐와 함께 노동자들을 지도하며 목숨을 걸고 키일 조선소의 방어에 나서기도 했다.

1928년 마침내 베를린 대학의 특임(ausserordentlich) 교수로 임용되었으며, 이후 이탈리아와 독일의 파시즘에 대항해 열정적으로 싸워갔다. 1928년 여름, 이탈리아에 체류하면서 파시즘의 위험성을 분석하여『유

---

19 헬러의 이력에 대한 설명은 Müller(1988: 268~281)에 의존했다. 국내에서는 헬러에 대한 연구가 미미하다('아그네스 헬러'와 구분하기 바란다). 다만 헬러의 주저인『국가론』이 홍성방의 번역으로 나온 것은 다행한 일이라고 하겠다. 이 책의 역자 해설에 헬러의 이력이 간단하게나마 소개되어 있다. 한편 헬러의 국가론에 대한 해설로는 성정엽(1998: 467~479)을 들 수 있다.

럽과 파시즘』(1929, 제2판 1931)을 출간했다. 그리고 1930년에는 유명한 논문인 「법치국가냐 독재냐」를 발표하여 슈미트류의 전체주의 독재의 도래에 경종을 울리고, 그것에 무기력하게 길을 내어주고 있는 켈젠류의 순수법학의 아둔함을 일깨우고자 했다.

아울러 헬러는 무제약적인 자본주의를 문화파괴주의로 규정하고 경제적 자유주의가 아니라 정치적 자유주의, 그리고 경제영역에까지 민주주의적 법 형식을 확장해야 한다는 사회적(sozial) 혹은 사회주의적(sozialistisch) 법치국가의 이념을 주창했다. 이 이념은 이후 제2차 세계대전 후 독일의 기본법의 사회적 법치국가(sozial Rechtsstaat) 원리의 한 연원을 이룬 것으로 평가된다.

헬러는 1931년 프랑크푸르트 대학에 전임(ordentlich) 교수로 임용되었는데, 흥미롭게도 이때 슈미트와 경쟁을 벌였다. 프랑크푸르트에서 헬러는 만하임(Karl Mannheim)과 학문적 교분을 맺으며, 많은 독일인들 특히 지식인 계층에서 전체주의적인 문화가 만연되는 현상, 즉 독일 문화의 붕괴를 막는 데에 헌신했다. 그러나 그 해 여름 앞서 본 대로 연방 정부의 '프로이센 타격'이 자행되고, 헬러는 국사재판소에서 슈미트에 맞서 논전을 펼치게 된다.

이후 헬러는 1933년 래스키(Harold Laski)의 초청으로 런던 이코노믹스 스쿨(London School of Economics)에 갔다가 독일로 돌아오지 못하고 스페인의 마드리드에 가서 그의 마지막 저술인 『국가론』의 집필에 몰두하다가 심장병으로 숨을 거두고 만다. 명민하고 열정과 용기를 갖춘 만 42세 지식인의 안타까운 요절이었다.

슈미트에서 법은 정치역학의 손아귀에 장악되고, 켈젠에서 법은 그 정치적 초연함으로 인해 오히려 권력에 활용되는 데에 반해 헬러에서 정치와 법은 균형을 유지한다. 헬러는 정치를 "사회적 경향을 법적 형태로 변화시키는 기술"로 규정한다(헬러, 1997: 289). 헬러에서 법치주의는 정치의 구성 부분이며 동시에 법은 정치적 과정을 통해 성립되는 것이다. 국가와 법의 관계에서도 마찬가지이다. 헬러는 법을 국가에 환원시키거나 또는 국가의 자율성을 부정하여 국가를 법 속에 해소시키는 딜레마를 넘어선다. 그에게 법을 통한 권력 형성과 권력을 통한 법 형성이라는 국가와 법의 변증법적 진실은 명징한 것이었다(헬러, 1997: 276).

헬러의 정치적 상대는 바로 슈미트일 것이다. 헬러는 정치를 비합리적이며 실존적인 권력투쟁이라고 보는 보수 우파의 이론들을 파시즘의 원형으로 비판한다(헬러, 1997: 290). 그리고 적과 동지의 구분이라는 슈미트의 '행동주의'는 "모든 임의적 격투의 특징일 뿐이며, 바로 그렇기 때문에 결코 정치의 고유한 표지에 이를 수 없고, 기껏해야 모든 삶은 투쟁이라는 시시한 결론에 이를 수밖에 없다"고 일소에 부친다(헬러, 1997: 291).

'권력탐미주의자'인 슈미트의 결단론에 대한 헬러의 비판은 켈젠의 이론과 유사하다. 헬러는 모든 정치적 결정이 진정으로 호소력을 가지기 위해서는 결정을 내리는 자나 그 대상이 되는 자 모두에게 적용되는 규범의 형식을 띠지 않을 수 없음을 얘기한다(헬러, 1997: 375). 슈미트의 결단이란 법규범의 수준에 미치지 못하고, 오직 권력 자체 혹은 실존적 정치의사에 불과하다는 것이다(헬러, 1997: 392). 또한 그런 권력주의적 결단론에서 모든 법은 '상황법'이 될 수밖에 없으며, 그러한 법 개념은 기껏해야 매 순간마다 변화하는 헌법상황을 만들어 낼 수 있을 뿐, 결코 국가의 헌법을 성립시킬 수는 없을 것이라고 한다(헬러, 1997: 361~362). 존재 필연적으로 모든 국가권력은 법적 권력이기를 주장하지 않으면 안

된다는 것이다(헬러, 1997: 307).[20]

이처럼 헬러는 슈미트에 맞서 권력에 보편적 법적 형식을 요구한다는 점에서 켈젠과 한 편에 선다. 그러나 헬러는 다시 켈젠의 한계를 넘어서고자 한다. 권력의 정당성을 배제하는 켈젠의 법학은 헬러에게 용인될 수 없는 것이었다.[21] 헬러에게 켈젠의 순수법학은 인적 요소가 배제된 법의 지배이기는커녕 오히려 윤리적·사회학적 내용이 거세된 법

---

20 이러한 헬러의 슈미트 비판은 그 기초에서 켈젠의 순수법학과 일치한다. 켈젠이 1927년 독일 국법자대회의 헬러의 발제에 대한 토론에서 모순된 감상을 호소한 것은 이해할 만한 일이다. 켈젠은 헬러의 이론이 바로 자신의 것과 다르지 않으며, 양식 있는 학자라면 누구나 그러한 결론에 이르게 될 것이라며 기쁨을 표함과 동시에, 그럼에도 불구하고 헬러가 자신의 학파를 '썩어 빠진' 지배법학으로 묘사하고 그에 대한 투쟁을 공개적으로 선언한 것에 대한 비애를 표한다. 헬러는 그에 답하기를 그러한 주장은 자기를 "남의 것을 베끼는 것도 모르는 무지한 학자거나 아니면 알면서도 사기 치는 파렴치한"이라고 모욕하는 것이라며, 자신의 이론은 켈젠의 이론과 다른 것이며 그로부터 영향 받은 바 없다고 강하게 항변한다. 실정법체계의 국가에서 모든 법학의 기초는 순수법학적인 것일 수밖에 없다는 점에서 켈젠의 주장은 일리가 있다. 그러나 순수법학은 법질서의 기초만을 확인하는 데에 그치고, 그 이상의 것에 대해서는 침묵 혹은 방기하는 데 반해, 헬러의 민주적 혹은 사회적 법이론은 순수법학이 멈춰서는 바로 그 지점에서 자신들의 사명을 찾는다는 점에서 양자는 분명히 차이가 있으며, 따라서 헬러의 격분도 당연하다. 1927년 독일 국법자대회의 발표와 토론문은 *Veröffentlichungen der Vereinigung der Deutschen Staatslehrer*, 제4권(Berlin/Leipzig: Walter de Gruyter & Co, 1928)에 실려 있으며, 켈젠과 헬러의 논쟁은 구체적으로 176쪽과 202쪽에 나온다. 한편 양자의 설전에 대한 해설로는 Dyzenhaus (1999: 161~162) 참조.

21 "존재 필연적으로 모든 국가권력은 법적 권력이기를 주장하지 않으면 안 되는데, 이 말은 오직 법 기술적인 권력으로서 작용한다는 뜻이 아니라 의사를 윤리적으로 의무 짓는 권위로 통하는 정당한 권력으로서 작용한다는 뜻이다"(헬러, 1997: 307).

의 지배일 뿐이었다(헬러, 1997: 277).

헬러에게 법치국가의 생명은 법과 불법의 구분이다. 또한 그 구분은 국가와 실정법 위에 있는 것으로 상정되는 법 척도를 근거로 해서만 수행될 수 있다(헬러, 1997: 308). 헬러의 법질서는 단지 개별적 규칙이 아니라 윤리적 법원칙으로 구성된 것이다. 이러한 헬러의 입장에서 비상 상황에서 주권적 결정은 불가피하게 개별적 법률의 한계를 넘을 수도 있다는 점은 긍정될 수밖에 없다. 그러나 그것은 어디까지나 슈미트류의 재량적 결단이 아니라 윤리적 법원칙의 구현으로 보아야 한다. 즉, 헌법을 권력으로 대체하는 것이 아니라 헌법의 한계 내에서 헌법을 실현하는 것이다.

이렇게 실정법규를 초월하는 상위의 법원칙을 강조한다고 하여 헬러를 자연법론자로 오해해서는 곤란하다. 헬러의 윤리적 법원칙이라는 것은 국가의 역사적 현실을 초월하는 어떤 종교적 계시와 같은 것이 아니라 현실 속에서 민주적 형식과 절차로서 구체화되는 원칙인 것이다. 헬러의 법치주의는 민주주의와 별개일 수 없다. 헬러의 민주주의는 물론 대의제 민주주의이지만, 그 대표성은 인민에 대한 책임성(선출만이 아니라 소환도 가능한)에 기초해야 한다(Dyzenhaus, 1999: 190).

또한 헬러도 민주주의의 토대로서 사회적 동질성을 강조하는데, 이는 슈미트가 말하는 민족적 동질성과 구분하지 않으면 안 된다. 헬러의 동질성은 정치적 자유와 참여라는 시민적 자격을 말한다. 이는 단지 형식적인 정치적 자격이나 어떤 감성적인 측면에 그치는 것이 아니고, 사회경제적 토대까지 관련된다. 헬러의 사회적 법치국가 사상은 바로 그런 점에서 의의가 있다. 그 사상은 단지 경제적 이해관계를 위한 것이 아니라 모든 사람들이 각성된 정치적 주체가 될 수 있는 법적 조건을 확

보하려는 것이다.[22]

이처럼 헬러의 민주주의의 궁극적 단위는 결국 개인의 양심이며, 따라서 헬러의 사상은 그의 자유주의 비판에도 불구하고 결코 '정치적 자유주의'와 배치되지 않을 것이다.[23] 물론 헬러도 법적 안정성을 중시하여 법의 집행확실성을 존중한다. 그리하여 예컨대 양심에 따른 병역거부를 법적으로 용인하기 어려움을 얘기한다. 그러나 헬러는 다시 법적 안정성을 위해 정당성이 무조건 희생될 수 없음을 강조한다. 개개인의 윤리적 저항권에 대한 헬러의 존중은 각별하다. 국가 권력 앞에 법 양심이 저항 없이 굴복하게 되면 이는 필연적으로 윤리적 인격으로서의 인간을 부정하는 것이고, 이는 결국 국가를 건설하는 힘을 해체하게 될 것이라고 한다(Heller, 1997: 320).[24] 요컨대, 헬러의 법치주의에서 가장 중요한 것은 국가권력의 윤리적 정당성이고, 이는 윤리적인 법원칙과 민주적인 과정 그리고 시민 개개인의 양심의 존중에 기초한다.

---

22 "국가의 정신적인 힘인 서양문화의 미래는 법률과 법률의 경제영역에로의 확장이 아니라 바로 무질서와 그것의 정치적 현상 형태인 독재에 의해 위협받으며, 육체노동자에게도 정신노동자에게도 문화창조 활동을 위한 여가와 기회를 허용하지 않는 우리의 자본주의적 생산이라는 무질서한 광기에 의해 위협받는 것임을 통찰해야 한다"(헬러, 2001: 25).

23 자유주의의 종류는 다종다기하나 여기서 말하는 것은 롤즈 및 슈클라의 것과 같은 자유주의이다. 슈클라의 자유주의에 대해서는 정태욱(2004: 65~98) 참조.

24 또한 헬러는 흔히 투철한 국가관을 영웅적이라고 말하지만 진정 영웅적인 것은 의무의 충돌을 일방적으로 해결하지 않고 그 비극적 불가해성과 더불어 윤리적 저항권을 긍정하는 견해라고 말한다(헬러, 1997: 322).

## 4. 맺음말

지난 탄핵사태는 분명 의회의 권력남용이었다. 주지하듯이 탄핵은 법적 책임을 묻는 것이지, 정치적 책임을 묻는 것이 아니다(장영수, 2004: 16~38). 그러나 그 탄핵은 반대였다. 대통령의 발언이라는 것도 그것이 커다란 불법이어서가 아니라 의회세력을 정치적으로 위협했기 때문에 문제가 된 것이고, 또 탄핵발의를 주도한 민주당의 분노 역시 대통령이 당원으로서 정당에 대한 책임을 다하기는커녕 정당을 파괴하는 데에 앞 장섰다는 인식에서 비롯한 것이었다.

그 정치적 책임추궁이 일리가 없지는 않을 것이나 의회와 민주당 자 신의 책임 또한 큰 것을 생각하면 아무래도 탄핵소추할 계제는 못 되었 다. 총선 그리고 다음 대선을 통한 정치적 심판을 기약하거나 혹은 대통 령 탄핵이 아니라 국무위원 해임건의안으로 처리되어야 마땅했다. 이는 마치 '프로이센 타격'에서 연방정부가 자기들이 원인제공자였음에도 가 혹한 폭거를 자행한 것과 마찬가지로 의회의 권한 남용과 일탈이었다.

나아가 지난 탄핵은 한나라당과 민주당이 공조하여 의회세력이 대통 령제를 형해화하는 기미를 보였다는 점에서 심각한 것이었다. 우리 헌 법은 대통령의 국민적 대표성을 우선시하는 대통령중심제이고 의회는 그 정부를 제어하는 기관으로 볼 수 있는데, 이번 탄핵사태는 의회가 그 것도 임기가 얼마 남지 않은 의회가 그 정당한 견제를 넘어서, 오히려 최고 통치권을 점하려는 의미가 있었다.[25] 이 또한 바이마르 공화국 말

---

25 이에 관한 홍윤기의 논의는 매우 시사적이다(홍윤기, 2004: 39~82). 특히 "그 들 시나리오에서 고건은 명시적으로 구성되지 않은 쿠데타 위원회의 위원장이었고,

기 대통령 내각이 의회정부를 대신하여 최고 권력을 휘두르고, 마침내 프로이센 타격으로 의회정부를 완전히 붕괴시키려 한 것과 유사하다고 할 것이다.

이런 상황에서 그러한 권력남용에 대해 국회의 합법적인 권한 행사라며 적극적으로 두둔하고, 나아가 대통령과 그 집권세력을 '국가의 적'으로 규정하며 의회의 거사를 애국적 결단으로 찬양하는 것은 프로이센 쿠데타를 적극 옹호했던 슈미트의 논법과 다를 바가 없다. 이들은 언필칭 법치주의를 주장하고 대통령의 인치적 발언을 문제 삼지만 실상 더 큰 폭력을 지지하는 것에 불과하며, 법과 국민을 운위하지만 실제로는 기득권의 집단이기주의에 지나지 않는다.

그러한 권력주의는 다시 교묘하게도 법치주의적 외관을 활용한다. 켈젠류의 순수법학을 동원하여 그들의 권력주의의 실행을 기술적으로 합리화한다. 의회의 합법적 결의가 있었으니 그것은 일단 존중해야 하고 이제 잠자코 헌법재판소의 결정을 기다리자는 주장들이 그것이다. 그러나 이를 순수법학적인 법 준수로 이해하면 너무 순진할 것이다. 그들의 의도는 의회의 탄핵소추에 대한 국민적 비판 그리고 탄핵의 법리에 대한 정치적 의사소통을 봉쇄하고 이미 결정된 탄핵소추를 기정사실화하려는 것일 뿐이다. 헌법재판소를 괴롭히지 말라는 주장은 순수법학적 결론이 아니라 법과 정의에 대한 민주적 의사소통을 거부하는 정치법학의 산물일 따름이다.[26]

---

3월 18일 임시국회 소집의 발상은 사실상 …… 쿠데타 평의회의 역할이 기대되었던 것으로 추정된다"는 분석은 아주 흥미롭다(홍윤기, 2004: 67).
  26 이들의 법학적 정체성은 이후 헌법재판소가 소수의견을 공개하지 않기로(결정

사실 탄핵의 가부를 내용적으로 논의하기 위해서는 순수법학을 넘어서지 않을 수 없다. 대부분의 법령이 그렇지만 탄핵에 관한 규정은 더욱 일반적이고 모호하다. "직무집행 중의 헌법과 법률의 위반"이라는 요건이 전부이다. 그러한 일반적 규정에서 어떤 구체적 정답이 바로 나올 수 있다는 것은 언어도단이다. 탄핵에 대한 결정은 그것이 단지 헌법재판소가 내렸다는 이유만이 아니라 우리 헌법에 내재한 상위의 근본 법원칙에 입각하여 내려졌을 때 진정 정당화될 수 있다. 헌법재판소는 바로 그러한 책무, 즉 정의와 불의, 법과 불법에 관한 진지하고도 민주적인 토의를 대표하는 책무가 있는 것이다. 촛불시위 등 시민들의 건전하면서도 자율적인 정치적 의견표출은 오히려 헌법재판소로서는 반겨야 할 일이며, 헌법재판소의 부담을 덜어주는 일이기도 하다.

궁극적으로 법치주의를 권력지상주의로부터 보호하고, 또 켈젠류의 순수한 법치주의가 교활한 권력주의의 함정에 빠지지 않도록 막아주는 묘약은 시민들 개개인의 진실과 양심 그리고 그에 기초한 민주적인 의사소통 이외에 달리 없을 것이다. 모든 법의 원천은 윤리적 법 원리에 있으며, 그것은 다시 민주적 절차를 통해 구체적 규범으로 실정화되어야 하고, 그 과정에서 시민들 각각의 윤리적 신념과 주권적 의지를 존중하지 않으면 안 된다는 헬러의 법치주의의 사상을 다시 상기하면서 글을 맺는다.

---

문의 이유설시에서 그 실질적 내용은 다 밝혔으므로 실제로 공개한 것과 다름없기는 하지만) 한 것을 비판한 데에서도 잘 나타난다. 만약 이들이 진정 순수법학을 따르는 것이라면 법률에 근거가 뚜렷하고 또 헌법재판소가 그렇게 결정한 이상 그 타당성을 그대로 인정하는 태도를 취했어야 할 것이다.

# 슈클라의 법치주의와 석궁 교수 사건

## 1. 머리말

김명호 교수는 주지하듯이 재임용 탈락에 대한 재판 결과에 불만을 품고 이른바 '석궁테러'를 범한 전 성균관대학교 수학교수이다. 사실관계는 대충 알려져 있다고 생각되어 그 설명은 생략하도록 한다. 이 사건에 대해 필자가 특히 관심을 갖게 된 것은 주심을 맡은 이정렬 판사가 얘기하는 '법률가적 사고', 즉 그의 법치주의관 때문이었다. 이정렬 판사는 양심적 병역거부자에 대해 우리나라 최초로 무죄를 선고하는 등 이례적인 판결을 많이 내린 판사로 널리 알려져 있다. 즉, 나름대로는 우리 법원의 기성관념에 구애받지 않는 법적 소신의 보유자라고 평가되었다. 그러나 필자에게 이정렬 판사의 이번 판결은 다수의 법률가들에게 익숙한 법적 사고를 그대로 답습하는 것으로 보인다.[1] 필자는 이로부터 우리 법원 아니 우리 법조인들이 가지고 있는 법치주의의 관념이 얼마나 균질적이며 또 타성적인지 새삼 실감하게 되었다.[2]

이정렬 판사와 많은 법조인들은 이번 사건의 본질을 단지 학교의 행위가 당시 정관의 규정에 맞게 이루어졌는지의 여부에 있다고 보는 것같다. 즉, 학교와 다른 교수들의 보복의 측면이 있다고 해도, 김명호 교수의 행태가 정관의 여러 기준에 미달하면 그 재임용 거부는 합법적이라고 보는 것이다. 그러나 필자는 이번 사건의 핵심은 대학의 재임용 거부가 대학과 학문의 본질에 반하는 재량남용이 아닌가의 여부에 있다고 본다. 즉, 학자적 역량이 출중하고 학문적 양심에 투철하지만 사회성이 부족한 한 교수를 단지 교육자적 자질과 품위에 문제가 있다고 대학에서 쫓아내는 것이 과연 우리 법질서상 허용될 수 있는지의 여부에 있다고 본다.

문제는 이러한 인식의 차이가 단지 법리해석에서의 단순한 편차에 불과한 것이 아니라, 법치주의 및 법의 지배에[3] 대한 근본적 인식의 차

---

1 이정렬 판사는 인터뷰에서 다음과 같이 얘기했다. "연구실적, 교육자적 자질, 교원으로서의 품위이다. 셋 가운데 하나만 충족하면 되는 게 아니라 모두 충족해야 한다. 연구실적은 되지만, 나머지 두 개는 어떻게 되느냐를 따졌다. 김 전 교수에게 보복이 있었다고 하더라도 그 기준에는 맞았어야 한다. 그 기준에 맞지 않는데, '보복을 당했으니 그걸로 끝 아니냐' 하는 식은 비법률가적 사고이다"(≪한겨레 21≫, 2007: 72~73).

2 한편 그 판결에 대한 사회의 비판적 여론에 대해 정진경 부장판사가 해당 재판부를 옹호하며, "법원이 판단할 쟁점은 원고가 교수로서의 기본적인 자질 등과 관련해 낮게 평가된 것이 학교 측의 재량권을 일탈, 남용한 것인지 여부를 가리는 것"이라고 했는데, 이 또한 그러한 점을 느끼게 한다(≪프레시안≫, 2007.1.19).

3 역사적으로 독일법계의 '법치국가' 원리와 영미권의 '법의 지배' 원리는 그 고유한 발전경로를 가지고 있다. 하지만 현대에 와서 그 양 원리는 상호 수렴하여 본질적 차이는 없다고 할 것이다. 이 글에서는 특별한 경우가 아니면 법치주의라는 용어를 일반적으로 사용하고자 한다. 독일의 법치국가의 원리에 대해서는 헬러 외(1996), 영

이에서 비롯한 것이 아닌가 하는 점이다. 법치주의에 대해서는 법률주의/입헌주의, 형식적 법치주의/실질적 법치주의, 엷게 파악된 법치주의/진하게 파악된 법치주의 등 여러 구분이 있다.[4] 이번 사안에서도 예컨대 형식적 법치주의와 실질적 법치주의의 차이로 접근하여, 정관의 형식적 적용만으로는 충분치 않고, 실질적 정의의 차원을 고려해야 한다는 식의 얘기를 해볼 수 있을 것이다. 하지만 형식적 법치주의는 그야말로 법의 형식이며, 대체로 실제 쟁점은 그 실질적 내용에 관한 것이라고 할 때, 우리는 형식적 법치와 실질적 법치의 구분에 그치는 것이 아니라 실질적 법치주의 사이의 편차 혹은 대립을 생각하지 않을 수 없다. 이번 사안도 그것이 결국은 학교의 자유와 교수의 자유 간의 문제라고 할 때, 이는 서로 다른 실질적 법치주의관들의 경합이라고 할 수 있다. 이는 법치주의에 대한 근본적 가치철학의 문제로도 이어질 수 있지만, 우리 헌정질서에 있어서는 자유민주주의, 즉 자유주의[5]를 그 준거로 삼는 것이

국의 법의 지배의 원리에 대해서는 다이시(1993), 한편 법치주의의 역사적 전개에 관한 간결한 설명은 김철수(2005: 205~206) 참조.

4 법치주의의 다양한 구분에 대해서는 김도균(2006: 3~123); Tamanaha(2004); Peerenboom(2004: 1~55) 참조.

5 자유주의와 자유민주주의를 엄밀하게 구분해 쓸 수도 있으나 서구의 고전적 자유주의가 민주적으로 진화한 결과 현재의 자유주의는 실제상으로나 학문적으로나 그 자체가 자유민주주의를 지칭한다고 해도 틀리지 않다고 생각한다. 그리하여 이 글에서는 자유주의와 자유민주주의를 엄밀히 구분하지는 않았다. 다만, 우리 헌정질서의 맥락일 때에는 자유민주주의라는 표현을, 그리고 일반적인 법철학 및 정치철학의 맥락에서는 그냥 자유주의라는 표현을 선호했다. 자유주의의 전개과정에 대한 문헌들은 무척 많으나 우리 현실과의 관련 속에서 다루어진 논문을 소개하면, 정태욱(2006: 335~357)이 있다.

당연하다고 생각된다.

자유민주적 기본질서는 무엇보다 개인의 자유와 존엄을 존중하고 지켜주는 체제라고 할 수 있지만, 자유와 존엄을 보는 각도에 따라 그 내용은 크게 달라질 수 있다. 여기서 필자는 자유의 향유가능성을 먼저 생각하며 그 최대한의 실현에 중점을 두는 관점과 그와 반대로 자유의 침해가능성을 먼저 생각하며 그 위험의 제거에 중점을 두는 관점을 구분해볼 수 있다고 생각하며, 우리 헌정질서상의 자유민주주의는 그 양자 중 후자 쪽으로 해석될 필요가 있음을 얘기해보고자 한다. 또한 이러한 후자의 관점에 의한 법치주의라면 그것은 모름지기 정치적·사회적 권력의 오남용의 가능성과 그에 따른 취약한 이들의 자유와 존엄의 침해가능성을 가장 유념하는 것이 되어야 하지 않을까 생각한다. 필자는 이와 같은 자유주의적 법치주의를 '방어적 법치주의'라고 부르고자 한다. 한편 그렇게 볼 때, 이번 사건에서 재판부의 판단은 후자가 아니라 전자의 관점에 친한 것이었으며, 따라서 우리 헌정질서의 법치주의에서는 찬성하기 어려운 것이라고 생각한다.

필자의 시도는 새로운 법치주의를 만들고자 함이 아니고, 다만 우리 자유민주적 법치주의에 관한 해석이자 그 특징을 설명하고자 함이다.[6]

---

6 자유주의적 법치주의에 대한 국내의 논의로는 권력 제한, 자유 보호, 민주주의 실현이라는 입체적 구성으로 그 체계화를 시도하고 있는 김도균(2006), 국가공무원의 자의성 배제 등 우리의 실정에서 법치주의의 도덕적 과제에 대한 천착을 보여주고 있는 최봉철(2001a: 75~92; 2001b: 83~103) 등을 들 수 있다. 한편 김비환(2006: 113~144)은 법의 지배와 민주주의와의 상관성에 관한 현대 자유주의의 논의를 정리하며 다이시 및 하이에크류의 형식적 법의 지배, 롤즈 및 드워킨류의 실질적 법의 지배, 벨라미 및 액커만류의 공화주의적 법의 지배라는 구분을 제시하고 있다.

한편 이러한 방어적 법치주의는 일찍이 슈클라에 의해 시사된 것이기도 하다. 슈클라에게 법치주의란 권력, 특히 국가권력으로부터 자유의 보호, 강자의 횡포로부터 약자들의 보호를 위한 제도적 장치를 뜻하는데, 이는 취약한 이들의 '공포로부터의 자유주의', '상시적 소수자의 자유주의'의 관점으로부터 나온 것이다. 필자는 이러한 슈클라의 사상이 우리 헌정질서에서의 법치주의에 대해 시사하는 바가 매우 크다고 생각하고, 바로 그런 관점에서 이번 사건 또한 음미될 필요가 있다고 생각한다.

글의 순서는 첫째로 이번 사건의 두 가지 법률적 쟁점인 소급효 문제와 재량남용의 문제를 설명하고, 둘째로 자유주의적 법치주의의 해석으로서 방어적 법치주의 및 슈클라의 법치주의론을 소개하고, 끝으로 이번 사건에서의 귀결점을 논해보겠다.

## 2. 사안의 법적 쟁점

### 1) 두 가지 논점

이번 사건의 법적 논점을 다음과 같이 두 가지로 대별할 수 있다. 하나는 개정된 사립학교법에서의 강화된 재임용 심사절차의 규정들이 이번 사건에서도 소급하여 적용될 것인지의 문제이고, 다른 하나는 김 교수에 대한 학교 측의 재임용 거부가 재량남용이 아니었나 하는 문제이다. 이 두 논점은 바로 김명호 교수가 주장한 두 가지 청구원인과도 일치한다. 이에 대해 재판부는 이 사건에 있어서는 개정 사립학교법의 소급효를 인정할 수 없다고 했고, 재량남용의 문제에서는 재임용 거부가 정관의 규정에 부합하므로 재량남용이 아니라고 했다.

그러나 필자는 그 소급적용의 문제는 그렇게 쉽게 배척할 수 있는 것은 아니라고 보며, 더욱이 재량남용의 문제를 정관의 합치성의 문제로 치환해버린 것은 중대한 착오라고 생각한다. 그리고 이는 단순히 법리 오해의 문제를 넘어서, 소급효 금지를 어떤 절대적 원칙처럼 생각하는 기성의 관념에서 온 것이 아닌지, 그리고 권력의 오남용에 대한 경계보다 법규의 충실한 적용에 더욱 익숙한 타성적 법치주의관에서 온 것이 아닌지 의심해본다.

### 2) 사립학교법의 재임용 규정의 연혁과 관련 판례

구체적인 내용에 들어가기 전에 사립학교법의 연혁과 관련 판례들의 변천에 대해 간략하게 언급하고자 한다. 사립학교법은 1963년도에 "사립학교의 특수성에 비추어 그 자주성을 확보하고 공공성을 앙양함으로써 사립학교의 건전한 발달을 도모함을 목적으로" 제정되었다. 문제의 재임용(기간제 임용) 제도는 1975년 유신 시대에 처음으로 도입되었으며, 당시 이미 그 정치적 의도에 대해 큰 우려를 샀다. 실제로 그 법률은 재임용에 관한 구체적 기준이나 절차 등이 미비해 오남용의 여지가 큰 것이었다.[7]

---

7 1975년 개정 사립학교법은 재임용 제도를 도입하면서 그 부칙에서 1976년 2월 말일부로 모든 사립학교 교수에 대해 재임용 심사를 하도록 했다. 그러나 사립학교법은 당시 같이 개정된 교육공무원법에는 명시되어 있던 교수재임용심사위원회의 설치에 관한 근거규정조차 두지 않았다. 그 후 1990년에 다시 개정된 법에서는 학교

이후 그 법의 폐해가 현실화되고 많은 피해자들이 생겨났으나 우리 판례는 교원임용의 법적 성격을 순수한 계약으로 보아 계약기간이 지나면 교수의 신분도 끝나는 것이며, 이후 학교 측이 다시 계약을 맺지 않겠다고 하면 그 이유가 무엇이든 더 이상 따질 여지가 없다는 식으로 판단해왔다. 즉, 공립학교의 경우는 그것이 법적 처분이 아니라고 하고, 사립학교의 경우는 소익이 없다는 이유로 재임용에서 제외된 교수는 그가 아무리 억울하게 탈락했다고 해도 그에 대한 심판을 구할 자격도 없는 것으로 판시해왔던 것이다.

그러나 그에 대해 원성이 쌓이고 학계 그리고 법원 내부에서도 비판적 여론이 일어나면서[8] 드디어 헌법재판소는 2003년 2월 구(舊)사립학교법에 대한 세 번째 위헌심판에서[9] 그 법의 재임용 규정은 최소한의 구제장치도 마련되지 못하여 헌법에 불합치하다는(재임용 제도 자체는 헌법에 반하지 않으나 그 운용에서 공정하고 합리적인 심사절차를 확보하지 못한

---

법인의 정관이 정하는 바에 따라 기간을 정하여 임면할 수 있다고 하여 재임용 기간을 학교법인에 전적으로 위임했고, 1997년에 와서야 비로소 국공립대학의 교원에게 적용되는 임용기간에 관한 규정을 준용토록 했다. 이에 관해서는 배병일(2004: 117 ~138) 참조.

8 이에 관한 비판적 논의는 아주 많으나 대표적으로 학계의 것으로는, 노동법적 차원에서 곽노현(1993: 107~118); 김인재(1998), 헌법적 차원에서 김종서(1999: 290 ~331); 김종철(2002: 547~584), 직접 피해당사자의 것으로 심희기(2003: 65~69)를 들 수 있으며, 법원 내부의 것으로는 오관석(1997: 166~214); 이영무(1998: 431 ~462)를 들 수 있다.

9 제1차 위헌심판에서는 6 대 3의 합헌, 제2차 위헌심판에서는 5 대 4의 합헌, 그리고 제3차 위헌심판에서는 7 대 2의 헌법불합치 결정이 내려졌다. 이에 대한 자세한 설명은 박상훈(2003: 229~262) 참조.

것이 위헌이라는 취지임) 결정을 내렸다.[10] 그리고 같은 해 12월 헌법재판소는 다시 「교원 지위 향상을 위한 특별법」에 대한 헌법불합치 결정에서 '재임용을 받을 권리 내지 기대권'을 갖지는 않지만, '합리적인 기준과 정당한 평가에 의한 심사를 받을 권리'가 있음을 선언했다.[11] 그에 따라 대법원도 2004년 4월에 이전의 판례를 '변경'하고, '합리적인 기준에 따른 공정한 심사를 요구할 권리'를 인정하고 재임용 거부 처분에 대한 사법심사 적격성을 긍정했다.[12] 그리하여 마침내 2005년 1월 27일

10 헌법재판소 2003.2.27. 2000헌바26 결정. 그 결정의 주요 취지를 옮겨보면 다음과 같다. "이 사건 법률조항은 임용기간이 만료되는 교원을 별다른 하자가 없는 한 다시 임용해야 하는지의 여부 및 재임용 대상으로부터 배제하는 기준이나 요건 및 그 사유의 사전통지 절차에 관해 아무런 지침을 포함하고 있지 않을 뿐만 아니라, 부당한 재임용 거부의 구제에 관한 절차에 대해서도 아무런 규정을 두고 있지 않다. 그렇기 때문에 이 사건 법률조항은, 정년보장으로 인한 대학교원의 무사안일을 타파하고 연구 분위기를 제고하는 동시에 대학교육의 질도 향상시킨다는 기간임용제 본연의 입법목적에서 벗어나 사학재단에 비판적인 교원을 배제하거나 기타 임면권자 개인의 주관적 목적을 위해 악용될 위험성이 다분히 존재한다."

11 헌법재판소 2003.12.18. 2002헌바14·32(병합) 결정. 그 요점은 다음과 같다. "교원지위법정주의에 관한 위 헌법재판소 2003.2.27. 2000헌바26 결정의 취지에 비추어볼 때, 임기가 만료된 교원이 '재임용을 받을 권리 내지 기대권'을 가진다고는 할 수 없지만 적어도 학교법인으로부터 재임용 여부에 관해 '합리적인 기준과 정당한 평가에 의한 심사를 받을 권리'를 가진다고 보아야 한다. …… 그렇다면 위와 같은 경우 임기만료 교원에 대한 재임용 거부는 이 사건 교원지위법조항 소정의 '징계처분 기타 그 의사에 반하는 불리한 처분'에 버금가는 효과를 가진다고 보아야 하므로 이에 대해서는 마땅히 교육인적자원부 교원징계재심위원회의 재심사유, 나아가 법원에 의한 사법심사의 대상이 되어야 한다."

12 대법원 2004.4.22. 2000두7735 전원합의체 판결. 그 주요 내용은 다음과 같다. "기간제로 임용되어 임용기간이 만료된 국공립대학의 조교수는 교원으로서의 능력

사립학교법 자체가 개정되어 재임용 심사절차에서 절차적 공정성이 대폭 강화되었다.

### 3) 개정사립학교법의 소급적용의 문제

사립학교법의 재임용 관련 규정이 개선되었다고 하지만, 과거에 부당하게 재임용 탈락된 교원들이 구제받을 수 있을지의 여부는 헌법불합치 결정의 효력, 혹은 개선 입법의 소급효를 어떻게 볼 것인지에 따라 달라진다고 보아야 할 것이다. 이에 관해서는 크게 다음과 같은 두 입장이 있을 수 있다. 그 하나는 헌법불합치는 일종의 위헌판결의 한 형태이고 그것이 과거의 불법부당성을 시정하기 위한 것이라면, 헌법불합치 판정의 근거가 된 부분은 단순 위헌판결과 마찬가지로 소급하여 무효화하고 개정된 법에 의해 새롭게 판단하는 것이 옳다는 입장이고, 다른 하나는 헌법불합치 결정의 본질은 단순위헌 결정과 달리 개선입법이 있을 때까지는 구법을 존속시키는 것에 있는 것이고, 따라서 헌법불합치 결정의 소급효는 그 자체로 정해지는 것이 아니라 개선입법의 입법재량에 놓인 사항이라는 입장이다.[13]

---

과 자질에 관해 합리적인 기준에 의한 공정한 심사를 받아 위 기준에 부합되면 특별한 사정이 없는 한 재임용되리라는 기대를 가지고 재임용 여부에 관해 합리적인 기준에 의한 공정한 심사를 요구할 법규상 또는 조리상 신청권을 가진다고 할 것이다." 그리하여 대법원은 이전 판례(대법원 1997.6.27. 96누4305 판결)를 이에 저촉되는 범위에서 '변경'한다고 밝히고 있다.

13 헌법재판소법에서 이에 관한 명시적 규정은 존재하지 않으며, 다만 제47조 제2항에서 "위헌결정을 받은 법률 및 그 조항은 결정이 있는 날로부터 효력을 상실한다.

구사립학교법에 대한 헌법불합치 결정에서 헌법재판소는 "입법자는 되도록 빠른 시일 내에 이 사건 법률조항 소정의 기간임용제에 의해 임용되었다가 그 임용기간이 만료되는 대학교원이 재임용이 거부되는 경우에 그 사전절차 및 그에 대해 다툴 수 있는 구제절차규정을 마련하여 이 사건 법률조항의 위헌적 상태를 제거해야 할 것이다"라고 하여 그 소급효를 명시하지 않았고, 개정 사립학교법은 부칙에서 그 시행시기를 법이 공포된 이후로 하고 있으며 과거에 부당하게 탈락한 이들을 구제하기 위한 특별법, 즉 「기간제 임용탈락자 구제를 위한 특별법」이 만들어졌음을 볼 때, 후자와 같은 해결책이 우리 입법부의 의도였다는 생각할 수 있다.

그러나 헌법재판소의 결정은 "입법자가 개정할 때까지 계속 적용한다"와 같은 주문을 두지 않고 있으며, 개정 사립학교법 부칙의 규정도 그것을 반드시 반대해석하여 소급효를 배제할 논리필연적 이유는 없다.

---

다만 형벌에 관한 법률 또는 조항은 소급하여 그 효력을 상실한다"고 하여 원칙적으로 소급효를 인정하지 않는 듯한 느낌을 주고 있다. 그러나 이에 대해서는 일찍이 논란이 있었고, 그 조항 자체도 헌법소송이 제기되었는데, 헌법재판소는 그에 대해 합헌으로 선언하면서도 소급효를 예외적으로 인정한 바 있으며, 헌법불합치 결정의 소급효에 대해서는 당해 사건 또는 병행 사건의 경우 소급효를 인정하는 판례를 축적하고 있는 상황이다. 반면 대법원은 단순 위헌결정의 소급효에 대해 당해사건 또는 병행사건에 국한하지 않고 위헌결정 이후에 같은 이유로 제소된 일반 사건에도 미치는 것으로 판시하고 있으나 헌법불합치 결정에 대해서는 개선입법의 소급적용을 긍정하는 판례와 부정하는 판례가 엇갈리는 상태이다(박상훈, 2003: 251~256). 그러나 바로 개정 사립학교법의 소급효가 직접 문제가 된 사건에서 대법원은 헌법재판소와 같이 당해 사건 혹은 병행사건의 경우에만 소급효를 제한적으로 인정했다(대법원 2006.3.9. 2003다52647 판결).

또한 재임용 탈락자 구제를 위한 특별법이라는 것도 한시적으로 6개월만 운용되는 것일 뿐 아니라 그 심사기관인 교원소청심사특별위원회의 결정은 탈락의 부당성 여부만 확인할 뿐 복직을 강제하는 효력은 없다고 해석되어 부당한 재임용 탈락이었다는 판정을 받은 127명의 교원들 가운데 복직을 이룬 사람은 극소수에 지나지 않는다. 나아가 그 특별위원회의 결정에 대해 학교 측의 불복을 허용하지 않은 규정 역시 헌법불합치로 결정되어 학교 측은 그 결정에 대해 다시 소송으로 다툴 수 있게 되었다면,[14] 개정된 사립학교법의 소급효를 부정하면서 오로지 특별법에 따른 구제절차만을 따르라는 것은 과거 부정의 시정과 권리구제의 요청에 비추어서는 미흡한 얘기가 아닌가 생각한다.

재판부의 「기간제 임용탈락자 구제를 위한 특별법」에 대한 입장을 정확히 알 수는 없으나, 학교 측의 본안전 항변, 즉 김 교수가 이미 「교원지위향상을 위한 특별법」에 의한 구제절차에서 각하처분을 받았고 그에 대한 불복절차를 밟지 않았으므로 민사소송을 제기할 자격이 없다는 주장을 받아들이지 않았음을 볼 때, 위의 두 번째 해법(즉, 소급효 문제를 특별법에 의한 입법재량에 맡기는 방법)을 취하는 것은 아니라고 추정된다. 그러나 그렇다고 재판부가 첫 번째 해법, 즉 단순위헌결정과 같이 소급효를 넓게 인정하는 입장을 취하는 것도 아니었다. 재판부는 헌법불합치결정의 소급효에 대한 헌법재판소의 판례, 즉 권리구제를 위한 소급효를 인정하되, 그것을 무한정 확대하지는 않고, 당해 사건 그리고 병행 사건에만 적용한다는 법리를 따랐다.

---

14 헌법재판소 2006.4.27. 2005헌마1119 결정.

그러나 그와 같이 소급효를 긍정하면서 그것을 시기적으로 차등을 두는 것은 자칫 편의적인 해법에 그칠 수 있다. 예컨대 두 개의 사건이 비슷하게 제기되었는데, 하나는 헌재가 헌법불합치 결정을 내리기 전에 패소·확정되었으므로 더 이상 구제받을 수 없고, 다른 하나는 그보다 조금 늦게 진행된 덕에 헌법불합치 결정을 내려질 즈음에 소송이 계속 중이어서 구제받을 수 있다는 논리는 별로 설득력이 없어 보인다(김종서, 2007: 459~484).[15] 더욱이 이번 사건의 경우 비록 한시적이라고는 하지만 이미 「기간제 임용탈락자의 구제에 관한 특별법」이라는 소급입법을 마련하여 우리 법질서가 부당한 탈락자들을 구제하려는 입법적 결단을 한 바 있다면, 그 권리구제의 폭을 사법부가 나서서 제한할 필요가 있을지 의문이다.

물론 그 개선입법의 소급적용이라는 것은 개정 조항의 구체적인 절차적 요건들 하나하나 모두 엄격하게 적용해야 한다는 것은 아닐 것이며, 다만 개선입법의 본질적 부분인 과거의 실정에서도 도저히 양보할 수 없는 부분들, 즉 헌법재판소의 판시에 따르면 "대학교원의 신분의 부당한 박탈에 대한 최소한의 보호요청"에 해당하는 부분들은 소급적용해야 한다는 뜻으로 이해되어야 할 것이다. 그리고 그런 차원에서, 비록 그럴 가능성은 별로 없어 보이지만, 당시 성균관대학교의 정관에 규정된 재임용 절차가 이미 개선입법의 본질적 요청들은 충족하고 있을 가

---

15 실제로 이번 사안과 달리 앞(각주 13)의 대법원 판결(2006.3.9. 2003다52647)처럼 그것이 구사립학교법 헌법불합치 결정 당시 법원에 소송 계속 중이었다는 이유로 개정된 사립학교법의 소급적용을 인정하여 재임용 거부의 불법행위성을 긍정한 경우도 있다.

능성도 생각할 수 있다.[16] 그러나 하여튼 이번 사건에서 재판부는 개정 사립학교법의 소급적용을 아예 부정하는 쪽으로 갔던 것이다.

하지만 흥미로운 것은 뒤에 다시 보는 바와 같이, 이번 사건의 핵심 쟁점은 재임용의 거부가 합리적인 기준에 따라 공정한 심사를 통해 이루어졌는가 하는 문제이고, 이는 김명호 교수의 재임용 탈락 당시에는 인정되지 않던 법리로서 헌법재판소의 헌법불합치 결정 그리고 그에 이은 대법원의 판례에서 인정된 권리이다. 그리고 재판부는 그러한 법리에 따라 이번 사건을 심리한 것이다. 그렇다면 바뀐 판례의 적용 자체가 이미 실질적으로 소급적용이라고 하지 않을 수 없을 것이다.

더욱이 대법원 판례는 합리적인 기준에 따른 공정한 심사를 받을 법규상 또는 조리상의 권리까지 말하고 있는데, 그 '조리'라는 것이 무엇인지 확정적으로 말하기는 어렵지만 상식적으로 볼 때, 그것이 개선입법에 반영되었을 것이라고 충분히 추측할 수 있다. 그렇다면 개선입법의 주요 내용을 조리의 차원에서 수용하는 것은 오히려 논리적인 귀결로 생각된다. 그러나 재판부는 간단하게 개선입법의 소급적용을 부인했음은 물론, 합리적이고 공정한 심사에 관한 조리의 판단에 있어서도 개선입법의 규정들을 전혀 고려하지 않았던 것이다.

물론 다양한 이해관계가 얽혀 있는 상황에서 소급적용을 인정하는 것은 쉬운 일은 아닐 것이다. 그러나 재판부가 '당해 사건 혹은 병행 사

---

16 고법판결에 나타난 사실관계만으로 보면, 당시 성균관대학교는 개정 사립학교법의 본질적인 개선입법이라고 할 수 있는 것들 예컨대 "당해 교원에게 지정된 기일에 교원인사위원회에 출석하여 의견을 진술하거나 서면에 의한 의견 제출의 기회를 주어야 한다"는 등의 요건 등을 충족하지 못한 것으로 판단된다.

건'에만 소급효를 인정한다는 헌법재판소의 판례를 기계적으로 적용하여 이 사건에서 개선입법의 소급효를 제한해버린 것은 과거 부정의의 시정과 권리구제의 필요성을 너무 소홀하게 취급한 것이 아닌가 여겨진다. 일반적으로 소급입법의 금지는 법의 본질, 법치주의의 원리에서 중요한 원칙으로 널리 인정되고 있다. 그러나 필자는 법치주의에서 소급효는 항상 불순한 것인지, 소급효를 금지하는 까닭이 도대체 무엇인지 다시 한 번 생각해볼 것을 제의한다. 소급효 금지가 국가권력의 비리와 범죄 혹은 사회적 강자들의 부정과 폭력을 합리화하고 방어해주는 것이라면 그러한 소급효 금지가 우리 법질서에서 법치주의의 이름으로 정당화될 수 있을지는 극히 의문이다.

### 4) 재량남용의 문제

#### (1) 합리적인 기준에 의한 공정한 심사

두 번째 논점은 학교 측의 재임용 거부가 과연 재량남용[17]에 해당하는지 그렇지 않은지이다. 이는 설사 개정된 사립학교법을 소급적용하지 않더라도 유효한 법리이다. 즉, 과거 재임용 심사 당시에 이미 합리적이고 공정한 심사가 있었어야 하는 것이다. 앞서 말한 바와 같이 우리 대법원은 서울대학교 미대 김민수 교수 사건을 통해 교원재임용을 전적인 자유재량의 영역으로 보아 학교 측에 어떠한 의무도 인정하지 않았던

---

17 이는 보통 행정법학에서 쓰이는 용어지만, 우리 판례는 통상적으로 사립학교 교원의 임용에서도 이 용어를 쓰고 있으며, 이 사건 담당 재판부도 그런 용어를 쓰고 있다.

종래의 판례를 변경하여 '합리적인 기준에 의한 공정한 심사를 요구할 법규상 또는 조리상의 신청권'을 인정했다. 김명호 교수가 다시 소송을 제기한 것도 그러한 판례 변경에 따른 것이었고, 재판부가 준거로 삼은 법리도 바로 그것이었다.[18]

## (2) 재량 남용과 정관규정의 합치성

여기서 중요한 것은 합리적이고 공정한 심사가 무엇인가 하는 것이다. 이에 대해 우선 절차적 측면과 실체적 측면을 모두 생각할 수 있을 것이다. 그러나 김명호 교수는 입시출제 오류의 지적에 대한 보복을 주장하고, 학교는 그에 대응하여 교육자적 자질과 교원의 품위의 미달을 주장하고 있으니, 여기서는 실체적 측면만으로 범위를 좁힐 수 있을 것이다. 그리고 그 실체적 측면은 다시 정관의 재임용 기준 자체가 합리적일 것 그리고 그에 따른 심사가 공정할 것으로 대별하여 볼 수 있다.[19]

---

18 그 판례는 국립대학의 경우이지만 사립대학이나 국립대학이나 헌법상의 교원 신분법정주의가 미치는 것은 다를 바 없고, 교원의 신분에 있어서 사립학교법이 교육공무원법을 준용하고 있으며, 국립대학의 교수나 사립대학의 교수나 그 실제적 역할에서 차이가 있다고 할 수 없으며, 위 대법원의 판례는 기본적으로 헌법재판소의 구사립학교법에 대한 헌법불합치 결정의 법리에 따르는 것이라고 할 때, 사립학교 교원의 경우에 위 법리를 적용하는 것에는 전혀 문제가 없다고 보아야 할 것이다.

19 이에 관해서는 앞서 본 헌법재판소 2003.12.18. 2002헌바14·32(병합) 결정이 좋은 지침을 제공한다. 그 주요 내용은 다음과 같다. "예컨대 학교법인이 아무런 기준을 정하지 아니하고 자의적으로 재임용 여부를 결정하는 경우, 학교법인이 정한 기준이 심히 불합리한 경우, 합리적인 기준이 있다고 하더라도 부당한 평가를 하여 재임용을 거부하는 경우 그리고 관계법령 등에 정한 사전고지 및 청문절차의 의무를 위반한 경우 등은 모두 임기만료 교원의 재임용 여부에 관해 '합리적인 기준과 정당

당시 성균관대학교가 재임용의 기준으로 정한 연구, 교육 그리고 품위 등은 그 자체로 불합리한 것이라고 말할 수 없다. 문제는 그 기준에 따른 심사가 공정했는지의 여부이고, 사안의 쟁점이 된 것도 바로 그것이었다. 재임용의 기준에 부합하는지의 판단은 기본적으로 학교 측의 권한이고 그런 점에서 재량이 인정된다고 할 것이다. 그러나 행정법학의 용어를 빌자면, 그러한 재량이 한계를 벗어나 일탈이 되거나 나쁘게 사용된 남용이 된다면 그것을 법의 이름으로 허용할 수는 없다.

이 사건은 사립학교의 경우로 행정법에서의 재량행위 통제의 법리가 그대로 적용될 수는 없지만, 사립학교의 교원과 공립학교의 교원의 신분을 같은 차원으로 보고, 공립학교에서의 재임용 거부의 처분성을 인정한다면, 사립학교에서의 재임용 거부에 대해서도 행정법학에서의 재량남용의 법리를 유추하지 못할 바는 아니라고 본다. 나아가 민법적으로도 그와 같은 법정신은 이미 권리남용과 신의칙 혹은 공서양속의 문제에 반영되어 있다고 생각한다.

이번 사건에서 김명호 교수는 학교 측의 재임용 거부가 재량남용임을 주장했다. 그리고 필자를 포함하여 많은 사람들이 입시출제 오류의 문제제기가 결정적인 계기가 되었고, 학교가 학문적 능력이 탁월함에도 다른 주관적이고 단편적인 이유를 들어 김명호 교수의 재임용을 거부했다면, 이는 재량남용의 혐의가 짙다고 본다. 그러나 재판부는 그렇게 생각하지 않았다. 재판부는 애석하게도 그 재량남용의 주장을 중요 논점으로 수용하면서도 결국 재량의 남용이 없었다고 판단했다.

---

한 평가에 의한 심사를 받을 권리'를 침해하는 것에 해당한다고 할 것이다."

재판부는 "이 사건 재임용 거부 결정이 합리적인 기준에 의한 공정한 심사를 거쳐 이루어진 것인지의 여부를 따져보아야 할 것이므로, 이 사건에 있어 재임용 거부 결정의 근거가 된 위 학교 이과대학장의 원고에 대한 평정 내용이 피고의 정관에 규정된 재임용기준인 '전(前) 임용기간 중의 연구실적 및 전문영역의 학회활동, 학생의 교수·연구 및 생활지도에 대한 능력과 실적, 교육관계법령의 준수 및 기타 교원으로서의 품위 유지'라는 기준에 부합하여 합리적이고 공정하게 이루어진 것인지, 아니면 위법 또는 부당하게 이루어진 것인지의 여부에 대해 살핀다"고 하고, 결론에 가서 "따라서 원고가 피고의 정관에서 정한 위 학교 교수로서의 재임용 기준 중, '전(前) 임용기간 중의 연구실적 및 전문영역의 학회활동'이라는 기준에는 적합한 요건을 갖추고 있었으나, '학생의 교수·연구 및 생활지도에 대한 능력과 실적, 교육관계법령의 준수 및 기타 교원으로서의 품위유지'라는 기준에는 현저하게 미달된다 할 것이어서, 이들을 종합하면 원고가 위 재임용 기준에 적합하지 아니하다고 판단되어, 피고가 원고에 대해 한 이 사건 재임용 거부 결정은 피고의 재량권 범위 내에서 이루어진 것으로서 적법·유효하므로 ……"라고 판시하고 있다.

재량남용을 중시한다면 이러한 논리는 이상해 보인다. 재판부는 재량남용에 대한 실질적 판단은 하지 않은 채, 단지 정관기준에 합치하는가의 여부에만 관심을 기울이고 있기 때문이다. 재판부는 예컨대 행정법학의 재량남용의 법리와 같이(김동희, 2004: 260 이하 참조), 사실인정에서 자의성이 개재되어 있거나, 규정을 적용하되 그것을 규정의 원래 목적이 아닌 다른 목적을 위해 활용하거나, 규정의 적용함에 다른 경우에 비해 차별적이거나, 규정에 따른 불이익 처분이 지나치게 심한 것은 아닌지 등에 대한 문제의식은 전혀 없으며, 또 민법학의 신의칙과 권리남용의 원리처럼(지원림, 2004: 46 이하 참조), 학교의 권리행사가 자기에게 정당한 이익이 없는데도 상대방을 해하기 위한 목적으로 행사된 것은 아닌지, 혹은 이전의 자기의 행동과 모순되는 것으로 상대방의 신뢰보호의 가치를 지나치게 해치는 것은 아닌지 등에 대한 고려는 전혀 보여주지 않았다. 말하자면 재판부는 재량남용의 여부를 따진다면서도 재량남용의 법리가 아니라 단지 정관 규정의 기준에 부합하는지만을 살피고 그 기준에 부합하므로 재량남용이 없다는 결론을 내린 것이다.

요컨대 재판부는 재량남용의 문제를 단지 정관 규정에의 합치성 문제로 바꾸어 '재량남용＝정관 규정에의 불합치'라는 얘기를 하는 셈인데, 이는 재량남용의 법리적 독자성을 인정하지 않거나, 아니면 재량남용을 논점으로 본다고 하면서도 실제로는 요건사실을 그 남용 여부가 아니라 규정의 합치성 여부로 착각한 것이 아닌가 여겨진다.

### (3) 재량남용과 입증책임

요건사실을 무엇으로 보는가는 곧 주장책임 혹은 입증책임을 누구에게 지울 것인가의 문제와 직결된다. 사람들은 학사운영상의 문제점들 및 불미스러운 언행들에 대한 학교 측의 주장에 대해 김 교수가 아무런 대응을 하지 않았음을 지적하며, 김 교수의 패소는 민사소송의 원칙상 당연한 것이라고도 한다.

그러나 재량남용을 요건사실로 본다면, 입시출제 오류의 지적과 공론화에 따른 학교 측의 보복성 인사라는 점을 김 교수가 지적했고 그것이 기초사실에서 인정될 수 있음을 재판부도 긍정하는 것이라고 할 때, 김 교수는 자신의 권리근거사실에 대한 입증을 충분히 했다고 볼 수 있으며, 학교 측의 신변잡기적인 문제제기에 대해 대응하지 않은 것은 오히려 당연하다고 말할 수도 있다.

반대로 정관 기준에의 합치성을 요건사실로 본다면, 김 교수는 자신의 연구업적은 물론이려니와 교육자적 자질과 교원으로서의 품위에 대한 적극적 증명을 해야 할 것이고, 이 경우 김 교수의 입증이 충분치 못했다고 할 수 있고, 나아가 학교 측이 제시한 김 교수의 학사운영상의 몇 가지 문제나 바람직하지 못한 언행들은 그에 대한 유효한 반증으로 인정될 수도 있을 것이다.

재판의 경과는 바로 이와 같은 궤적을 밟았음을 보여준다. 그러나 이는 결국 재판부가 재량남용을 요건사실로 보지 않았음을 보여주는 것일 뿐이다. 누가 무엇을 항변하고 입증해야 하는가는 결국 요건사실을 무엇으로 보는가에 달려 있는 것이다. 만약 재판부가 정말로 재량남용을 권리근거사실로 보았다면, 보복의 차원이 인정된다고 할 때, 김 교수에게 교육자적 자질과 품위에 대한 입증까지 요구하지는 않았을 것으로 본다. 오히려 재량남용에도 불구하고 김 교수의 권리발생을 저지할 수 있는 항변의 부담을 학교 측에게 지웠을 것으로 생각된다. 그리고 이 경우 학교의 입증이 충분치 않다면, 그에 대해 김 교수 측이 따로 반증이나 재항변을 할 일은 없는 것이다.

물론 학교 측이 제출한 소송자료들이 재량남용을 긍정하면서도 그에 따른 권리발생을 저지하는 항변으로 제시된 것이라고 이해해볼 수도 있을 것이다. 그러나 김 교수가 입증책임을 지는 부분에 있어 단지 그에 대한 반증으로서 제시되는 경우와 학교 측 자신이 입증책임을 지는 항변에 있어 본증으로서 제시되는 경우에, 그 입증의 정도가 같다고 말할 수 없다.[20] 일단 재량남용의 입증이 충분하여 항변으로 넘어간 것이라고 하면, 학교 측이 단지 단편적이고도 시시콜콜한 김 교수의 언행을 끌어모으는 것만으로 그 입증책임을 다했다고 말하기 어려울 것이다.

그것이 정말 항변이었다면, 학교 측은 김 교수의 행태가 대학의 본질에 비추어 정말로 무도한 것으로서, 설사 그 발단은 입시출제 오류에 관한 문제였을지라도, 대학과 학문의 본질을 지키기 위해 김 교수를 부득이 재임용에서 탈락시키지 않으면 안 되었다는 주장과 입증을 했어야할 것이다. 그러나 김 교수의 학문적 능력과 진리에의 충실성에 비추어, 법률적으로 아예 교원의 자격을 상실케 하는 집행유예 이상의 형벌이나 그에 준하는 비행이 아닌 이상 그러한 사유를 찾기는 쉽지 않을 것이다.

나아가 이 사건에서처럼 그 사안이 대학의 본질, 즉 진리 추구와 그에 대한 양심 및 표현의 자유의 문제와 결부되어 있고, 학교 측의 재임용 거부가 그에 대한 침해에 해당할 수 있는 것이라면, 이는 일종의 강행법규의 위반으로서 법원이 직권으로 조사해야 할 문제인지도 모른다. 하여튼 정말 재량남용이 문제라면, 학교 측의 시시콜콜한 지적에 대응하지 않은 것을 이유로 김 교수에게 패소의 책임을 묻기는 어려울 것으로 보인다.

### (4) 규칙의 적용과 재량남용 그리고 법치주의

정관의 재임용에 관한 요건들 가운데 연구실적의 부분은 구체화되고 정량화될 수 있는 부분이다. 그러나 교육자적 자질 및 교원으로서의 품위는 쉽게 정량화하여 구체화할 수 없는 부분이다. 말하자면 주관적이

---

20 본증(本證)과 반증(反證)의 구분과 증명의 정도의 차이에 대해서는 호문혁 (2006: 386) 참조.

고 상대적인 기준, 즉 재량의 여지가 아주 큰 영역이라고 할 수 있다.

우리 법질서에서 그러한 재량을 부정할 수는 없을 것이다. 재량은 복잡다단한 현실에서 구체적 타당성을 위한 장치가 되며, 재임용에서의 재량은 사학의 자유의 구성 부분이기도 할 것이다. 사립학교법에서 재임용에 관한 내용을 학교 정관에서 규정하도록 한 것도 그에 대한 존중의 표현이라고 생각한다. 그러나 동시에 광범위한 재량은 권한의 남용과 일탈의 위험을 수반하므로 원래의 목적과 정신에 반하는 재량의 오남용에 대한 통제와 시정을 게을리 할 수 없다. 사립학교법에서 재임용 절차에 대한 규제의 원칙들을 설정한 것도 그러한 요청을 표현한 것이라고 생각한다.

이렇게 재량의 자유와 그 오남용의 위험이 같이 있을 때, 법은 어느 쪽에 비중을 두어야 할 것인가? 물론 이는 쉬운 문제는 아니다. 그러나 특히 오남용의 사례가 많은 사립학교의 재임용 제도의 경우, 자유주의적 법치주의라고 하면 재량의 허용과 자유의 향유에 방점을 두기보다 그것의 오남용을 경계하고 시정하는 것에 먼저 주의를 돌렸어야 한다고 본다. 그러나 이번 사건에서 재판부의 시각은 정반대였다.[21]

재판부가 인정한 김 교수의 바람직스럽지 못한 언행들 그리고 학사 운영에서의 몇몇 문제들은 그 자체로는 교육자적 자질과 교원으로서의 품위에 맞지 않는 것이다. 그러나 그렇다고 그런 단편적인 사실들로써

---

21 이는 헌법재판소 2003.2.27. 자2000헌바26 결정의 다음과 같은 설시와 대조를 이룬다. "절대적이고 통제받지 않는 자유재량은 남용을 불러온다는 것이 인류역사의 경험이라는 점에서 볼 때, 자의적인 재임용 거부로부터 대학교원을 보호할 수 있도록 구제수단을 마련해주는 것은 국가의 최소한의 보호 의무에 해당한다."

학문적 역량이 탁월하고 양심적인 김 교수의 교수 자격을 부인하는 것을 옳다고 할 수 있을지는 의문이다. 대학교수를, 그것도 학문적으로 뛰어난 교수를, 인성 등을 이유로 재임용에서 탈락시키는 일은 정말 신중할 필요가 있다고 본다. 즉, 대학교원의 인성이 재임용에서 관건이 되는 경우 법치주의의 과제는 그 정관규정에의 합치성을 따지는 것이 아니라, 그 재량의 오남용의 위험성을 경계하는 것이라고 생각한다.

우리 법조인들은 형식주의, 즉 일정한 규칙의 일관된 적용에 익숙해 있다. 그리고 그것을 자랑으로 여기고 있다. 그것이 법치주의의 중요과제임은 틀림없으나 자유민주적 헌정질서에서 형식적 법규의 적용은 그 자체가 목적이 아니라 자유와 존엄의 보장을 위한 것이어야 할 것이다. 특히 재량이 넓게 인정되어 권력의 횡포가 우려되는 영역이라면 법치주의의 과제는 그 재량을 추인하는 쪽이 아니라 오히려 그것의 오남용을 경계하고 시정하는 데에 있다고 보아야 할 것이다. 법규의 형식적 적용이 사회적 강자의 횡포를 정당화해주는 쪽으로 기능한다면 그것은 우리의 자유민주적 법치주의와는 친할 수 없다고 본다.


## 3. 자유주의적 법치주의의 해석

### 1) 방어적 법치주의

#### (1) 법적 안정성

사람들은 소급적용 금지 그리고 법규의 충실한 적용 등 법치주의의 주요 원칙들은 대체로 법적 안정성에 따른 것이라고 말한다. 그리고 그 법적 안정성은 보편적 요청, 즉 어떤 체제에서든 통용되는 중립적인 원칙으로 인식된다. 그리하여 예컨대 '자유민주적 헌정질서에 특유한 법적 안정성'과 같은 문제에 대해서는 별로 생각하지 않는다. 그러나 우리는 그와 같은 타성적인 법적 안정성이 종종 법의 정신과 먼 기득권의 안정화로 귀결됨을 목격한다. 자유주의적 법치주의의 의의를 찾기 위해 법적 안정성의 문제부터 다시 생각해볼 필요가 있다.

필자에게 법적 안정성은 한편으로는 무규범적 혼란을 방지하기 위한 질서강제 혹은 결정강제의 요청으로, 다른 한편으로는 과거 부정의 시정에 대한 현상유지의 비교 우위의 요청으로 이해된다. 여기서 후자는 결국 정의의 관점에서의 비교형량이 문제될 것이고, 전자의 요청도, 논리적으로는 정의에 앞서는 것이지만,[22] 사후적으로 정의에 의한 심사와 시정의 가능성을 열어놓는 것이라고 할 때, 법적 안정성은 전체적으로 보아 정의를 위한 수단 혹은 과정으로 인식되어야 한다고 생각한다.[23]

그렇게 보면 법적 안정성이라는 것도 결국 그 법질서의 정의관에 따라 달리 해석될 수 있고, 우리가 자유민주적 헌정질서를 취한다면 그에 맞는 법적 안정성의 개념을 생각할 필요가 있다. 그리하여 필자는 전체적인 질서보다 개개인의 자유를 더 중시하는 자유주의에서 단순히 기성

---

22 라드브루흐가 법적 안정성에서 법 효력의 일차적 근거를 찾은 것은 이와 같은 맥락이라고 생각한다(라드브루흐, 2002: 122~125).

23 라드브루흐는 법적 안정성이 법 효력의 유일한 근거는 아니며, 합목적성과 정의에 의한 보충이 필요하다고 말하고, 결국 그 세 법이념의 동등가치성을 얘기한다(라드브루흐, 2002: 125). 그에 비해 필자는 법적 안정성에 대한 정의 그리고 (그 실질적 내용으로서의) 합목적성의 보충적 효과에 더 큰 비중을 두는 것이라고 말할 수 있겠다.

질서의 보호나 유지만을 되뇌이는 것은 법적 안정성의 덕목에 대한 올바른 이해가 아니라고 본다. 즉, 소급효 금지와 법규에의 충실성이 말하는 안정적이고 확실한 질서 그리고 보편적이고 일관된 법적용은 결국 각 개인의 자유와 존엄의 각도에서 이해되어야 할 것으로 본다.

### (2) 법치주의와 자유주의적 정치도덕

마찬가지로 법치주의에 대해서도 우리는 자유주의적 헌정질서에 부합하는 법치주의를 생각할 필요가 있다. 그와 달리 형식적 법치주의를 '중립적(neutral)' 법치주의라고 하며, 그 정치도덕적 방향성을 사상(捨象)하려는 입장이 있다(Raz, 1979: 210~232). 이들은 그 중립성이야말로 진짜 법치주의의 덕목이라고 얘기한다. 물론 중립적 법치주의는 그 법질서가 어떤 형태이든 더 악화되는 것을 막아주는 역할을 한다. 특히 무법적인 정치폭력과 테러 혹은 근본주의의 혁명적 열정을 제어한다는 차원에서는 큰 효용을 발휘할 수 있다. 그러나 이렇게 되면 그 덕목은 더 이상 중성(中性)은 아닐 것이고, 이미 어떤 실천적 가치를 담고 있다고 보아야 한다. 사실 엄밀히 말하자면 중립성 자체가 덕목일 수는 없다. 어떤 상황에서 무엇을 지키는 중립성이냐가 그 덕성을 판가름한다고 보아야 할 것이다.[24]

그리하여 필자는 법치주의의 중립성은 권력의 오남용을 견제하는 실천적 중립성일 때에 비로소 미덕이 된다고 생각한다. 그리고 그러한 덕목을 가장 중시하는 것이 자유주의적 법치주의가 아닌가 한다. 라즈가

---

24 참고로 최대권(2000: 62~87)은 법치주의 자체가 선한 사회의 윤리적 가치이며, 또 윤리도덕의 뒷받침 없이 법치주의는 존립할 수 없음을 얘기하고 있다.

풀러에 의해 제시된 법의 내재적 도덕성에 대해, 그것은 법 자체의 중립적 특성일 뿐 특별히 도덕적 덕목으로 얘기할 이유는 없다고 비판한 것은 옳지만, 그렇다고 법치주의에 순전히 소극적인(negative) 가치만 인정하는 것은 법치주의가 함의할 수 있는 정치도덕을 지나치게 축소해버리는 것이 아닌가 생각된다.[25]

필자는 최봉철이 법치주의의 수명자를 일반 국민이 아니라 정부 공무원이라고 하면서 하트와 라즈가 법치주의가 가지는 도덕적 힘을 경시하고 있다고 지적한 것은(최봉철, 2001b: 83~103) 옳은 얘기라고 본다. 또한 법치주의를 최소한의 형식적인 원리와 절차로 이해한다고 할지라도 그로부터 나올 수 있는 부당한 차별의 방지, 자의에 대한 반대 등이 내포하는 도덕적 함의는 분명히 할 필요가 있으며, 그럴 때 비로소 전체적으로 국민들 일반의 복리에 기여하는 이른바 유출효과(spill-over effects)를 낳을 수 있다는 얘기에도 공감한다. 필자에게 이는 법치주의에 대한 일종의 자유민주적 정치도덕을 표현해주고 있는 것으로 이해된다.

그리하여 필자는 우리 자유민주적 법질서하에서의 법치주의, 그리고

---

[25] 이것이 법실증주의에 반대하고 자연법론을 지지하는 것으로 오해될 필요는 없다. 법실증주의이든 자연법론이든 그 각각이 기초하고 있는 정치도덕이 무엇인가가 중요하다는 것뿐이다. 법실증주의와 자연법론은 각기 그 내부에서 다양하고도 커다란 편차를 보이고 있으며, 중요한 것은 법실증주의인지 자연법론인지가 아니라 우리의 헌정질서, 즉 자유민주적 기본질서에 부합하는 법실증주의 내지 자연법론이 무엇인가라는 것이다. 그리하여 법실증주의라고 해도 자기교정의 가능성(법을 도덕으로 교정하는 것이 아니라 법을 또 다른 법의 원리로서 교정하는 것을 뜻함)을 열어놓는 열린 법실증주의라면 괜찮을 것이고, 자연법이라고 해도 실정법에 대해 겸허하며, 이상적 질서보다 최악을 면하려는 것을 목표로 하고, 상호 공존을 추구하는 것이라면 기본적으로 자유주의적 법치주의와 친할 수 있다고 생각한다.

그 원리들인 소급효 금지와 법규의 형식적 적용이란, 국가권력 또는 사회적 강자들이 자신들의 편의에 따라 자의적인 침탈을 함으로써, 일반 시민 특히 사회적 약자들의 자유와 존엄이 훼손될 것을 염려하는 차원에서 나온 것이라고 생각한다. 요컨대 자유민주적 기본질서에서의 법치주의란 약자들의 공포로부터의 자유라는 측면을 떼어놓고는 생각하기 어렵다는 얘기이다.

이러한 자유주의적 법치주의의 특성은 사회적 약자를 희생시킴으로써 전체의 이익을 증대하고자 하는 법질서와 대조하여 생각할 때 그 특성이 잘 드러난다. 실제로 역사적으로는 그와 같은 강자 중심의 법치주의관이 다양하게 전개되어왔다고 할 수 있다. 프로이센 관료주의의 형식적 법치국가론, 나치시대의 나치적 법치국가론, 전체주의적 공산국가의 사회주의적 법치국가론 등을 생각해보자.

### (3) 방어적 법치주의의 내용

물론 자유주의의 역사도 항상 억강부약(抑强扶弱)만을 기록한 것은 아니다. 고전적 자유주의가 유산자 중심의 배타적 자유를 옹호하고 노예제에 기초하기도 했고, 열강의 식민 지배를 정당화했음은 물론이며, 지금의 신자유주의(Neo-liberalism)도 다시금 경제불황의 부담을 사회경제적 약자들에게 지우려는 경향을 보이고 있다. 하지만 현대 롤즈와 드워킨 그리고 아마티야 센 등에 의해 계승되고 발전된 민주적이고 평등적인 자유주의는 적어도 원리적으로는 그러한 혐의로부터 거리가 있다고 여겨진다. 그리고 필자는 우리 헌정질서의 자유민주적 기본질서의 해석의 준거도 바로 거기서 찾을 수 있을 것으로 본다.[26]

개인의 존엄과 자유를 최고의 가치로 여기는 자유주의라면 롤즈와 같이 '모든 이들의 평등한 자유' 그리고 드워킨과 같이 '모든 이들에 대한 동등한 배려와 존중'의 원리가 필연적 귀결이라고 생각한다. 그런데 필자는 거기에 '의심스러울 때는 약자의 자유와 존엄을 위해서'라는 원칙을 보충적으로 덧붙이고자 하는 것이다. 자유주의가 '평등한 자유와 존엄' 혹은 '자유와 존엄의 공존'을 뜻한다고 하지만 그 평등성과 공존 가능성이 첨예한 논란을 빚는 사안에서는 결국 입증책임을 어느 쪽에 부담시킬 것인가의 문제로 귀착된다고 보기 때문이다. 여기서 필자는 자유주의라면, 의심스러울 때의 입증책임을 취약한 당사자에게 지울 수는 없다고 본다. 이를 사람들의 선택이라는 차원에서 보면, 롤즈의 원초적 입장(original position)에서와 같은 논리가 될 수 있지 않을까 한다. 즉, 정치체제의 근본을 결정하기 위한 이상적 사회계약의 상황(원초적 입장)에서 무지(無知)의 베일을 쓴 당사자들이라면 자신들이 가장 열악한 처지에 놓일지도 모른다는 상정하에 선택을 할 것이라는[27] 얘기이다. 말하자면, 필자의 자유주의는 롤즈의 '최소 수혜자의 이익으로'라는 자유주

---

26 우리 헌법상의 법치주의에 대해서는 보통 기본권 보장, 권력분립, 사법(司法)적 권리 보장, 예측 가능성, 명확성, 신뢰 보호, 포괄적 위임입법 금지 등이 제시되거나(김철수, 2005: 209~210), 혹은 더 포괄적으로 권력분립, 법의 형식성(명확성, 일반성), 국가작용의 법에의 기속(적법 절차, 포괄적 위임 금지), 법적 안정성(예측 가능성, 신뢰 보호, 소급적용 금지) 등으로 정식화되고 있는데(정종섭, 2006: 123~139), 이들을 대체적으로 요약하면, 권력의 부당하고 자의적인 침탈로부터 시민의 자유와 존엄을 보호하기 위한 것이라고 말할 수 있다. 한편 심재우는 법치주의의 철학적 기초를 루소와 칸트의 자연법론에서 구한 바 있다(심재우, 1998: 11~30).

27 이를 롤즈는 맥시민(maximin) 전략으로 칭한다. 즉, 가장 안 좋은 상황에서 최선의 결과를 도모하는 선택을 말한다. 황경식은 이를 '최소극대화 전략'이라고 번역하고 있다(롤즈, 2003: 216 각주 19).

의와 같은 것이다.[28]

필자는 위와 같은 자유주의의 원리에 부합하는 법치주의를 '방어적 법치주의'라고 부르고자 한다.[29] 이는 새로운 법치주의의 형태가 아니라 자유주의적 법치주의의 고유한 특질에 대한 해석이며, 그 운용방향에 대한 권유이다.[30] 여기서 '방어적'이라는 의미는 그 대상과 작용의 차원

---

28 '최소 수혜자'라는 표현은 롤즈의 정의론 공식 제2의 원리에 나오는 것이므로 (롤즈, 2003: 132), 그것을 사회경제적 평등의 차원에서만 이해하는 경우도 있는데, '최소 수혜자의 이익으로'라는 착상은 시민적·정치적 자유에 관한 제1원리 및 사회경제적 평등을 위한 제2원리를 불문하고 롤즈의 정의의 원리의 근본이라고 할 수 있다. 롤즈에게 제1의 정의인 자유의 원리는 '평등한 자유'의 원리이며, 이는 곧 더 작은 정치적 자유를 가진 사람들의 관점으로부터 추론해야 하는 것이다(롤즈, 2003: 313). 롤즈의 서술은 '모든 이들'의 평등한 자유(롤즈, 2003: 105)라는 기본 명제에서 시작하여, 그 내용을 구체화하는 과정에서 '최소 수혜자'의 관점이 도출되는 흐름으로 되어 있다. 그리하여 롤즈는 제1의 정의론의 최종적 정식화에서, '자유의 불평등은 그 불평등을 부담해야 할 시민들에 의해서 수용될 수 있는 것이어야 한다(즉, 그 불평등이 결국은 무엇보다 최소 수혜자들의 자유를 증진시켜 줄 수 있는 것이어야 한다)'는 적용(우선성) 규칙을 제시한다(롤즈, 2003: 338).

29 방어적 법치주의라는 용어는 이른바 독일 기본법의 방어적(streitbar) 민주주의를 연상시켜 부적절하다는 비판이 있다. 방어적 법치주의가 반(反)법치와의 투쟁을 뜻하는 것은 아니고 또 방어적 민주주의가 때로는 도를 넘어 이른바 '전투적 민주주의'라는 공격적 형태로 변질될 수 있다는 점에서, 그러한 지적은 타당하다. 그러나 방어적 민주주의의 기본 정신이 민주적 관용을 위한 것이고, 방어적 법치주의의 기본 정신도 자유의 관용에 있다고 할 때, 그 바탕에서 일맥상통하는 면도 있을 것이다. 한편 방어적 법치주의를 대신할 수 있는 표현으로 보호적 법치주의도 생각해보았으나 이 또한 후견적 간섭(paternalism)을 연상시키는 흠이 있어 취하지 않았다.

30 자유주의적 법치주의의 모델에 대한 이론적 체계화는 이 글의 범위를 넘어서는 일이다. 자유주의적 법치주의의 이상에 대한 뛰어난 정식화로는 독일의 법철학자인 클룩의 것을 들 수 있는데, 심헌섭(2001: 350~363)에서 그에 대한 자세한 설명을 볼

에서 각각 이해되어야 한다. 우선 대상의 차원에서 방어적이란 의미는 이중적이다. 즉, 한편에서는 사회적 폭력으로부터 취약한 이들의 자유와 존엄을 방어해주는 것이며, 다른 한편에서는 다시 그 법의 힘의 오남용의 위험성을 우려하여 국가의 권력으로부터 시민의 자유와 존엄을 방어하는 것이다. 다음으로 작용의 차원에서 방어적이란 뜻은 그것이 취약한 자들의 자유를 우선적으로 생각한다고 하지만, 자유를 최대화하기 위해 어떤 적극적인 사회적 기획을 도모하는 것은 아니고, 단지 국가권력 혹은 사회권력으로부터 침탈당하는 것을 방어해주는 것에 만족함을 뜻한다.[31]

이러한 방어적 법치주의는 자유민주적 기본질서와 다른 새로운 질서를 요구하는 것이 아니다. 다만 자유민주적 기본질서하에서 상호 최적의 평등한 자유를 지지할 뿐이다. 방어적 법치주의는 '최적의 평등한 자유'를 생각함에 있어, 자유의 향유가능성을 먼저 생각하기보다 자유의

수 있다. 클룩은 법치주의의 기본 원리로서 자유의 준칙, 평등의 준칙, 통제의 준칙, 합법성의 준칙을 제시하고, 이어서 그 한계적 상황에서의 적용 원리로서 '의심이 있는 때에는 자율성을 위해', '의심이 있는 때에는 이성을 위해', '의심이 있는 때에는 의심을 위해', '통제의 통제 없이는 어떠한 통제도 없다', '의심이 있는 때에는 자유를 위해'라는 준칙들을 제시한다. 필자의 방어적 법치주의는 그러한 바탕을 공유하면서 '의심스러울 때는 취약한 자의 자유를 위해'라는 준칙을 덧붙이는 것뿐이라고 할 수 있다.

31 필자가 방어적 법치주의라는 용어를 처음 쓴 것은 정태욱(2007 출간예정)에서였다. 거기서 필자는 자유주의 법철학을 인식론적으로 상대주의와 반증가능성, 가치론적으로 자유보호와 공존의 질서, 제도론적으로 방어적 법치주의라고 정리해보고자 했다. 즉, 인식론적 개방성이 가치론적 관용으로 연결되고, 개방성과 관용을 방어하기 위한 장치로서 법치주의를 이해한 것이었다.

위험성에 대한 경계를 우선시하는 것이다. 즉, 최대한의 자유 실현이 아니라 최소한의 자유 침해를 목표로 한다고 말할 수 있다. 이런 관점에서는 여러 당사자들의 자유가 경합할 경우, 어떤 자유의 박탈이 더 심각하고 치명적인지를 먼저 고려하게 될 것이며, 이는 자연히 좀 더 취약한 처지에 있는 당사자의 입장을 우선적으로 감안하는 쪽으로 귀결될 것이다. 또한 그렇기 때문에 결정권자의 재량의 영역이 넓은 곳에서는 그 재량의 자유의 최대 실현을 목표로 하기보다 그 재량 행사가 한계를 넘어 취약한 이들의 자유와 존엄을 다치게 하지 않을까를 먼저 생각하게 될 것이다.

### (4) 방어적 법치주의와 인도주의

이러한 방어적 법치주의가 약자를 위한다고 해도 '약자 보호'는 그것의 목적이라기보다 결과로 이해되어야 한다. 즉, 방어적 법치주의의 원리는 최적의 평등한 자유와 존엄을 위한 것, 달리 표현하면 자유와 존엄의 최대의 박탈을 방지하고자 하는 것뿐이다. 방어적 법치주의가 어떤 소수자 집단을 지지한다고 해도 이는 그들을 무조건 후원하거나 특혜를 베푸는 것이 아니다. 다만 어떤 사회적 맥락 혹은 사태에서 자유와 존엄의 중대한 침해를 막기 위해 사회적 약자들의 처지를 우선적으로 배려하게 되는 것뿐이다.

방어적 법치주의의 당파성을 말한다면, 그것은 특정의 소수자를 위한 당파성이라기보다 인간의 존엄을 위한 당파성이라고 표현하는 것이 더욱 적절할 것이다.[32] 롤즈도 언급했듯이, 최소 수혜자에 대한 '차별'이 바로 최소 수혜자를 비롯하여 모두의 자유와 존엄을 보호하는 것이라면, 그 '차별'은 필요한 것이며, 또 그럴 경우에 비로소 '차별'이 허용될 수 있는 것이다. 취약한 이들의 자유와 존엄을 우선적으로 고려한다는 것은, 그들에 대한 차별의 위험성을 중시한다는 것이지, 그들의 자유와 존엄을 '배타적으로' 보호하자는 것은 아니다.

한편 이와 같은 방어적 법치주의는 단지 자유주의적인 것만으로 국한시킬 일도 아니라고 생각한다. 비자유주의적 체제라고 해도 그것이 인도적 요청을 고려하는 곳이라면 국가권력의 무도한 횡포를 지지할 리 없으며, 약하고 의지할 곳 없는 이들에 대한 법적 보호를 무시할 리 없기 때문이다. 영국의 저명한 마르크스주의 역사학자 E. P. 톰슨이 영국 근대에 사유재산보호와 민중에 대한 가혹한 처벌로 악명 높았던 'Black Act'를 분석하며 지배계급의 잔인함과 약탈성 그리고 하층민에게 가해진 공포를 얘기하면서도, 결론에서 그래도 민중들에게 법치주의는 소중한 것이었으며, 법치주의의 가치를 인류 보편의 자산이라고 선언한 것은 그런 맥락에서 이해될 수 있을 것이다.[33]

이렇게 보면 이 방어적 법치주의는 인도적 법치주의로까지 승격될 수 있지 않을까 하는 생각도 들게 한다. 필자가 보기에 이러한 방어적 법치주의의 특성은 여러 자유주의 사상가들 가운데 슈클라에서 가장 잘

---

32 한편 소수자 보호의 관점에서의 법치주의론에 대한 시도로서는 안경환(1995: 6~15) 참조.

33 "내가 이 책에서 주장하려는 것은 현대 마르크스주의자들이 때때로 간과하는 것으로, 자의적인 지배와 법의 지배 간에는 명백한 차이가 있다는 점이다. 우리는 법 밑에 숨겨질 수 있는 속임수들과 불평등을 폭로해야만 한다. 그러나 법의 지배 그 자체, 즉 권력에 대해 효율적인 억제를 부과하고 권력의 전방위적인 침투로부터 시민을 방어하는 것은 절대선(unqualified human good)이라고 해야 할 것이다"(Thompson, 1975: 266). 번역은 최봉철(2001b: 97)을 따랐다.

표현되어 있다고 생각하고, 아래에서는 그의 자유주의론과 법치주의론에 대해 언급하고자 한다.

## 2) 슈클라의 자유주의적 법치주의

### (1) 법률주의와 이데올로기

슈클라는 그의 저서 *Legalism* (Shklar, 1986)에서 규칙에 따른 판단과 규칙의 충실한 적용이라는 법률주의는 모든 법률가들의 직업적 에토스이나 그러한 법률주의는 결국 일정한 정치적 선호, 즉 배경적 이데올로기에 따라 달라질 수밖에 없다고 한다. 즉, 사법 과정은 정치의 반대가 아니고 단지 정치적 행위의 여러 종류들 가운데 하나일 뿐이라고 한다 (Shklar, 1986: 143). 그것은 소위 '비신스키주의(Vishinskyism)'라는 비판, 즉 법을 지배계급의 정치적 도구로 보는 것이라는 비판에 대해, '정치에는 여러 종류가 있다'고 답변한다. 문제는 법률주의를 정치적 진공상태에 두는 것이 아니라 어떤 종류의 정치를 반영하고 지지할 것인가 하는 것이다(Shklar, 1986: 144).

그로부터 슈클라는 법률주의에 대한 자신의 정치적 입장, 즉 자유주의적 이데올로기를 얘기하는데, 그것을 '자유주의의 골자(骨子, barbones liberalism)'라고 부른다. 그것은 어떤 사회적 진보나 특정한 경제적 기획에 관한 이론을 자제하고, 관용이 제일의 덕목이며 의견과 습성의 다양성이 용인되고 존중되고 권장되어야 한다는 믿음이라고 얘기한다 (Shklar, 1986: 5). 그러한 다원성이 요청되는 까닭은 바로 다양성 속에서 비로소 자유가 구현될 수 있기 때문이라고 한다. 즉, 다원주의를 물신화하는 것이 아니라 자유의 보호를 위한 것이라는 얘기이다.

슈클라는 이러한 다양성과 관용이 위협받는 사회, 즉 자기 나름의 삶을 추구하고 또 국가권력이나 사회세력의 구미에 맞지 않는 견해를 표현하기 위해 영웅이나 성인 혹은 적어도 커다란 용기와 확신의 소유자가 되어야 한다면 그 사회는 자유롭다고 말할 수 없다고 한다. 슈클라는 이를 적어도 존 스튜어트 밀 이래로 자유주의의 중요 원칙이며 새로운 것이 아니고, 그러한 자유의 보장은 조직화된 억압이 배태하는 여러 종류의 비참함에서 벗어나기 위한 노력이라고 한다(Shklar, 1986: 6).

그리하여 슈클라는 이러한 자유주의를 "상시적인 사회적 소수자(permanent social minority groups)의 자유주의"(Shklar, 1986: 6)라고 말한다. 슈클라가 추구하는 소망스러운 법률주의는 형식적 법률주의가 아니다. 이를 단순히 형식적 법치주의에 맞선 실질적 법치주의의 필요성에 대한 애기로 보는 것은 슈클라의 주지를 희석해버리는 일이다. 왜냐하면 실질적 법치주의가 법규 자체의 정의로움, 자유와 평등을 실질적 내용으로 요구한다고 하지만, 그 정의와 자유, 평등이 무엇인가에 대한 다툼에서 각각의 정치도덕의 경연(競演)을 피할 수 없기 때문이다. 슈클라의 논지는 그 경연에서 취약한 자들의 자유의 보호라는 자유주의적 정치도덕을 말하는 것이다.

## (2) 전범재판과 법률주의

슈클라는 뉘른베르크 나치 전범 재판에서도 자유주의적 법률주의의 뚜렷한 예를 확인한다. 뉘른베르크 재판을 형식적인 법률주의의 틀 속에 넣기는 어려운 일이다. 슈클라는 행위 시의 법률에 기해서만 처벌할 수 있다는 죄형법정주의를 고집하면 뉘른베르크 재판은 있을 수 없는 일이라고 본다. 뉘른베르크 재판의 핵심인 인도에 반한 죄(crime against humanity)의 적용은, 지금 21세기에는 국제형사재판소의 설립으로 국제 실정법상 범죄 구성요건으로 자리 잡았지만, 당시로서는 처음 창안된 것이었기 때문이다(Shklar, 1986: 157).

슈클라는 이와 같은 형식적 법률주의의 난관을 법률주의적 형식으로 타개하기 위한 시도, 즉 국내 형법의 유추적용의 해법 혹은 국제적으로 수용되는 관습이나 관행에 기한 해법의 시도도 탐탁지 않게 본다. 그러한 논리는 바로 법률주의의 형식 자체를 배반하게 될 것이기 때문이다. 이렇게 슈클라는 뉘른베르크 재판의 법률주의적 불가능성을 인정한다. 그러나 슈클라는 동시에 뉘른베르크 재판의 법률주의적 가치를 높게 평가하면서, 법률주의적 재판을 통한 나치전범의 청산은 현명했으며 필수적인 해법이었다고 말한다(Shklar, 1986: 155).

슈클라는 나치에 대한 처벌은 불가피한 일이라고 본다. 나치를 재판 절차로써 단죄하지 않을 경우, 그 결과는 '피바다(blood bath)', 그리고 정치투쟁에 의한 무정부 상태가 될 것이라고 본다. 슈클라는 바로 '복수 대신 법'이라는 명제를 말하는 것이다. 슈클라에게 자유주의적 형법의 정치적 가치는 단지 범죄자로부터 사회를 보호하는 것이 아니라 시민들 상호 간 복수의 정념에 의한 폭력을 방지하는 것에도 있는 것이다(Shklar, 1986: 158).

다른 한편 슈클라는 그 처벌을 법률주의적 재판으로 한 것도 옳았다고 본다. 당시 여론 가운데에는 나치 전범들에게 재판이 아니라 "적절하고, 깨끗한 복수(good, clean vengeance)"로써 처단해야 한다는 주장이 많았고, 실제로 드라마틱한 재판을 하나의 쇼처럼 인식하는 영국인들의 부정적 정서에 따라 영국은 간략한 군사재판 혹은 단순한 총살을 제안하기도 했다고 한다. 그러나 그에 대해 미국은 증거에 입각한 재판으로써 처벌하지 않을 경우 유럽 및 독일의 법의 장래에 오히려 해악을 초래할 것이라며 설득했다고 한다(Shklar, 1986: 159).

슈클라에게 중요한 것은 형식적 법률주의가 아니라 법률주의의 자유주의적 덕목이다. 슈클라는 법률주의라는 것이 하나의 고정된 형식이 아니라 일정한 연속성을 보이는 '정도의 문제'임을 지적한다. 그리하여 형사재판에서 슈클라에게 핵심적인 것은 그 처벌이 과거의 객관적인 범죄에 대해 합당한 것이었는지, 그리고 그 절차가 피고인의 방어권이 보장되고 과학적인 증거에 의해 공정하게 수행되었는지 하는 것이다. 슈클라는 일종의 정치재판인 뉘른베르크 재판의 법률주의적 가치는 다른 체제에서의 정치재판, 즉 과거의 범죄가 아니라 미래의 위험성을 묻거나 더 나아가 단지 동지가 아니면 적이라고 하는 '역사적 책임'을 묻는 재판들과의 비교를 통해 이해되어야 한다고 본다(Shklar, 1986: 164~168).

슈클라는 뉘른베르크 재판에 반대했던 이들도 결국 나치의 전범들이 잔혹한 범죄를 저질렀음을, 그리고 그들에 대한 재판이 공정하게 수행되었음을 부인하지 못하게 되었다고 한다. 슈클라에게 뉘른베르크 재판은 형식적 법률주의가 불가능한 상황에서 자유주의적 법률주의의 가치를 지켜낸 중요한 역사적 계기였으며, 그로 인해 이후 독일이 품위 있고 인도적인 형사절차를 운용하는 법치국가(Rechtsstaat)로 발전하는 데에 크게 기여했다는 것이다(Shklar, 1986: 169).

(3) 공포로부터의 자유주의

앞서 소수자의 자유주의로 표현된 슈클라의 자유주의는 이후 공포로부터의 자유주의라는 표현으로 나타나는데,[34] 그 요체는 그의 논문

"Liberalism of Fear"에 간명하게 정리되어 있다(Shklar, 1998a: 3~20). 슈클라의 공포로부터의 자유는 일반적으로 말하면 권력의 오남용으로부터의 자유이자, 자기방어에 취약한 자(defenseless)들의 안전이며, 특히 국가 공권력에 의한 위해로부터의 자유라고 할 수 있다(Shklar, 1998a: 9).

슈클라는 이에 대해 많은 사람들이 전체주의만을 떠올리는 것에 주의를 주며, 이는 어느 체제에서도 있을 수 있는 권력의 오남용에 관한 것임을 밝히고 있다. 어떤 정부이든 그 정부의 모든 공무원들은 힘없고 가난한 이들에게 더 무거운 부담을 지우기 십상이라는 것이다(Shklar, 1998a: 10). 비록 슈클라의 중점은 국가권력에 모아져 있으나 그에 그치는 것은 아니다. 공포로부터의 자유에 관한 슈클라의 문제의식은 사회적 권력도 포함하고 있다. 즉, 고용, 임금수준, 해고, 가격결정 등의 경제적 권력의 경우도 대개 간접적으로 국가권력으로부터 방조를 받고 있다는 것이다(Shklar, 1998a: 13).

물론 모든 권력의 행사와 강제력을 반대할 수는 없다. 인권과 자유를

---

34 '공포로부터의 자유'라는 표현은 일찍이 루스벨트 미국 대통령이 제2차 세계대전 이후 자유와 인권의 새로운 시대를 염원하면서 제창한 4대 자유의 하나에서 따온 것이다. 그것은 물론 직접적으로는 전쟁으로부터의 해방을 뜻하는 것이었다. 사실 슈클라의 공포로부터의 자유의 주된 경계대상 또한 전쟁이다. 슈클라는 법치주의를 단적으로 '전쟁 대신 법'으로 표현하기도 한다. 그러나 전쟁은 폭력의 극단적 형태일 뿐 법치주의가 전쟁만을 염두에 두는 것은 아닐 것이다. 그리하여 슈클라의 공포로부터의 자유는 루스벨트의 4대의 자유, 즉 신앙과 양심의 자유, 언론과 표현의 자유, 공포로부터의 해방, 결핍으로부터의 해방을 모두 포괄하는 것이라고도 할 수 있을 것이다.

보호하기 위한 법적 강제력이라는 표현은 전혀 모순이 아니다. 더 큰 가혹함과 공포에 대한 대응으로서 필요성이 있고 비례적인 강제는 오히려 소중한 것이다(Shklar, 1998a: 13). 슈클라가 말하는 공포의 강제력은 바로 가혹함, 잔인함(cruelty)이다. 즉, 강한 자들이 약한 자들에게 자신들의 목적을 위해 일부러 가하는 신체적·감정적 고통, 자의적이고 불가예측적이며 불필요하고 권한이 없는 강제력이다(Shklar, 1998a: 11).

슈클라는 자신의 자유주의를 다음과 같이 함축적으로 표현하고 있다. "공포로부터의 자유주의에서 정치적 생활의 기본 단위는 논의하고 성찰하는 개인들도 아니며, 적과 동지의 구분도 아니며, 애국적인 전사들도 아니며, 열정적인 권리 투쟁자들도 아니며, 강자와 약자의 구분이다"(Shklar, 1998a: 9). 필자는 예전의 논문에서 슈클라의 자유주의를, 정의의 그늘이 가장 깊은 곳에 있으면서도 그 부정의에 대해 표현할 줄도 모르는 그리고 그러한 기회가 제대로 주어지지도 않는 사람들의 목소리를 듣고자 하는 것, 즉 낮은 곳으로 임하여 작은 목소리를 청취하려는 연민의 표현이라고 쓴 적이 있다(정태욱, 2004: 90).

슈클라에게 이러한 공포로부터의 자유주의의 핵심은 법치주의인데, 죄형법정주의, 적법절차 그리고 평등권과 그에 대한 법적 보호 등이 그 중요 내용으로 제시되고 있다(Shklar, 1986: 18~19). 이러한 귀결을 '법치주의는 중요하다'는 사뭇 진부한 결론쯤으로 이해하는 것은 곤란하다. 자유주의의 특유한 덕성, 그리고 자유주의적 법치주의에 대한 재인식으로 이해되면 좋을 것이다.

## (4) 법치주의의 두 가지 원형

슈클라는 이와 같은 법치주의를 몽테스키외적 모델이라고 말하고 아리스토텔레스적 모델과 대비시킨다(Shklar, 1998b: 21~38). 몽테스키외의 모델은 법의 지배(rule of law)라고 할 수 있고, 아리스토텔레스의 모델은 이성의 지배(rule of reason) 혹은 합리성의 지배(rule of rationality)라고 할 수 있다. 몽테스키외적 모델의 법치주의는 시민들의 자율적 영역을 국가권력의 간섭으로부터 보호하고 선량한 시민들이 국가폭력의 두려움 없이 안전하게 자신의 삶을 영위할 수 있게 하는 제도적 장치들을 말하는 것이며, 아리스토텔레스적 모델은 공정하고 불편부당한, 그리하여 판단자의 사심이 개입되지 않은, 주어진 체제의 논리에 맞는 이성적인 법적용, 그리고 그를 위한 능력과 성품을 말한다(Shklar, 1998b: 22~25).

슈클라는 이를 법치주의의 두 가지 원형이라고 하며, 그 자체로 모두 소망스러운 가치임을 전제한다. 몽테스키외적 모델은 권력, 특히 국가권력의 공포로부터 개인의 자유와 안전을 보호하는 것이고, 아리스토텔레스적 모델은 자의적인 법적용과 편파성을 배제하고 공평하고 합리적인 일처리를 보증한다. 그러나 슈클라는 아리스토텔레스적 모델은 그에 관한 역사적 맥락을 놓치면 자유주의에 오히려 해가 될 수도 있음을 경고한다. 그 모델은 아리스토텔레스 자신도 당시의 노예제를 당연시했듯이 자유민주적 헌정질서만이 아니라 이른바 이중국가(dual state), 즉 일정한 계급과 집단만이 공민의 자격을 누리고 다른 계급과 집단을 하위 신분으로 취급하는 체제에서도 얼마든지 기능할 수 있기 때문이다(Shklar, 1998b: 22). 즉, 중요한 것은 합리적인 일처리가 아니라 그 체제 자체의 합리성인 것이다.

그리하여 슈클라는 폭력의 공포, 자의적인 국가권력이 야기하는 불안정성, 그리고 부정의한 질서가 낳는 차별과 천대에 대한 각성이 있을 때만 법치주의는 올바른 길을 찾을 수 있다고 말한다(Shklar, 1998b: 36).

(5) 희생자의 목소리[35]

이러한 슈클라의 법치주의론이 희생자 및 피해자의 목소리를 듣는데에 아주 민감할 것은 당연하다. 슈클라는 기성의 정의론이 정의의 모델에만 관심을 기울여 부정의의 실질은 놓치고 있다고 말한다(Shklar, 1990). 즉, "통상적인 정의의 모델은 비록 부정의를 무시하지는 않지만, 그것을 정의의 전주곡이나 정의의 부정, 또는 정의의 결여로 이해하여, 마치 부정의가 비정상적 특이현상인 양 치부하는 경향이 있다"(Shklar, 1990: 17)고 말한다.

슈클라는 부정의를 단지 정의의 부정으로서만 인식한다면 진정 부정의의 현실을 감당치 못할 것이라고 단언한다. 통상적인 정의의 모델들은 "근거 없는 믿음, 즉 우리가 부정의와 불행에 관한 어떤 정확하고 분명한 구별의 기준을 가지고 있다는 믿음에 집착하기 때문"이라고 한다. 슈클라는 유한하며 한계적인 인간들이 어떤 일반적인 정의의 원리로서 모든 부정의들을 감당할 수 있다고 생각하지 않는다. 우리의 인지적 빈곤을 고려할 때, 보잘것없는 제도적 장치로 저 광범한 부정의에 대처할 수 있다고 믿는 것은 실패를 자초하는 것이며, 그것은 단지 부정의의 영역을 넓힐 따름이라고 경고한다(Shklar, 1990: 27).

이러한 부정의에 대한 진지한 고민은 이른바 "희생자의 관점에서 보

---

35 이하의 내용은 정태욱(2004: 86~89)의 요약이다. 중복임에도 불구하고 예전에 썼던 문장들을 반복한 까닭은 그것이 김명호 교수 사건의 해법과 직결될 수 있기 때문이다. 즉, 재판부가 통상적인 정의의 모델에 입각하여, 정관 기준의 합치성을 먼저 생각하고 재량남용은 단지 그 합치성에 결여로 인식하는 것이라고 할 때, 필자는 희생자의 관점에 따라, 재량남용 여부를 먼저 생각하고, 재량의 남용이 있다면 정관규정에의 합치성에 근본적인 하자있음을 추정하는 방식을 제시하고자 하는 것이다.

는 정의론"(Yack, 1991: 1334~1349)이라고 하는 독특한 정의론을 낳게
된다. 정상적인 정의의 모델에만 집착하는 경우 희생자의 목소리는 충
분히 들리지 않게 된다는 것이다. "단지 일정한 금지규율에 부합하는 희
생자들의 절규만이 부정의의 고통으로 간주될 뿐, 그러한 규율에 맞지
않으면, 그것은 단지 희생자의 주관적인 반응이고 한낱 불운일 뿐, 실제
로 부정의한 것은 아닌 것이 된다"는 정의의 그늘을 지적한다(Shklar,
1990: 7). 이러한 슈클라의 문제의식은 "부정의와 불행(Injustice and Mis-
fortune)"이라는 편리한 이분법에 대한 비판으로 이어진다. 슈클라는 우
리에게 얼마나 많은 부정의들이 단지 불운으로 치부되고 마는가 묻는
다. 또 흑인에 대한 차별, 혹은 여성에 대한 차별도 단지 자연적인 불행
으로 간주되었던 과거의 역사도 상기시킨다.

물론 슈클라 자신이 부정의와 불운에 대한 명백한 구분선을 제시하
는 것은 결코 아니다. 슈클라는 다만 "부정의와 불행의 구분은 결국 정
치적 선택의 문제"일 수 있음(Shklar, 1990: 5)을 지적하며, 우리에게 불
운이라고 치부되는 것 속에 얼마나 많은 부정의가 들어 있는지 그리고
그것을 파악하기 위해서는 바로 희생자의 목소리에 귀를 열어야 함을
일깨우는 것이다.

(6) 하이에크의 법치주의론에 대한 비판

이러한 슈클라의 자유주의적 법치주의론은 흔히 자유주의 법치주의
의 대명사처럼 얘기되고 있는 하이에크의 법치주의와는 사뭇 다른 것임
을 알 수 있다. 아니 하이에크의 법치주의론에는 슈클라의 공포의 자유
주의가 지향하는 인도주의적 감수성은 탈락되어 있다고 말할 수 있다.
슈클라는 하이에크의 법치주의론을 다이시의 법치주의론에 이어 몽테

스키외적 모델에 속하는 것으로 범주화하면서도, 몽테스키외 그리고 다이시에서도 그런대로 함의되어왔던 압제와 침탈의 위험성에 대해서는 둔감하다고 비판한다(Shklar, 1998a: 27).

슈클라에게 제일의 경계대상인 '강제(coercion)'의 문제에 있어서도 하이에크는 특정의 목적을 위해 구체적 명령을 하는 경우에만 강제가 있는 것으로 보고, 일반적이고 보편적으로 적용되는 규칙에 의한 경우라면 그러한 강제성은 사라지는 것으로 말한다. 그러나 슈클라에게 이는 권력의 행사에 일반적으로 따르는 문제성을 경시하는 안이한 태도로 비친다(Shklar, 1986: 23). 그리하여 슈클라가 보기에 하이에크의 법치주의에서는 기대의 안정성과 자유, 전통과 합법성이 완전히 일치하게 되어(Shklar, 1986: 24), 억압의 질서와 자유의 질서 사이의 구분이 흐려지는 것이다. 하이에크의 법치주의론에서는 폭력과 차별로부터의 자유의 보호라는 자유주의적 법치주의의 특성이 탈락되었다고 말할 수 있다.

슈클라는 하이에크가 자신은 결코 보수주의자가 아니라고 하는 말에 공감한다. 슈클라도 하이에크의 자유주의론이 구시대의 인습이나 권위를 옹호해주는 논리는 아니라고 본다. 그가 말하는 '자생적 질서(spontaneous order)'는 오히려 모든 비효율, 불합리, 불규칙성 등 억압의 기제를 타파하는 것이 될 수 있음을 인정한다. 특히 사회의 자생적 질서를 무시하고 단순한 이상으로 무모하게 사회를 설계하려는 구성적 합리주의(constructive rationalist)가 자칫 사회를 전체주의의 악몽으로 몰아넣을 수 있다는 하이에크의 우려에 공감을 보인다(Shklar, 1998a: 28).

그러나 슈클라는 전체주의와 폭력의 위험은 의도적인 사회설계의 과욕에 의해서만 발생하는 것이 아니라고 보며, 또 국가사회의 폭력이 자생적 질서의 확립만으로 다 해소될 수 있다는 하이에크의 낙관론에 공감하지 않는다. 특히 전쟁의 위험, 호전적 이데올로기 그리고 그와 결부된 상무(尚武)정신과 군부세력을 도외시하는 것은 자유주의적 법치주의의 정신에서 중대한 손실이 될 것이라고 한다(Shklar, 1998a: 28).

슈클라에게 자유주의의 핵심은 인간사회에서 어떤 악덕보다 잔혹함이 가장 회피되어야 한다는 것(put cruelty first)이다. 그리고 그를 위해서 그러한 위험들이 어느 곳에나 있음을, 그리고 현실적인 폭력만이 아니라 '공포에 대한 공포' 또한 심각한 것임을 인식해야 한다고 말한다(Shklar, 1998a: 19). 따라서 자유시장질서의 확립 혹은 그 자연적 필연성을 법치주의 자체와 등치시키는 것은 자유주의의 가치들을 망각케 하거나 오히려 위협하는, 또 하나의 거창한 사회조작의 이데올로기가 될 수 있다고 본다.


## 4. 사건에서의 귀결점

### 1) 소급효의 문제

이상과 같은 자유주의적 법치주의의 해석, 즉 방어적 법치주의에서 본다면, 소급효는 무조건 금지되는 것이라고 할 수 없다. 물론 그렇다고 소급효 금지의 원칙을 무의미하다고 말하는 것은 아니다. 다만 그 소급효가 방어적인 차원의 것, 즉 과거 권력의 횡포를 시정하고 그로부터 원래의 자유와 안전, 그리하여 법의 보호에 대한 사람들의 소망을 회복하는 것이라면 그것을 금기시할 이유는 없다는 것이다. 강자의 폭력으로 인한 불법부당한 상태가 지속되는 경우 그것을 시정하여 억울한 희생자들의 존엄과 자유를 치유하는 것은 오히려 자유주의적 법치주의 정신에 부합할 수 있다. 실제로 그런 차원에서 소급효는 자유민주적 기본질서의 주요 법기술이라고 해도 과언은 아닐 것이다. 헌법재판제도 자체가 바로 그 대표적인 예가 아닐 수 없다.

소급법에 대한 샘포드의 최근의 연구에는 민주성, 효율성, 공정성 등 소급효 금지에 관한 정당화 논거가 거꾸로 소급효 정당화의 논거로도 얼마든지 기능할 수 있음이 잘 설명되어 있다(Sampford, 2006). 샘포드는 소급효 금지는 단지 필요악의 차원이 아니라 더 나은 법질서를 위해 필요한 것임을 밝히고 있다(Sampford, 2006: 229~242). 샘포드는 소급효 금지는 국가권력의 오남용을 견제하고 시민들이 안정적인 삶을 영위할 수 있도록 하는 것인데, 경우에 따라서는 소급적용이야말로 그와 같은 향도성을 달성할 수 있다고 하면서, 소급효는 법치주의를 파괴하는 것이 아니라 오히려 잘 정돈된 법질서(well-ordered)에서의 법치주의의 불가결한 부분이라고 말한다(Sampford, 2006: 266). 문제는 소급효 자체가 아니라 그 법질서가 과연 야만적이고 전제적인 질서인가 아니면 자유민주적 기본질서가 확립되어 있는 질서인가의 여부가 더 중요하다는 것이다.

우리 헌법재판소도 소급효 금지는 절대적인 것이 아니고, 기존의 법을 변경해야 할 공익적 필요는 심히 중대한 반면에 그 법적 지위에 대한 개인의 신뢰를 보호해야 할 필요가 상대적으로 적어 개인의 신뢰이익을 관철하는 것이 객관적으로 정당화될 수 없는 경우, 국민이 소급입법을 예상할 수 있었거나 법적 상태가 불확실하고 혼란스러워 보호할 만한 신뢰의 이익이 적은 경우, 소급입법에 의한 당사자의 손실이 없거나 아주 경미한 경우, 그리고 신뢰 보호의 요청에 우선하는 심히 중대한 공익상의 사유가 있는 경우는 소급입법을 할 수 있음을 밝히고 있다.[36]

이처럼 소급효 적용을 어떤 금기로 생각할 필요는 없으며, 오히려 자유민주적 기본질서가 요청하는 바도 있다고 할 때, 이번 사건의 경우에도 원칙적으로 개정 사립학교법이 적용되었어야 한다고 본다. 설사 그 개선입법의 세부 규정들 모두를 직접 적용하는 것이 지나치다고 할지라도, 적어도 합리적이고 공정한 심사였는지의 여부를 판단함에 있어서 개선입법의 본질적 내용이 감안되었어야 한다고 본다. 재판부는 현행 헌법재판소의 판례에 따라 헌법불합치 결정의 소급효를 단지 '당해 사건과 병행 사건'에만 제한적으로 적용하는 입장을 보였는데, 그 제한성에 대한 다른 이유는 제시되지 않은 것이 필자에게는 충분치 않아 보인다. 자유민주적 법치주의에서 자유의 회복을 제한하는 경우라면 좀 더 많은 설명이 필요했을 것으로 본다.

36 헌법재판소 1996.2.16. 96헌가2, 96헌바7·13(병합). 위 판례는 5·17 내란을 일으킨 신군부의 처벌을 위한 특별법에 대한 것으로서, 헌법재판소는 소급처벌금지의 원칙도 절대적인 것은 아니며 예외가 있을 수 있음을 밝히고 있다. 물론 소급처벌의 인정에는 신중을 기하지 않을 수 없다. 국가형벌권의 소급적 행사는 시민들의 삶을 공포 속에 묶어두는 국가권력 오남용의 대표적인 사례가 될 수 있다. 그러나 위의 사안과 같이 그들이 비록 권좌에서 물러났다고 해도 여전히 국가권력과 연결되어 있고 그들이 범한 국가폭력의 상처가 지속되고 있다면 국가폭력의 공포를 제거하기 위해 부득이하게 국가형벌권의 소급적 발동을 긍정할 수 있다고 생각한다. 김영환은 위의 판례를 비판적으로 검토하면서, 자유주의적 법치주의라고 한다면 국가형벌권의 절제와 신뢰 보호라는 차원에서 소급처벌 금지는 유지되었어야 한다고 말한다. 그리고 어떤 절실한 정의의 요청으로 소급처벌이 불가피하다면, 그것은 법치주의의 이름이 아니라 다른 차원에서 정당화되어야 한다고 본다(김영환, 1997: 1~27). 그러나 국가폭력에 대한 정죄는 국가형벌권의 남용이 아니라 자기교정으로 이해될 수 있고, 일반 시민의 신뢰에 대한 배반이 아니라 신뢰 보호의 강화를 뜻할 수도 있다는 점에서 필자는 여전히 법치주의 내에서의 논리구성이 가능하다고 본다.

필자에게 자유주의의 핵심 덕목은 개방성 혹은 자기교정성이다. 어느 사회나 부정과 인권침해가 있기 마련이다. 자유주의 사회도 예외는 아니다. 그러나 자유주의 헌정질서가 다른 체제와 다른 점은 그러한 부정과 침해에 대해 사후적으로 문책하고 구제받을 수 있는 교정가능성을 본질로 삼고 있다는 점이 아닌가 한다. 그것도 어떤 공적 심급의 직권에 맡겨진 것이 아니라 희생자들 자신의 이름으로 그러한 절차를 밟을 수 있다는 점이 그 특징이라고 본다. 이런 점에서 재판부가 소급효의 주장을 간단히 제한한 것은 자유주의의 가치를 제한하는 것인지도 모른다.

자유주의가 소급효를 두려워하는 까닭은 그것이 권력에 의한 자유와 존엄의 침탈의 통로가 되거나 아니면 삶의 안정을 위협하는 대책 없는 혼란을 야기할지 모른다는 우려 때문이지, 그것이 과거의 부정에 대한 시정을 게을리 해도 좋다는 얘기는 아닐 것이다. 자유주의에서의 법적 안정성이 질서를 위한 질서 혹은 '묘지 위의 평화'를 위한 것이 될 수는 없는 일이다.

이미 '당해 사건 혹은 병행 사건'에서는 인정되는 소급효를 김 교수의 경우에 또한 적용한다고 하여, 다시 말하면 개정 사립학교법의 소급효를 일반적으로 확대한다고 하여, 그 어떤 문제가 발생할지 필자로서는 알 수 없다. 그에 따른 결과로서 그간의 재임용 탈락자들이 사법적 구제절차로 다시 심사를 받게 될 것이고, 그중에서 정말 학문과 진리에 폐가 되는 이들은 그냥 주저앉게 될 것이며, 반대로 학문과 진리가 필요로 하는 이들은 구제받게 될 것인데, 거기에 어떤 문제가 있는지 필자로서는 알 수 없다.

오히려 학문에 대한 열정과 능력에서 뛰어난 교수가 진실을 말했다는 이유로 대학에서 쫓겨난 불법상태가 해소되지 않고 오히려 법원에서

추인된다는 사실이, 양심적 교수들에게 그리고 대학 아니 사회 전체의 자유와 진실에 있어 정말로 심각한 문제가 아닌가 생각된다. 그리고 그와 같은 걱정과 두려움을 제거해주는 것이 바로 자유민주적 헌정질서에서의 법의 일이고, 법치주의의 사명이 아닌가 한다.

### 2) 재량남용의 문제

슈클라가 법치주의의 두 가지 모델에서 얘기했듯이, 법규의 공평무사한 적용은 법조인들의 미덕임에는 틀림없지만, 그것은 질서 자체의 합리성을 문제 삼지 않는다는 점에서 종종 자유주의적 법치주의에 오히려 위해가 될 수도 있다. 자유민주적 헌정질서라면 형식적 법치주의라고 할지라도, 부당하게 차별당하거나 당할 수 있는 이들의 자유와 존엄의 보호라는 관점을 놓칠 수 없는 것이다.

즉, 법규에의 충실성은 법치주의의 필요조건은 될지언정 충분조건은 될 수 없다. 거꾸로 법규의 충실한 적용을 이유로 오히려 자유와 존엄에 반하는 결론을 법치주의의 이름으로 합리화하는 일이 있을 수 있음을 경계하는 것이 자유주의적 법치주의의 과제가 될 것이다. 재량의 여지가 큰 법 영역에서는 더욱 그렇다. 자유재량의 이름으로 권력, 특히 국가권력이 자유와 존엄을 자의적으로 침탈하는데, 이를 단지 법규의 형식적 적용이라는 외양만을 보고 법치주의에 이상이 없다고 말할 수는 없다.

사실 이러한 논리는 이미 우리 법질서상에 이미 확고한 구성 부분으로 되어 있다고 보아야 할 것이다. 공법적 차원에서도 재량행위의 일탈과 남용에 대한 통제 및 그에 관한 권리구제가 중요한 법적 과제로 되어 있음은 물론이고, 사법의 영역에서도 권리남용 금지와 신의성실의 원칙 그리고 공서양속 등이 이미 실정법상 기본원칙으로 규정되어 있으며, 관련 판례도 오랫동안 다양하게 축적되어 있다.

마찬가지로 필자는 이 사건에서도 재임용에 관한 정관규정을 형식적으로 적용하는 것만으로 법치주의의 내용을 충분히 소화했다고 말할 수 없다고 본다. 재임용 제도가 그 도입부터 수상쩍은 정치적 동기에서 비롯했고, 사학(私學)들이 그에 편승하여 재임용 제도를 악용해왔다면, 재임용 규정의 적용에서 법치주의의 과제는 형식적인 규율합치성이 아니라 그러한 형식 속에 숨어 있을 수 있는 횡포와 억압을 경계하고 그로부터 자유와 존엄을 구해내는 것이 아닌가 한다.

정관규정의 형식적 적용만으로 재량남용이 없다고 판단하는 것은 재량남용의 위험성 및 권력 남용의 방지를 사명으로 하는 자유주의적 법치주의의 특성에 대한 몰이해를 드러내는 것이라고 본다. 사립학교법이 학교의 정관에 따른 재임용의 권한을 인정했다고 해도 '합리적이고 공정한 심사'가 그 수권에 내재하는 규제적 원리라고 한다면, 학교의 정관이 재임용의 근거규칙이라고 하더라도, 그것이 다른 법원리들을 모두 배제하는 것으로 이해할 수는 없다. 즉, 그 정관 적용에 있어 학교 측의 있을 수 있는 남용에 울타리를 쳐주는 기본적인 법원리들(이것이 대법원 판례에서 법규 또는 조리로 표현된 것으로 볼 수 있다)도 감안하지 않으면 안 될 것이다.

재량남용을 진지하게 생각한다면 우리는 이 사건에서 대학의 본질과 사명을 생각하지 않을 수 없다. 그리고 입시출제 오류를 지적한 김명호 교수의 양심과 용기, 그리고 그 시정을 회피하고 그에 항의하는 김 교수를 결국 학교에서 배제한 대학의 행태, 그 양자의 극명한 대조에 주목하지 않을 수 없다. 대학의 본질이 진리와 양심이라고 한다면, 학교 측은 스스로 자신의 존재에 모순되는 행위를 한 것이며, 또 이는 대학 구성원들의 신뢰를 크게 해치고 교수 재임용의 일반적인 관행에도 반하는 것이 아닐 수 없다. 아무리 사학의 교원임용을 사법적 계약관계라고 할지라도 그처럼 대학의 본질에 반하는 행위를 허용하는 것은 곤란하다고 본다.[37]

---

37 이러한 해석의 가능성은 교원재임용 계약에서 노동법상의 이른바 연쇄적 근로계약(Kettenarbeitsvertrag)과 같이 '기대관계' 혹은 신뢰 보호를 생각할 수 있다면 더욱 커질 것이다. 대법원은 연세대학교 부설 언어교육원의 시간강사들의 사건에서 "기간을 정하여 채용된 근로자라고 할지라도 장기간에 걸쳐서 기간의 갱신이 반복되어 그 정한 기간이 단지 형식에 불과하게 된 경우에는 사실상 기간의 정함이 없는 근로자의 경우와 다를 바가 없게 되는 것이고, 그 경우에 사용자가 정당한 사유 없이 갱신계약의 체결을 거절하는 것은 해고와 마찬가지로 무효"(대법원 1994.1.11. 93다17843 판결)라고 판결한 이래 그와 같은 판례를 많이 축적하고 있다. 오관석은 이와 같은 노동법상의 신의칙의 법리를 사립학교 교원의 경우라고 하여 배제할 이유는 없을 것이라고 지적한다(오관석, 1997: 185). 나아가 신의칙의 적용가능성은 재임용대상 교원의 '기대권'을 인정할 경우 더욱 뚜렷해질 것이다. 종래의 판례는 대법원 1987.6.9. 86다카2622 판결에서 "정관 규정에 의해 계약기간을 정하여 임용된 교원은 그 기간이 만료된 때에는 재임용 계약을 체결해야 하고 만약 재임용 계약을 체결하지 못하면 재임용 거부 결정 등 특별한 절차를 거치지 않더라도 당연 퇴직된다고 해석된다"고 한 이래로 그러한 기대권을 부정해왔다. 그러나 '합리적이고 공정한 심사를 받을 권리'를 최초로 인정한 대법원 판례(대법원 2004.4.22. 2000두7735)에서는 "교원으로서의 능력과 자질에 관해 합리적인 기준에 의한 공정한 심사를 받아 위 기준에 부합되면 특별한 사정이 없는 한 재임용되리라는 기대를 가지고 ……"라고 하여 '기대 이익'에 대한 시사를 했고, 이어서 대법원 2006.3.9. 2003다52647 판결에서도 그와 같은 취지가 반복되고 있다(이 판결은 개정된 사립학교법을 적용한 판결이긴 하지만 기대의 이익을 사립학교법의 개정 전후에 따라 달리 볼 이유는 없다고 생각한다). 한편 오래 전의 판결이긴 하지만(대법원 1977.9.28. 77다300), 대법원

나아가 이번 사건을 단순히 민법상의 정관규정의 합치성 문제가 아니라 헌법에 보장된 교원지위법정주의의 문제로 이해한다면, 사건의 심리에서는 당연히 헌법적 관점이 필요했을 것이다. 물론 직접 헌법을 적용하지 않더라도 소위 기본권의 대사인적 효력의 차원에서 민법상의 여러 일반조항의 법리를 요건으로 취급했어야 할 것이다(오관석, 1997: 207).

물론 그러한 일반원리들, 예컨대 민법상의 신의칙, 공서양속 그리고 헌법상의 기본권 보장과 대학의 제도 보장 등이 재임용의 적극적인 근거규정이라고 할 수는 없을 것이다. 즉, 그 규정들에 의해 재임용이 이루어지도록 하는 것은 대학의 자유에 대한 국가의 과도한 간섭이 될 것이며, 방어적 법치주의의 취지에도 맞지 않는다. 다만 비록 재임용의 적극적인 규정은 (사립학교법의 수권에 의한) 해당학교의 정관이지만, 재량남용으로 인한 부당한 재임용 거부에 대해서는 민법상의 일반조항 및 헌법상의 기본원리들이 그 남용을 제어하고 시정하는 소극적(방어적) 역할을 할 수 있다는 뜻이다.

민법은 민법이고 헌법은 헌법이라는 엄격한 준별론이 제기될 수도 있다. 그러나 기본적으로 모든 법질서는 전체 헌정질서의 구성 부분으

---

은 불법행위로 인한 손해배상청구에서 "대학교원으로서 현저하게 부적법하다고 여겨지는 특수한 자를 도태하고자 하는 데 있어 부적격하다고 인정되지 아니하는 한 그 재임명 내지는 재임용이 당연히 예정되어 있다고 보아진다"라고 하여 조건부이긴 하지만 기대권을 인정하여 일실수입액을 산정한 바도 있다(이경운, 2005: 76 참조). 김명호 교수도 재판과정에서 그 판례를 주장했다. 하지만 재판부는 설사 그 판결의 법리에 따른다고 해도 김 교수는 "대학교원으로서 부적격하다고 인정되므로" 기대권의 수혜자가 될 수 없다고 판시했다.

로 이해될 필요가 있다. 물론 이것이 사법 혹은 민법의 고유성과 그 자율적 영역을 부인하는 것으로 오해될 필요는 없다. 다만 방어적 법치주의란 사법적 법률관계가 헌정질서의 한계를 넘어서 자유와 존엄이라는 헌법적 기본가치를 침해하는 것은 허용될 수 없으며, 그를 위한 일정한 울타리치기는 필요하다는 것이다. 또한 이를 민법 외적인 헌법이 민법을 밖으로부터 구속하는 것으로 이해될 필요도 없다. 헌법의 민법적 통로인 민법상의 일반조항들이 스스로 교정하는 민법의 자기제한으로 표현해볼 수 있을 것이다.[38]

우리 법질서는 이미 헌법[39] 그리고 다른 입법으로써 그와 같은 법치주의의 정신을 구현하고 있다. 필자는 그 특별한 예로 국가인권위원회법을 들고 싶다. 그 법은 정부 기관에 의한 차별은 물론이고 나아가 사적 기관들에 대해서도 고용, 교육, 재화 용역 등의 시설에서 성별, 나이, 용모, 사상 또는 정치적 의견 등 열 가지도 넘는 사유로 인한 불합리한 차별을 금지하고 있다. 말하자면 국가인권위원회는 방어적 법치주의의 관점에서 기본권의 대사인적 효력을 적극적으로 넓힌 것으로 평가할 수 있다.

이 사건도 입시문제의 오류를 지적하고 시정하려는 김명호 교수의 학문적 양심, 즉 인권이 침해된 사안으로 이해할 수 있다. 미국에서는

---

38 필자는 양창수(1999: 1~26)에서 말하는 민법의 '자기동정(同定)'을 그렇게 이해하고 싶다.

39 헌법상 기본권의 대사인적 효력을 명시한 것으로는 "언론·출판은 타인의 명예나 권리 또는 공중도덕이나 사회윤리를 침해해서는 안 된다"는 제21조 4항이 거론된다(김철수, 2005: 323).

정년을 보장 받기 전까지의 일종의 시험적 임용기간에서는 일반적으로 재임용에 관한 한 학교 측의 의무가 인정되지 않고 있다. 물론 우리나라와 같이 이른바 '정년 트랙'으로 교수를 임용하는 경우와는 사정이 다를 수 있다. 하지만 그러한 미국에서조차 양심과 표현의 자유를 침해하는 재임용 거부는 허용될 수 없다는 판결이 있음에 주목할 필요가 있다.[40]

재량남용의 문제를 다루면서 그것을 고작 정관규정의 합치성 문제로 바꾸어버리는 것, 즉 재량남용의 문제를 독자적으로 취급하지 못한 것은 슈클라에 따르면 희생자의 관점이 결여되었기 때문이 아닌가 한다. 부정의를 부정의의 희생자의 입장에서 바라보지 못했기 때문에, 그저 타성에 따라 법규의 적용만으로 부정의의 문제가 모두 해결될 수 있을 것으로 착각한 것이 아닌가 한다. 마치 '공원의 정문을 닫으면서 이제 까마귀가 들어오는 일은 없다'고 하는 식으로, 문제의 소재가 어디에 있으며, 취약한 부분이 어디인지를 잊은 것이다.

아니 어쩌면 재판부는 누가 피해자인지에 대해 다른 인식을 하고 있었는지 모른다. 비록 괄호 안에 넣긴 했지만, 판결문에서 "오히려 원고로서는 위와 같이 문제의 오류를 지적함으로써 보복을 당할 수 있음에도 불구하고 학자적 양심에 따라 정당한 원칙을 주장하기 위한 용기 있

---

40 Perry v. Sinderman, 408 U.S. 593, 92 S. Ct. 2694(1972). 이 판례에 대한 국내의 소개는 오관석(1997: 200) 참조. 한편, 양창수는 일찍이 민법의 신의성실의 원칙에 관해 헌법상 기본가치의 간접적용을 인정하면서, "가령 평등권, 직업선택의 자유, 사생활의 비밀과 자유, 양심의 자유, 표현의 자유 등은 비록 당사자들의 의사에 의해 자유제한이 허용되는 사법관계에서이기는 하더라도 신의칙을 적용함에 있어서는 그 불필요한 제약, 나아가서는 실질적인 박탈이 일어나는 일이 없도록 유의해야 할 것이다"라고 설명한 바 있는데, 이번 사건과 관련해 주목할 만하다(양창수, 1992: 95).

는 행동을 할 것이면, 스스로 자신이 대학교원으로서 지녀야 할 다른 덕목도 갖출 수 있도록 노력했어야 할 것인데 ……"라고 설시했는데, 이는 피해자와 가해자의 자리를 뒤바꾸어, 피해자에게 오히려 엄격한 잣대를 들이미는 격이었다.

이와 같은 전도된 인식은 재판과정에서도 당연히 영향을 미치게 될 것이다. 예컨대 입증책임의 문제에서 학교 측에게 입시 오류의 파동과 관련한 결백 혹은 그것을 능가하는 압도적인 학문적 필요성을 증명케 하는 것이 아니라, 오히려 김 교수에게 교육자로서의 자질과 품위에 대한 적극적 증명을 요구하는 발상은 바로 그런 인식에서 나오는 것이 아닌가 한다.

사람들은 교수의 자유만이 아니라 대학의 자유를 얘기하기도 한다. 또 교수 임용을 사적 계약이라고 한다면, 계약자유의 원리, 사적 자치의 원칙이 지켜지는 것이 자유주의에 부합하는 것이라고 말하기도 한다. 말하자면 하이에크류의 법치주의론이라고 하겠다. 사실 과거 우리 판례는 바로 그와 유사한 입장을 오랫동안 지속해왔다. 종전의 임용 기간이 종료하면 그것으로 학교와 교수의 계약관계는 완전히 소멸되는 것이고, 그 교수를 다시 임용할 것인지의 여부는 전적으로 학교의 자유재량으로 보았던 것이다. 재량남용의 문제를 단지 정관규정의 합치성 여부로 치환해버린 이번 재판부도 여전히 그러한 생각에 젖어 있는지 모르겠다.

물론 그러한 대학질서를 상상하지 못할 바는 아니다. 그 극단적인 형태는 모든 교수들이 비정규직화되어 매 학기마다 완전한 자유계약으로 교수 임용이 되고, 대학 간 교수 이동 또한 완전히 자유롭게 되는 등 일종의 완전경쟁시장의 구조를 떠올릴 수도 있다. 그러나 그러한 대학질서가 진정 대학의 자유와 자율성에 부합하는 것인지, 그리고 하이에크가 말하는 자생적 질서가 그런 것인지는 알 수 없다. 사적 자치라고 하는 것이 모든 사회영역을 균질화하고 획일적인 계약관계로 만들어버리는 것을 뜻하는 것인지는 큰 의문이다.

필자는 헌법재판소와 대법원이 종래의 판례를 바꾼 것도 이런 관점에서 이해해볼 수 있다고 생각하며, 만약 그러한 획일적 자유주의를 우리 법질서가 강제하거나 뒷받침한다면, 필자로서는 그것이야말로 우리 헌법상의 자유민주적 원리에 배치되는 것이라고 생각한다. 롤즈, 월저 등 현대의 대표적인 자유주의 사상가들이 주장하는 것은 각 사회 영역의 자율성이고 다원성이다. 회사는 회사대로, 친목단체는 친목단체대로, 교회는 교회대로, 대학은 대학대로 나름의 질서가 있으며 헌정질서의 과제는 그 각각의 가치들을 존중하고 공존할 수 있도록 도와주는 것이다. 이 또한 방어적 법치주의의 특징이기도 한다.

거듭 말하지만, 대학의 질서에서 가장 중요한 것은 진리와 학문 그리고 연구와 교육이다. 바로 그런 가치들에 맞추어 대학질서는 시대 사정에 맞추어 자율적으로 조정되어 나가게 될 것이고, 우리 헌정질서는 그러한 자율성을 존중하되, 다만 그 자율성이 오남용되어 다른 영역의 가치들을 해치거나 반대로 다른 영역들이 부당하게도 대학의 영역에 침범하고 그 본질을 훼손하는 사태를 막아주는 역할을 해야 하는 것이다.

이번 사건에서도 학교 측의 자율성, 대학의 자유를 주장하는 이들이 있을 수 있다. 그러나 양심과 진실 추구의 자유를 학교의 자율성이라는 이름으로 억압하는 것, 즉 진리를 악의적으로 부인하며 대학의 자유를 주장하는 것은 그 자체로 모순이며, 설사 대학의 자유를 감안한다고 해도 이 경우 김명호 교수의 양심과 진실 추구의 자유에 비견될 수 없다고 본다.

## 5. 맺음말

이정렬 판사는 정관에 규정된 교육자적 자질, 교원으로서의 품위라는 다의적이고 주관적인 규정들을 기계적으로 적용할 수 있는 것으로 생각했는지도 모른다. 그리고 바로 거기에 법률가의 책무가 있다고 생각했는지도 모른다. 하지만 필자로서는 합리적이고 공정한 심사라고 할 때는, 그러한 기계적 적용이 아니라 학교의 광범위한 재량권이 혹시 한계를 넘어 오남용되지 않을까를 경계하는 것에 주안점이 놓여야 한다고 생각한다. 사립학교가 정관에 재임용에 대한 규정을 두고 있는 이상 그에 따른 형식을 갖추지 않은 재임용 거부는 거의 없을 것이라면, 입시출제의 오류와 같은 중요 학내 문제와 결부된 사안, 즉 일종의 내부고발자(whistle-blower)의 사건에서, 그 재임용 거부가 단지 정관규정에 형식적으로 합치했다는 이유만으로 합리적이고 공정한 심사가 이루어졌다고 말하는 것은 너무 안이하다.

규칙의 형식적 적용은 중요하지만 적지 않은 경우 그것은 결과적 형식일 때가 많다. 어쩌면 더욱 중요한 것은 어떤 원리에 따라 어떤 규칙을 적용할 것인가 하는 문제일지 모른다. 사실 대부분의 첨예한 사건은 하나의 규칙을 적용하거나 적용하지 않거나의 문제가 아니라 여러 규칙들, 즉 여러 권리와 이익들이 상충하는 가운데 어느 쪽에 더 큰 비중을 둘 것인지의 문제일 것이다. 이러한 상황에서 자유주의적 법치주의의 문제의식은 어떻게 자유를 크게 보장할 수 있을까 고민하는 것이 아니라 어떻게 해야 자유의 침해가 최소화될 수 있을까 고민하는 것이라고 본다. 그리고 그때 우선적으로 고려해야 할 것은 방어에 취약한 자들의 입장이 될 것이다.

사람들은 김명호 교수가 오히려 강자였다고 말할 수도 있다. 물론 김명호 교수는 학문적으로는 우월했다. 그리고 그에 따라 다른 교수들과 학생들에게 엄격했다. 그러나 그가 비록 오만했고 또 그 언행에 불비(不備)된 점이 있었다고 해도 그것이 약자에 대한 가혹행위라고 보기는 어렵다. 대학에서 학문과 진리에 단호하고 교육과 평정에 엄격한 것을 두고 약자에 대한 횡포라고 부를 수는 없을 것이다. 혹여 설사 김 교수가 그러한 정당한 권한과 책임의 행사에 있어 지나친 면이 있다고 할지라도, 그것은 학문과 진리에 반하는 동기에서 김 교수를 대학에서 배제했던 다른 교수들과 학교 그리고 그에 동조한 일부 학생들의 가혹한 권한남용에 비할 수 있는 것은 아니라고 생각한다.

제 9 장 ● ● ●

# 해방 60년과 한국사회의 자유주의

## 1. 머리말

해방 60주년을 지나며 자유주의를 생각하면 착잡한 느낌을 지울 수 없다. 명색이 자유주의적 헌정질서를 천명하며 시작한 현대사이지만, 우리의 자유주의는 한편으로는 너무 퇴행적이고 또 한편으로는 너무 홀대받고 있기 때문이다. 자유주의에 대한 정치적 활용과 왜곡이 만연해 있는가 하면,[1] 그에 따른 반작용으로 자유주의에 대한 불신과 편견이 널리 퍼져, 기실 자유주의의 정신은 희소할 뿐이다.[2] 다시 말하면 우리의

---

[1] 한국우익의 행동논리로서의 반공자유주의에 대한 대표적인 비판으로는 김동춘 (2001: 11~27)을 들 수 있다. 여기서 '자유주의자들'의 폭력성을 반민족행위와 좌익 경력에 따른 열등의식의 발로이자 그 결함을 상쇄하고자 하는 반작용으로 보는 점이 흥미롭다.

[2] 민주주의와 자유주의를 구분하여 자유주의를 비판하는 지식인 사회의 흐름에 대해서는 문지영(2004: 73~94) 참조. 문지영은 이 글에서 한국사회의 자유주의는

자유주의는, 한편에서는 재벌옹호의 자유경제기업원에서 '자유주의' 시리즈를 내는가 하면, 반공과 개발독재에 기댄 조선일보가 '자유민주주의'를 전가의 보도로 삼는 데서 알 수 있듯 반공숭미주의 및 정실자본주의와 동일시되고 있으며, 다른 한편에서는 우리 사회의 보수우익의 저속함과 폭력성에 환멸을 느끼는 많은 이들 그리고 사회주의를 염원하는 지식인들에 의해 자유주의는 비민주적인 부르주아 이데올로기이자 기득권의 논리로 간단하게 타기되고 있다.

이처럼 안팎곱사등이의 상황에서 저성장하고 미발달한 우리의 자유주의의 현실은 해방 60주년을 지난 우리 역사의 큰 결손이며, 미래 우리 사회의 전망을 음울하게 만드는 요인이라고 생각한다. 다종다기하고 착종되어 있는 자유주의의 이념이지만 그 합리적 본질을 폭력과 천대로부터의 해방이라고 할 때, 자유주의의 결핍은 우리 사회가 아직 폭력과 천대와의 단절이라는 수준에 이르지 못했음을 뜻한다고 보기 때문이다.

이 글은 그런 점에서 우선 우리 사회에서 자유주의의 복권을 시도하고자 한다.[3] 자유주의가 단순히 반공이나 자본주의의 이념에 그치는 것이 아니라 국가폭력을 비롯한 모든 의심스러운 권위로부터의 해방을 요구하며 단순한 개인의 자유가 아니라 개인의 역량을 위한 사회적 조건

---

공식 지배이념인 동시에 저항이념도 됨을 지적하고 있다.

[3] 우리 사회에서 자유주의의 논의, 특히 자유주의에 헌신을 표하는 논의들은 많지 않다. 실제로 자유주의에 우호적이고 친한 이들도 자유주의자임을 공개적으로 천명하는 경우는 드물다. 그러한 여건에서 이미 오래 전부터 자유주의의 덕목을 선명하게 부각하며 자유주의자로서의 외로움을 감내해온 고종석은 신선한 존재라고 할 것이다. 『자유의 무늬』(2002), 『서얼단상』(2002) 같은 그의 저술들은 자유주의적 감수성을 접할 수 있는 좋은 통로라고 생각한다.

까지 생각하는 원리임을, 그리고 반민주적이고 강자의 편에 서 있기보다 평등한 정치적 참여를 염원하며 모든 차별과 멸시로부터 약자의 진실과 존엄을 지키고자 하는 원리로 해석될 수 있음을 주장하고자 한다.[4]

사실 해방 60년의 세월 동안 우리 사회는 자유주의적 측면에서도 많은 발전을 이룩했다고 할 수 있다. 그러나 그에 안주할 수 없음은 자명하다. 오히려 자유주의 성과라고 할 수 있는 것도 그 속은 빈약하고 부실하다. 즉, 우리 사회는 아직 권위주의, 집단의 논리, 힘의 논리, 폭력과 차별의 만연 등 자유주의와 반대되는 문화가 지배하고 있으며 그로 인해 자유주의적 성과라는 것도 언제 어떻게 다시 반자유주의적인 질서에 자리를 내어줄지 모른다는 의구심마저 든다. 그리하여 이 글은 자유주의의 이념적 복권만을 위한 것이 아니라, 오히려 우리 시대 자유주의의 문화의 정착에 대한 염원이기도 하다. 특히 자유주의의 근본이랄 수 있는 자율적이고 충만한 개인, 언제나 진실과 인권에 관해 떳떳함을 잃지 않는 개인들 그리고 그러한 개인들의 연대와 의사소통에 의한 정치질서에 대한 소망의 표현이기도 하다.

---

4 자유주의의 개념과 역사에 대한 국내외의 저술들은 헤아릴 수 없이 많으나 자유주의 일반에 대한 논의를 담은 국내의 저작들만 보면, 우선 자유주의의 개념과 역사에 관해서는 노명식(1991), 이근식(1999), 이근식·황경식(2003)이 있으며, 신자유주의를 넘어서는 자유주의의 가능성에 대해서는 김균 외(1997), 이근식·황경식 엮음(2001)이 있다.

## 2. 자유주의의 개념과 역사

현재 자유주의의 개념에는 여러 다양성이 존재하지만, 필자는 존 롤
즈(John Rawls),[5] 로널드 드워킨(Ronald Dworkin),[6] 아마티야 센(Amartya
Sen),[7] 주디스 슈클라(Judith N. Shklar)[8] 등의 자유주의가 서구자유주의의
역사적 정점에 근접해 있다고 본다.[9] 또 이들은 한결같이 노직(Nozick)이
나 하이에크(Hayek)류의 자유지상주의에 반대하며, 따라서 자유주의 좌
파로 분류되고 있다. 그리하여 필자는 이들의 자유주의를 고찰함으로써
우리 사회에 팽배해 있는 '반공자유주의', '자본가자유주의'의 헤게모
니와 그 대항규정인 '반민주적 자유주의', '기득권의 논리로서의 자유
주의'라는 오용과 불신을 동시에 극복할 수 있기를 기대한다. 그에 따라
필자는 자유주의의 논점을 공포로부터의 자유, 선택과 역량으로서의 자
유, 배제의 배제로 정리해보고자 한다.

---

5 롤즈의 자유주의 3부작은 『정의론』(2003), 『정치적 자유주의』(1998), 『만민법』
(2000)이다. 한편 이 3부작을 포괄하는 롤즈의 자유주의에 대한 해설서로는 염수균
(2002), 김만권(2004)이 있다.

6 로널드 드워킨, 『자유주의적 평등』(2005).

7 아마티야 센, 『자유로서의 발전』(2001), 『윤리학과 경제학』(1999), 『불평등의
재검토』(1999).

8 국내에 번역된 슈클라의 저술은 아직 없다. 대표적인 논문으로는 Shklar(1998:
3~20)가 있다. 슈클라의 자유주의에 대한 국내의 연구로는 정태욱(2004: 65~98)
참조.

9 현재 서구의 여러 자유주의들의 지형도에 대해서는 김비환(2005) 참조.

## 1) 공포로부터의 자유

자유주의의 최소한이자 그 정수를 무엇이라고 말할 수 있을까? 슈클라는 그것을 잔혹함과 공포로부터의 자유라고 말한다. 소위 '공포로부터의 자유주의(liberalism of fear)'가 그것이다. 이는 집단 그리고 권위의 이름으로 개개인들에 가해지는 가혹함 혹은 강요된 희생으로부터의 자유를 의미한다. 그 가운데 가장 중요한 것은 바로 국가권력의 문제이다. 정의의 실현을 위해 공권력을 행사하지만, 그 법적 강제력은 언제 어떻게 폭력으로 돌변할지 모른다는 것이다. 슈클라는 특히 어떤 이상국가와 도덕적 체제를 지향하는 국가 혹은 공동체일수록 그러한 강제와 희생의 정도가 클 수 있음을 경계한다.

공포로부터의 자유라는 소극적 요청을 적극적으로 담아내게 되면 이는 곧 법치주의가 된다. 법을 집행하는 이들이나 법을 따르는 이들이나 모두 같은 법에 복종한다는 원리, 즉 명령자와 수명자 모두 보편적인 원칙인 법 아래 있다는 원리가 그것이다. 이는 법적 강제가 사적인 권력행사로 되어 인간적 모욕이나 굴종을 수반하는 것을 거부한다. 이러한 법치주의의 정신은 비단 국가권력에 대한 것만 아니라 자유롭고 평등한 사회질서의 보편적 원리로 확대될 수 있다.

유토피아적 열정을 경계한 슈클라와 마찬가지로 롤즈의 정치적 자유주의(political liberalism)는 모든 근본주의에 대한 반대를 천명한다. 각 사회적 부문들이 나름대로의 세계관을 추구할 수 있지만, 공공질서 혹은 국가는 그러한 세계관의 연장선이 아니라 그러한 세계관이 다른 영역을 침범하는 것을 막아주는 방벽으로 이해되어야 한다는 것이다. 국가는 모든 사상이 공존하는 장이어야지, 특정의 사상을 강요하고 그와 다른 사상과 양심을 배제하는 곳이 되어서는 안 된다는 것이 롤즈의 정의의 제1원칙이다.

자유주의의 역사적 기원에 관해 다툼이 많지만, 롤즈나 슈클라는 근대서구의 종교전쟁의 참상에 대한 반성에서 비롯했다고 말한다. 자신의 편과 신조가 다르다고 다른 편을 인간으로 취급하지 않는 야만성, 내 편과 네 편의 구분을 존재론적 진리의 구분으로 보아 결국 "to be or not to be"의 싸움으로 몰고 가는 극단주의의 참혹함에 대한 반성이 자유주의의 정신의 원류라는 것이다.[10]

이후 자유주의는 절대주의 국가권력으로부터 개인의 자유를 보호하는 명예혁명, 구시대의 신분제적 멍에로부터 시민을 해방시키는 프랑스혁명 등을 거치며 역사의 주인공으로 등장한다. 그런데 이렇게 서구의 주류사상이 된 고전적 자유주의는 '자유주의' 국가들의 제국주의적 침탈과 민족국가 상호 간의 적대를 막지 못했고 결국 두 차례 세계대전을 경험한다. 종교만이 아니라 국가와 민족의 이름으로 개인들을 무참하게 희생시킬 수 있다는 이 불행한 경험은 자유주의에 새로운 각성을 불러일으키고, 마침내 국민국가의 영역을 넘는 보편적인 자유와 인권의 개념을 국제적으로 정립하게 된다.

다른 한편 인류의 해방과 자유의 완성을 목표로 진행된 공산주의의 거대한 혁명은 자유주의에 대한 중대한 도전이었다. 공산주의 혁명은 사회의 총체적 개조이자 도덕적 인간형성을 위한 운동이었으며 수많은

---

10 이러한 정신은 일찍이 르네상스와 종교개혁 시대의 자유주의자인 에라스무스에서 절실하게 표현된 바 있다. 에라스무스와 루터의 대립과 논쟁에 대한 생생한 묘사로는 츠바이크(1997) 참조.

이상주의자들을 열광시켰지만, 결국 그것도 광범위한 국가폭력으로 귀결되고 말았다. 공산주의의 이상의 파탄 위에서 자유주의는 그 존재의 의를 다시 확인했으니, 자유와 인권은 어떤 이념이나 체제의 부속물이 아니라 오히려 모든 체제와 이념에 한계를 설정하는 것으로 보아야 한다는 새로운 성찰이 그것이다.

### 2) 선택과 역량으로서의 자유

국가의 폭력을 두려워하는 자유주의는 국가의 간섭에 대해 항상 의심의 눈길을 보내지 않을 수 없다. 윤리적 국가가 되려고 하는 후견적 간섭주의(paternalism)는 자유주의에서 거부된다. 개인의 인생을 기본적으로 개인에게 맡기고 국가는 단지 그러한 개인들의 삶이 공존하고 협력할 수 있는 공적 조건만을 다루고자 한다. 공사(公私)의 구분, 국가의 중립성의 명제가 그것이다. 이런 점에서 개인의 선택을 존중하는 것은 자유주의의 지당한 요청이다.

드워킨도 동의하듯 자유주의는 설사 개인의 선택에 따라 사회경제적 차별이 결과한다고 해도 그 선택의 자유를 제한하고 국가가 간섭하는 것에 반대한다. 그런데 선택의 자유는 기본적 소유권의 보장과 그 행사(계약과 같은)의 자유를 의미하는 것이며, 따라서 자유주의에서는 그러한 선택의 장으로서 시장의 존재가 불가결한 것이 된다. 시장에서의 선택행위는 그것이 단지 '분업의 이익', '소비자 잉여' 혹은 '발견의 과정'에서의 이익이라는 공리적인 차원에서만 중요한 것이 아니다. 자유주의는 그것보다 개인의 존엄이라는 차원에서 그 중요성을 생각한다. 센이잘 지적했듯이 시장에서의 자유로운 행위는 곧 신분과 차별로부터의 해방을 뜻할 수도 있고, 개인의 자아실현의 과정으로 이해할 수도 있다.

그러나 일찍이 마르크스가 그 자유를 신분에서의 해방이자 재산의 결여라는 의미에서 '이중의 자유'라고 불렀듯이, 공동체로부터의 노동자의 해방은 사적 자본에 의한 예속노동으로 귀결될 수도 있다. 하이에크 같은 이들은 신체적 강제가 수반되지 않으면 그것을 예속으로 보지 않지만, 앞서 말한 우리의 자유주의자들은 그에 동의하지 않는다. 예컨대 센은 노동을 선택할 기회의 부재와 폭력적인 근로형태에서의 자유의 상실을 심각하게 본다. 또한 경제적 자유를 내세워 생명과 건강, 교육 등의 자유를 무시하는 데 찬성하지 않는다. 센은 능력(capabilities)으로서의 자유라는 개념으로 자유의 개념을 아예 수정할 것을 제안한다. 또한 최소 수혜자들에게 이익이 될 수 있을 때만 사회경제적 차별이 허용된다는 롤즈의 정의론이나 자원(resources)의 평등을 추구하는 드워킨의 정의론은 자유 자체가 아니라 '자유의 평등'이 자유주의의 이상임을 말해준다.[11]

역사적으로 개인의 선택과 교환의 자유를 시장의 원리로서 체계화한 이는 애덤 스미스이다. 그러나 더 거슬러 올라가면 명예혁명기의 이데올로기였던 로크의 노동설에서부터 시작했는지 모른다. 그는 사소유권

---

11 이러한 자유주의가 어떤 사회경제체제를 낳을 수 있을지는 논란거리이다. 롤즈는 재산분유적 민주주의(property-owning democracy)라고 하여 놀라울 정도로 평등주의적 경제체제를 상정한다. 이는 소득재분배를 통해 결과적인 차원에서 복지의 평등을 지향하는 체제가 아니라 생산자본과 인간자본의 고르고 평등한 소유를 통한 사회적 협력체계를 도모하는 것이다(롤즈, 『정의론』, 21). 하지만 이를 자유주의의 현실로 생각할 수는 없을 것이다. 오히려 롤즈의 정의론 자체도 그렇듯이 자유주의 경제체제에 관한 규제적 이념, 즉 현실에 대한 비판의 척도로 보아야 할 것이다.

을 정당화했을 뿐 아니라 화폐를 매개로 한 행사의 자유까지도 설파했기 때문이다. 그런데 그의 소유권론은 원래 개인의 고유성(property)의 차원에서 나온 것으로서 인격의 자유와 연결되어 있다. 또한 몽테스키외도 상업과 교환이 인간성과 평화를 증진시켜 줄 것이라고 보았으며, 애덤 스미스가 자유시장의 가장 큰 장애로 생각한 것도 다름 아닌 봉건적 구속과 제한이었다고 한다.[12] 그러나 주지하듯이 이러한 자유시장의 논리는 시장의 자유 그리고 결국 자본가의 지배의 자유로 치달았다. 자본의 질주는 사회진화론과 신의 섭리론으로 도그마화되었으며, 스펜서에 오면 정부의 역할이란 소유권과 계약을 보증하는 것에만 그칠 뿐 나머지 모든 공적 임무는 부정되어버린다. 폴라니가 얘기했듯이 마침내 시장이 사회적 지반으로부터 뛰쳐나가 독립했음은 물론 오히려 사회를 장악하게 된 것이다.

그러나 그러한 자유방임주의가 자유주의의 종국적 형태는 아니었다. 자유주의 외부에서 자유주의를 부정하는 사회주의가 일어났지만, 자유주의 내부에서도 그 시정을 위한 개혁적 자유주의가 나타났다. 존 스튜어트 밀을 연원으로 하는 자유주의의 평등적 재구성은 마침내 19세기 말 신자유주의(New Liberalism)[13]를 형성하기에 이르렀으며, 그것은 이후 영국 복지국가의 이념적 연원이 된다. 미국에서도 오랫동안 스펜서와 같은 자유방임주의가 지속되었지만, 루스벨트 대통령 시절의 뉴딜정책을 기점으로 개혁적 자유주의로 이행했다. 한편 전후 독일의 사회적 시

---

12 한편 박순성은 애덤 스미스의 자유주의를 자유방임주의와 구분하여 '절제된 자유주의'로 보고 있다(박순성, 2003).

13 영국의 신자유주의에 대해서는 박우룡(2003) 참조.

장경제질서의 한 축을 이룬 오이켄(Walter Eucken)의 질서자유주의도 자유방임주의와 구분되는 규제적 원칙들을 강조했다.[14]

### 3) 배제의 배제

자유주의는 민주주의와 같은 것은 아니다. 자유주의의 입장에서 민주주의란 개인의 자유와 인권을 보장하기 위한 것이지, 거꾸로 개인의 자유와 인권이 민주주의에 종속될 수 없다고 본다. 자유주의는 설사 민주적인 권력이라고 해도 그 오남용의 위험성을 항상 경계하며, 인권과 자유를 모든 체제와 권력의 한계로 놓고자 한다.

그렇다고 자유주의와 민주주의의 거리를 과장할 필요는 전혀 없다. 고전적 자유주의와는 달리 현재 자유주의에서 민주주의적 권리, 즉 정치적 참여의 권리는 개인의 존엄에 직결된 본질적 권리로 인정되기 때문이다. 롤즈도 고전적 자유주의에서는 양심의 자유나 신체의 자유에 비해 정치적 자유에 비중을 적게 두었음을 지적한다. 그러나 롤즈는 권력의 자유주의적 정당성은 시민들의 이성적 동의에서 나올 수밖에 없다고 보며, 참여의 원칙을 정의로운 사회의 불가결한 원리로 본다. 롤즈는 나아가 그러한 정치적 자유가 실질적인 것이 될 수 있도록 선거공영제는 물론이고 사회경제적 평등까지도 요구하고 있다. 한편 롤즈에서 정치적 자유는 단지 수단에 불과한 것이 아니고, 사회의 동등한 구성원으로서의 평등한 발언권, 즉 자존감(self-respect)과 관계됨을 기억할 필요가

---

[14] 오이켄의 자유주의와 하이에크의 자유주의의 차이에 관해서는 황준성(2005) 참조.

있다. 슈클라도 미국의 역사에서 선거권은 시민의 자격(standing)으로 이해되었음을 지적한다. 정치적 참여의 권리는 민주주의에 기여한다는 도구적인 차원이 아니라 시민의 자격에서 배제되지 않는다는 인간의 존엄의 차원에서 이해되는 것이다.

이러한 '배제의 배제'[15]의 논리는 자유주의의 중요한 특성으로서 단지 정치적 영역만이 아니라 모든 사회적 영역에서 차별과 천대를 몰아낼 것을 요구하게 된다. 롤즈의 정의론은 바로 차별이 없는 사회를 염두에 둔 것이다. 롤즈의 정의론은 능력에 따른 사회구성을 추구하는 업적주의를 거부하며, 그의 방법론인 무지의 베일(veil of ignorance)이란 모든 사회적·자연적 특성을 무효화시켜 그것이 차별의 근거로 작용할 수 없도록 하는 기제이다. 슈클라의 자유주의도 낮은 곳으로 임하여 작은 목소리를 청취하려는 노력이라고 할 수 있다. 슈클라의 자유주의는 '패배자들, 즉 가난한 이들, 버려진 이들, 노예들, 미국 흑인들, 난민들, 부정의와 무관심의 모든 희생자들의 관점'으로 평가되며, 그 스스로 '상시적 소수자들의 자유주의'라고 부르기도 했다. 로크의 강자의 개인주의와 루소의 약자의 개인주의를 구분할 수 있다면, 슈클라의 자유주의는 후자와 친하다.[16]

자유주의의 역사는 사실 배제와 차별로 얼룩져 있다. 이는 무엇보다 가난한 이들에게 정치적 자유를 배제했던 비민주성에서 잘 드러난다. 로크나 몽테스키외의 자유주의는 민주주의와는 거리가 있었다. 명예혁명이나 프랑스혁명은 모두 자유주의의 승리로 기록되지만, 재산의 차이

---

15 이 용어는 문성원(2000)에서 따온 것이다.
16 이에 관해서는 정태욱(2004: 90) 참조.

로 능동적 시민과 수동적 시민을 구분하여 유산자에게만 참정권을 부여했다는 점에서 민주주의와는 다른 것이었다. 이러한 측면은 개혁적 자유주의자 밀에게서도 나타난다. 그는 여성에게까지 참정권을 인정해야 한다는 점에서는 획기적인 민주주의자였지만, 지적으로 우수한 이들에게 복수투표권을 부여할 것을 생각했다는 점에서 귀족주의를 탈피하지는 못했다.

그러나 앞서 롤즈의 자유주의적 정당성에서 언급했듯이, 어떤 권위도 시민들의 이성적 승인을 넘어설 수 없다는 점에서 자유주의는 불가불 민주주의를 요구하게 된다고 보아야 할 것이다. 따라서 자유주의 여명기의 영국 청교도혁명의 수평파와 프랑스혁명의 로베스피에르[17]의 산악당에서 보통선거의 이념이 대두되었던 것은 이상한 일이 아니다. 이후 영국에서의 선거법 개정운동과 보통선거를 최초로 실시한 프랑스의 2월혁명 등 서구자유주의의 역사는 민주주의적 발전과 그 궤를 같이했다. 보통선거권은 처음에는 남성시민들의 전유물로 여겨졌지만 이후 그 범위가 여성 및 흑인들에로 확장되었고, 이러한 평등의 요구는 정치적 영역에 그치지 않고 여권의 신장과 흑인민권운동 그리고 동성애자의 권리보호 및 낙태권 등 사회의 모든 부문에서 차별의 철폐와 소수자의 자유의 확대로 이어졌음은 주지의 사실이다.

---

17 로베스피에르의 민주주의 사상에 대해서는 민석홍(1995: 212~317) 참조.

## 3. 한국사회의 발전과 자유주의적 성취들

자유주의는 민중과 친할 수 없다고 비판을 하지만 폭력과 천대로부터 벗어나서 소박하나마 자신의 삶을 살고자 하는 요구가 민중의 것이라고 못 볼 바 없을 것이다. 해방 후 60여 년 동안 우리 사회는 많은 발전과 성취를 보았다. 물론 우리 사회를 이끌어온 주력은 자유주의라기보다 오히려 가족주의, 국가주의, 민주주의, 개발주의(새마을운동과 같은) 등일지 모른다. 그러나 자유'주의'라고까지 내세울 것은 없었을지언정 보통사람들의 '자유주의적' 소망들은 우리 현대사의 성취와 발전에 함께 했으리라고 본다.

첫째로, 우리 현대사는 분단과 전쟁 그리고 군사독재라는 공포로 점철된 시대였음을 상기해보자. 자유주의의 제1의 가치를 공포로부터의 해방이라고 할 때, 자유주의는 도리어 우리 현대사에 딱 맞는 논리라는 생각이 들 정도이다.[18] 필자는 무엇보다 그러한 공포의 와중에 공포에 맞서 자유의 저항이 승리하고 공포를 극복해낸 전통을 세웠다는 점에서 4·19를 단지 민주주의만이 아니라 자유주의적인 차원에서 위대한 성취로 평가하고자 한다.[19] 물론 그러한 동력은 바로 5·16군사쿠데타에 의해 제압당하기는 했지만, 박정희 정부 시절 반독재민주화투쟁으로 계속되었고, 이어서 신군부의 군사독재의 연장에 맞선 광주항쟁으로까지 이어졌다고 생각한다. 1980년대 이후 우리의 저항운동은 해방전후사의 재

---

18 그에 대한 투쟁과 희생의 역사에 관한 자세한 설명은 조희연 엮음(2002) 참조.

19 김동춘도 4·19를 계기로 과거와는 다른 진정한 자유주의자들이 탄생했다고 평가한다(김동춘, 2005: 126).

인식과 사회주의에 대한 기대로서 자못 급진적인 이념이 개재되기도 했지만, 직선제 쟁취 등 6공화국으로의 이행과 문민정부, 국민의 정부로 이어지는 민주화 과정에 대한 국민적 지지는 여전히 민주주의와 자유주의적 이념에 따른 것으로 보아야 할 것이다. 특히 군에 대한 문민통제, 안기부 및 국정원의 쇄신과 개혁, 검찰과 사법의 개혁 그리고 정부의 부정부패에 대한 지속적 감시와 처벌은 국가권력의 오남용에 대한 법치주의의 확립이라는 자유주의적 원리에 의한 것으로 볼 수 있다. 우리의 자유주의는 반공자유주의에 그치는 것이 아니라 오히려 반공자유주의의 공포로부터 벗어나기 위한 자유주의로 기능해온 것이다.

둘째로, 정치의 민주화와 더불어 진전된 경제의 민주화에 있어서도 일부 사회주의적 경향에도 불구하고 자유주의적 요청이 주조를 이루었다고 판단된다. 부정부패로 점철된 정경유착에 대한 계속된 처벌, 독점규제와 공정거래법 등 시장의 건전성을 위한 제도들의 꾸준한 발전 그리고 재벌의 소유구조에 대한 지속적인 비판과 감시 및 소비자보호운동의 강화 등 자유주의적인 개혁이 현재도 진행되고 있다. 다른 한편 정부권력의 비호 아래 자행되었던 노동자에 대한 폭력적 착취와 탄압은 더 이상 일반적이지 않으며, 민주노총이 합법화되는 등 노동의 자율성이 신장되었고, 산업재해와 고용안정의 문제에서도 발전을 보이고 있으며, 의료보험, 실업보험, 국민연금 및 생활보호 등 사회보장제도도 발전하고 있다. 물론 이러한 성과들은 사회주의 혹은 사회민주주의적인 차원에서 이해될 수도 있지만, 지금까지의 우리 현대사의 맥락에서 볼 때 자유주의적 평등 혹은 '능력으로서의 자유'의 개념으로 접근하는 것이 좀 더 타당해보인다. 어떤 입장을 취하든 사회보장을 '도덕적 해이'와 동일시하거나 사회경제적 기본권을 단지 국가의 시혜, 즉 국가의 재량사항으로 보는 인식을 불식하는 것이 중요할 것이다. 이는 현재 신자유주의 (neo-liberalism)의 파고가 높아져 비정규직이 양산되고 사회안전망이 다시 위기를 맞고 있는 상황에서 더욱 그렇다. 이에 관해 노동인권과 사회적 인권이라는 자유주의적 접근은, 비록 사회복지와 노동자의 권익에서 더 높은 수준을 달성하는 데는 한계가 있을지 모르지만, 그 최소한의 저지선 확보에는 기여할 수 있을 것으로 본다. 요컨대 우리의 자유주의가 단지 자본가의 자유주의에 머물며 사회적·경제적 인권은 아예 배제하는 것으로 오해될 필요는 없는 것이다.

셋째로, 우리 사회의 자유주의적 발전은 무엇보다 개인의 개성과 평등적 가치의 고양에서 찾을 수 있다. 특히 지난 대선 때부터 네티즌들 중심으로 착상되고 조직된 자발적인 정치참여와 촛불시위들은 자유주의적 정치의식의 발전이자 우리 민주주의의 질적 수준을 높인 것으로 평가하고 싶다. 이러한 개인의 존엄과 독립성에 대한 각성은 사회영역에서도 각종 차별을 재검토하도록 만들고 있으며, 금년 3월에 마침내 호주제가 폐지되는 등 사회의 제반 영역에서 사회적 소수자들의 인권이 신장되고 있다.[20] 우리의 자유주의는 더 이상 기득권자들의 전유물이 아니라 그 혜택이 오히려 약자와 소수자의 몫이 될 수 있음을 실증하고 있는 것이다.

---

20 국가인권위원회법 제2조에서는 "합리적인 이유 없이 성별, 종교, 장애, 나이, 사회적 신분, 출신지역, 출신국가, 출신민족, 용모 등 신체조건, 혼인여부, 임신 또는 출산, 가족상황, 인종, 피부색, 사상 또는 정치적 의견, 형의 효력이 실효된 전과, 성적(性的) 지향, 병력(病歷)을 이유로" 한 차별을 금하고 있다. 이는 우리 헌법에서의 차별금지사유로 적시된 "성별·종교 또는 사회적 신분"과 비교할 때 획기적인 발전이라고 평가할 만하다.

## 4. 자유주의적 성취의 실상과 허상

### 1) 박정희 시대의 반(反)자유주의적 유산

앞서 본 대로 우리는 해방 후 지금까지 국가, 사회, 개인의 재건을 위해 많은 노력을 해왔으며 자유주의적인 차원에서도 성취가 적지 않았다고 본다. 하지만 우리는 그에 안주할 수 없으며 그러한 발전을 과대평가할 이유도 없다. 우리의 자유주의가 정치, 경제, 사회 각 영역에서 전근대적인 제약들로부터 얼마나 벗어나 있는지, 또 신자유주의의 압력에 맞설 수 있는 고유한 원칙과 문화들을 얼마나 정착시켜왔는지는 의문이기 때문이다.

우리 현대사의 자유주의의 한계는 무엇보다 박정희 시대의 군사문화와 개발독재를 떠올리면 뚜렷해진다. 이는 우리의 자유주의적 발전이 개발독재의 결과로 가능해졌다는 의존성을 뜻하는 것이 아니다. 그 의존성의 명제가 사실인지도 의심스럽지만, 더 큰 문제는 개발독재가 정신문화적으로 우리의 자유주의적 성취들에 깊은 상처를 안겨 미래를 어둡게 한다는 점이다.[21]

우리 사회의 자유주의의 결핍과 반자유주의적 치부에 대한 박노자의 비판을 보자(박노자, 2002).[22] 위계질서상의 서열화, 집단주의의 만연과 소수자에 대한 폭력성, 내 편과 네 편의 편 가르기와 내 편의 미화와 네

---

21 박정희 시대의 개발독재에 대한 종합적 평가로서는 이병천 엮음(2005) 참조.
22 이 책의 부제인 '서로 잡아먹기를 탐내는 사회, 전근대와 국가주의를 넘어서'라는 구절은 우리 자유주의의 남루한 자화상을 집약적으로 표현해주고 있다.

편의 적대시 등 우리 사회의 반자유주의적 뿌리는 깊고도 넓다. 그러한 문화는 물론 조선의 반상차별과 파벌대립의 봉건질서, 일제식민지배의 억압과 굴종, 분단과 전쟁의 극단주의와 공포라는 장기지속의 것일 테지만,[23] 여기서는 박정희 시대의 문제에 초점을 맞추고자 한다.[24]

이병천은 박정희 시대 개발독재의 반자유주의적 적폐를 '무책임한 개인의 탄생'이라고 적절하게 집약하고 있다. "룰이 마비되고 사회질서가 구성원들에게 자유와 공평한 기회를 제공해주지 못할 때 개인이 주체로서 성장할 것을 기대하기는 어려울 것이다. …… 비단 개발연대뿐만 아니라 오늘날까지 우리 사회 전반에 만연된 고질적인 부정·부패와 부실, 무책임, 저신뢰의 문화 그리고 후진위험사회 양상 등 각종 사회적 병리와 광범한 생태파괴 현상은 근본적으로 발전국가모델에 내재된 위로부터의 국민동원, 국가의 취약한 규율과 사회적 기강 이완, 권위주의적 성장지상주의 그리고 비주체적인 개인의 성장에 뿌리를 두고 있다고 할 수 있다"(이병천, 2000: 128).

더욱 심각한 것은 이른바 민주화 세력들조차 그러한 박정희 시대의 군사문화와 개발독재의 구습에 전염되어버렸다는 사실이다. 권인숙은 『대한민국은 군대다』라는 도전적 문제제기에서, "반공주의적 실천 속에서 일상화되고 상식화되었던 강한 애국주의를 전제로 하는 국

---

23 이와 관련하여 우리 사회의 차별과 억압의 원인으로 존비어체계를 지목한 최봉영의 논의(2005)와 우리 학교에서의 도덕교육이 노예근성과 파시즘을 가르쳐왔다는 김상봉의 비판(2005)은 주목할 만하다.

24 일제하, 분단, 반공독재 시기에 걸친 우리 자유주의의 사상적 불구성에 대한 간명한 조명으로는 김동춘(2005) 참조.

가주의, 적대성을 중심으로 한 군사주의, 전체를 하나의 생존권 단위로 이해하는 국가적 집단주의, 물리적 힘의 우위를 통한 해결만이 진정한 평화를 가져올 것이라는 군사화된 평화논리 등"을 반공주의의 영향이라는 관점에서 재검토할 것을 주문하고 있다(권인숙, 2005: 85). 그리하여 권인숙은 1980년대 후반 학생전투조직의 형성과 학생운동의 과격화를 군사문화의 폐해에서 비롯한 것으로 본다.

문제는 비슷한 사성이 전투적 학생운동에만 국한되는 것이 아니라 진보진영 전체에서 두루 목격되고 있다는 점이다. 그간의 민주주의적 성취는 자랑스러운 것이지만, 그것이 승리제일주의와 집단적 파당주의에서 맴돌고 있다면 그 승리의 지반은 오히려 취약한 것이다. 정치권으로 들어간 민주화 세력은 물론이고 학생운동 그리고 노동운동이 억압에 대한 저항을 넘어서 상시적으로 세력다툼에 집착하며, 내 편과 네 편을 나누고 내 편은 전적으로 옳아야 하며 네 편은 완전히 틀린 것이고, 설사 내 편이 잘못된 것이 있어도 그것은 마땅히 감싸고 쉬쉬해야 하며 네 편의 그릇된 것은 철저히 응징하고 짓밟아야 한다는 인식이 퍼져 있다면 이는 심각한 방향상실이다.

민주화를 통해 국가폭력은 감소하고 개인의 자유가 신장되고 사회적 차별이 시정되고 있다고 하지만, 무책임한 개인들이 양산되고 보편적 사고와 원칙론이 결핍된 사회문화 속에서의 자유주의는 건강할 수 없다. 자유주의는 민주적 세력이 권력을 장악했다는 것만으로 충분치 않다. 자유주의는 민주주의적 권리가 특정세력이 아니라 모든 개개인들의 것이 되기를 희망하며, 민주주의의 원리가 보편적인 자유와 인권에 기여할 것을 기대한다. 그러한 자유주의적 성숙이 없다면 민주주의 또한 지속시키기는 힘들다.

## 2) 우리 시대 자유주의의 패배

이렇듯 우리 사회의 자유주의적 발전은 심각한 결함을 안고 있다. 더 나아가 우리 자유주의의 근본문제는 반자유주의적 벽이 높고 세력이 강하다는 것에만 그치는 것이 아니라 자유주의의 추동력 자체가 상당 부분 반자유주의적 질서에 오염되고 그 헤게모니 속에 흡수되어버렸다는 점에서 찾아야 할 것 같다.

첫째로, 당파성의 승리지상주의는 공포로부터의 해방이라는 자유주의의 핵심을 침식한다. 진보진영 내에서도 내재되어 있는 내 편과 네 편의 준별은 곧 슈미트(Carl Schmitt)의 전체주의적 정치철학임을 상기하자. 슈클라가 지적하듯이 자유주의 정치철학의 근본은 '적과 동지의 구분'이 아니라 '강자와 약자의 구분'에 있다. 적과 동지의 구분은 곧 힘의 논리이다. 힘의 논리가 원래 군사문화의 것임은 당연하나 그와 싸우는 저항세력에도 그것이 전염되었으니 군사독재가 민주화 세력에게 자리를 내어주었다고 할 수 있다. 하지만 자유주의의 원칙론 대신 힘의 논리를 뚜렷하게 각인시켰다는 점에서 그들은 패배하지 않았는지도 모른다. 지금 정부권력은 민주화 세력을 계승하는 측에 있다고 하지만 우리 사회의 주류는 여전히 힘의 논리를 숭배하는 쪽이다. 힘의 논리로 무장하는 한 우리 자유주의는 반공자유주의와 자본가자유주의를 당해낼 재간이 없어 보인다.

진실과 원칙에 대한 충실이라는 자유주의적 법치의 원리가 아니라 강자에 대한 굴종과 약자에 대한 위세가 지배하는 문화에서 폭력은 쉽게 발생하고 또 이전된다. 자존감의 자리를 사디즘적 쾌락이 대신하고, 그에 따른 상처와 피해의식은 또 다른 희생양을 찾게 된다. 그것이 편 가르기의 집단문화와 결부되면 폭력은 사회적 소수자들에게 쉽사리 확산된다. 국가폭력은 감소했다지만 학교폭력이나 가정폭력 등 사회적 영역에서 폭력적 문화는 줄어들지 않고 있는 것도 그러한 연유가 아닐까. 또 하나 첨가하자면, 우리 사회의 유력 신문들이 선정적 상술이나 정치적 선동을 위해 집단따돌림 수법을 종종 동원하는 것도 그들이 바로 그러한 반자유주의적 문화를 너무 잘 알고 또 익숙하기 때문일지 모른다.

둘째로, 집단주의적 서열문화와 개발제일주의는 원칙주의를 약화시켜 개인의 자율성에 기초한 자유주의적 경제질서의 형성을 저해한다. 우리 현대사의 집단주의와 개발지상주의는 한편에서는 집단에 의해 희생당하고 있다는 피해의식을, 다른 한편에서는 공동체의 기회를 이용하여 이익을 취하려는 이기주의를 키웠으니, 결국 개인의 자율성에 기초한 수평적 연대의 공동체는 창출하지 못한 채 도리어 개발의 원동력이 되었던 공동체의 사회적 자본, 즉 협력과 헌신의 덕목만을 파괴해버린 셈이다. 그러한 미덕이 사라진 공동체는 이제 집단의 구속성과 배타성이라는 부정적 기능만 커져 더 이상 공공재가 아니라 오히려 공공의 해악으로 작용하게 될 것이다.[25]

또한 남과의 비교와 체면을 중시하는 전근대적 태도는 박정희 시대의 서열주의적 군사문화와 개발의 문화에 의해 강화되어 만족을 모르는 개인들을 양산했다. 자존감이 없는 개인들의 서열구조에서는 오직 일등

---

25 사회적 자본의 이중적 측면에 대해서는 한성안(2005: 5~31) 참조. 부정적인 사회적 자본의 특성으로 배타적 결속(exclusive bonding), 집단구성원에 대한 과잉(over-demand), 자유를 제약하는 순응(conformity) 요구 그리고 배타적이고 폐쇄적인 사익단체화가 지적되고 있다.

만 만족을 누리고 나머지 모든 이들은 욕구불만에 빠질 수밖에 없다. 그러한 상황에서 과시소비는 단지 유한계급의 유한성의 과시에 그치는 것이 아니라 모든 계층에서 서열징표를 위한 강박증이 되어버린다. 또한 서열적 경쟁체제에서는 승자독식의 구조가 안성맞춤이 되며 상대적 빈곤은 곧 절대적 박탈로 이어지게 된다. 위계질서상에 열등의식과 우월의식이 난무하는 가운데 '자존감에 기초한 평등'은 실종되어버리고 복지비용은 계속하여 치솟게 된다. 이런 상황에서 기득권자들의 차별 짓기를 위한 진입장벽은 도리어 당연시될 것이므로 결국 주류집단은 계속 이기는 싸움을 할 수 있게 된다.

셋째로, 보편적 사고의 결여, 편 가르기, 서열에의 집착이 지배하는 곳에서 배타성과 차별성은 해소되기 어렵다. 우리 사회에서 배타적인 파벌의 형성과 소수자에 대한 천시가 온존하고 있는 것은 당연한 일인지도 모른다. 서로가 서로를 의심하고 이용하려는 홉스적인 자연상태에서 더 우월한 파벌에 속하려는 욕망, 현재 속한 파벌에서 최대한의 이익을 누리려는 영악한 이해타산, 서열구조에서 받은 상처와 굴욕감을 다른 약자들에 대한 우월감으로 해소하려는 욕구 등이 팽배한 상황이라면 타자에 대한 관용과 소수자의 인권을 위한 공간은 아주 협소할 뿐이다.

정치민주화가 지역주의의 볼모로 잡힌 것도 반자유주의적인 집단문화의 귀결인지 모른다. 다른 지역들이 이기적으로 움직인다면, 우리 지역도 이기적으로 움직일 수밖에 없으며, 우리 지역은 한편으로 통일이 되어야 한다는 논리는 편 가르기 문화에서 당연한 전략적 선택인지 모른다. 이런 상황에서 설사 원칙론과 진실에 입각한 것이라도 저쪽의 손을 들어주는 것은 일종의 '이적행위'가 되며, 연줄의 네트워크로 구성된 사회구조에서 그것은 기대하기 힘든 무모한 선택일 따름이다.

## 5. 자유주의의 근원으로 돌아가기

사정이 이렇다면 자유주의에 관한 패배주의가 생기는 것은 당연한 일인지 모른다. 최장집은 『민주화 이후의 민주주의』의 개정판에서 우리 민주주의의 미래에 관해 자유주의적 해법을 포기한다(최장집, 2005: 293 이하 참조). 그는 현재 민주주의의 위기는 자유주의가 아니라, 사회적으로 통합되어 있지 않고 정치적으로 대표되어 있지 않은 서민층이나 노동이 정치과정으로 들어오게 하는 민주주의의 확장으로써만 치유될 수 있을 것이라고 한다. 우리 사회의 '자유주의'는 도리어 "과도한 신자유주의적 '소유적 개인주의'를 담지하고 실천하는 개인들의 사회를 만들어"버렸을 뿐이라고 한다. 정말 신자유주의에 맞서는 개혁적 자유주의에 대한 기대는 공허하고 유치한 것인지 모른다. 그러나 우리 사회에서는 아직 한 번도 자유주의가 본 궤도에 올라본 적이 없다. 현재의 신자유주의도 차라리 정실과 연고 그리고 국가주의와 집단주의적인, 요컨대 '반자유주의적인 신자유주의'라고 보아야 할 것이다. 그렇다면 아직 본격적으로 등단하지도 않은 자유주의 현 상태의 결함과 왜곡만을 보고 그 잠재력마저 부인하는 것은 성급한 일은 아닐까? 필자는 우리의 문제를 자유주의의 미숙일지언정 자유주의의 불능으로 규정하고 싶지 않다. 자유주의에 대한 희망을 놓을 수 없는 것이다.

그러면 어떻게 해야 할까? 최장집은 대안은 구체적이어야 한다고 하지만, 필자는 먼저 근원으로 돌아가고 싶다. 앞서 자유주의의 특성들을 몇 가지 얘기했지만, 거기에서 빠진 것이 바로 자유주의의 근원, 즉 충만하고도 주체적인 개인이다. 모든 권위를 넘어 절대자와 직접 마주할 수 있는 개인 그리고 이후 그 종교적 틀도 넘어선 관용적이며 자율적인 개인, 그러한 개인이 자유주의의 이상이다. 그러한 개인은 자주적이지만 오만하지 않다. 인간의 유한성을 잊지 않으며, 하늘 아래 인간들의 차이는 태양 앞에 그 밝기를 다투는 촛불들의 차이와 다르지 않음을 안다. 이러한 개인은 현실의 모든 권위를 비판적 성찰에 부친다는 점에서 당당하지만, 진실과 진리를 존중하고 타인을 무시하지 않는다는 점에서 겸허하다. 이러한 개인은 이기주의와 특권의식과는 친하지 않다. 루소가 말한 대로 타인과의 비교에서 오는 자만심(amour propre)이 아니라 자신의 진실에 충실한 자기애(amour de soi)의 소유자일 뿐이다. 이러한 자기애는 동시에 타인에 대한 연민으로 이어져 모든 상처받은 인간들의 고통을 공감할 수 있게 한다. 그리하여 그러한 개인들의 결합은 잠정적 타협(modus vivendi)에 머물지 않고, 결사(association)까지 지향하게 된다.

이러한 개인은 네가 원치 않는 것은 남에게도 요구하지 말라는 소극적 황금률을 준칙으로 삼는다. 진실과 원칙에는 충실하고 단호하지만 인적인 굴종과 강압은 거절한다. 이러한 개인은 부당한 권위의 사디즘을 용인치 않으며 자신의 인권을 스스로 지켜 폭력의 전이와 확산을 막는다. 진실의 당파성과 진실의 승리를 추구할 뿐, 당파의 진실을 전체화하거나 당파의 승리지상주의에 투항하지 않는다. 이들은 충만한 개인들로서 집단의 울타리가 없어도 용기 있게 살아갈 줄 안다. 에머슨의 말대로 자기 자신이 자기 운명의 별임을 알며, 영합주의(conformity)를 거부한다. 허영에 따른 소모적 경쟁을 하지 않는다. 이들에게 과시소비란 낯선 용어일 따름이며, 복지와 부는 타인과의 비교가 아니라 자신의 삶의 진실에서 측정된다. 이들은 개인의 존엄을 소중히 여겨 그 침해와 상처의 아픔을 이해한다. 따라서 이들은 소수자들의 양심과 희생자의 목소리에 민감하다. 예컨대 양심적 병역거부자들을 애국의 잣대로 폄훼하고 모욕하는 것은 이들의 취향이 아니다. 정상적인 국민 혹은 정상적인 인간이라는 범주를 만들고 그로부터 배제를 일삼는 것을 거부한다. 배제의 배제와 타자에 대한 연민이 이들의 정서이다.

이러한 이상적인 자유주의적 개인상은 엘리트주의로 오해될 수도 있다. 물론 로망 롤랑의 '베토벤'이나 장 지오노의 '나무 심는 노인'처럼 인간의 경지가 어디까지 이를 수 있는지 보여주는 개인들은 자유주의의 보물들이다. 하지만 자유주의는 이상적 개인만을 염두에 두지 않는다. 오히려 개인들의 통속성과 일상성을 전제한다. 타인의 삶을 해치는 것이 아닌 한 개개인의 삶의 진실을 모두 긍정한다. 변변치 않고 대단치 않더라도 각자 모두 자신의 삶의 주인이기를 기대한다. 에머슨의 얘기대로 남의 일이나 시선에 신경 쓰지 않고 나름의 진실로써 자신의 길을 가는 것이 자유주의적 개인의 일상적 모습이리라.[26] 자유주의는 박애주의에 미치지 못하지만, 자신에게 충실함으로써 타인에 대한 책임을 다하고자 하며, 희생적 헌신이 아닐지라도 평등한 협력은 중히 여기고, 자신의 고통만큼 타인의 고통에도 공감할 줄 안다.

---

[26] 주체적이고도 충만한 개인을 위한 철학은 여럿일 수 있다. 기독교의 '신 앞에 홀로 선 개인', 불교의 '법에 의지하고 자신에 의지하는 개인', 유교에서의 '도를 터득하고 맡아야 하는 개인' 등에서도 가능할 것이며, 칸트의 '목적적 존재로서의 개인', 밀의 '진보하는 존재로서의 개인' 등과 같은 자유주의 철학에서도 가능할 것이다. 자유주의의 원리는 개인성 자체만을 요구할 뿐 그 기원이 무엇인지 묻지 않는다. 현대 자유주의의 특징은 오히려 하나의 세계관이 개인성에 관해 배타적 주인이 되려는 것을 거부하는 데에 있다. 한편 필자가 에머슨(Ralph Waldo Emerson)의 개인주의를 부각한 까닭은 흔히 초절주의자 혹은 보수주의자로만 알려져 있는 그의 사상은 자유주의의 관점에서 재조명될 필요가 있다고 보았기 때문이다. 그의 개인주의에 관한 대표적인 에세이인 "Self-Reliance"가 번역되어 있는 책으로 에머슨(1999)이 있다.

반복하지만 필자는 우리 자유주의의 근본문제는 그러한 자유주의적 개인성이 희소한 데 있다고 본다. 그리고 현재 자유주의의 중요과제는 그러한 개인성의 격려와 발양이 아닌가 한다. 이런 점에서 최근에 양심적 병역거부가 공론화되고 대체입법의 논의도 있으며, 양심적 병역거부를 금하는 병역법에 대한 위헌제청을 한 전직법관이 마침내 대법관의 지위에 오른 것은 고무적인 일이다. 그러나 아직 애국심과 군사문화에 토대한 우리 사회의 집단주의는 '국민'이라는 잣대로서 그 평화의 양심과 진실을 괴이한 것으로 치부하고 있으니 갈 길이 먼 것이다.

## 6. 맺음말

필자는 우리 사회가 출범부터 지금까지 적어도 형식적이나마 자유민주주의를 기본질서로 정했고 자유주의가 자유와 인권의 고향일 수 있다면 자유주의는 포기될 수 없는 기획이라고 본다. 원래 우리 모두의 것이었으며 그 가능성 또한 매우 풍부한 자유주의를 반공자유주의나 자본가 자유주의자들에게 찬탈당할 이유는 없다고 생각한다. 다른 한편 현재 민주주의와 시민사회의 위기가 얘기되고 있는 상황에서 자유주의의 재인식은 더욱 필요하다고 본다. 민주주의와 시민사회의 위기가 우리 사회의 자유주의의 저성장과 저평가에 기인하는 바가 크다고 생각하기 때문이다. 필자는 무엇보다 국가권력의 퇴행에 대한 방벽으로서의 자유주의에 대한 기대를 접을 수 없다.

한편 자유주의에 대해 규범적으로 훌륭할지언정 개혁의 동력과 실천적 방안이 부재하다는 비판이 있다.[27] 그렇다. 자유주의는 어떤 사회적 운동을 전반적으로 조직화해나가는 것에 찬성하지 않는다. 왜냐하면 전체 사회를 의도적으로 변경시켜나가려는 시도는 자유주의에 맞지 않기 때문이다. 그것이 자유주의의 실천적 약점일지 모른다. 하지만 자유주의는 진실과 양심에 기한 정치적·사회적 발언을 철저히 존중하며, 그러한 충만하고 독립적인 개인들의 모임과 활동을 열렬히 환영한다.

자유주의는 어떤 사회 혹은 체제가 옳은지에 대한 궁극적 판관이 되고자 하지 않는다. 그러나 개개인들의 진실과 양심이 약동하는 곳이라면 체제의 오류와 부정에 의한 희생자들의 목소리가 공명과 반향을 얻을 것이다. 자유주의는 개인의 자유와 인권으로써 체제의 압력과 질주에 한계를 설정하려는 것임을 상기하자. 자유주의로부터 어떤 이상적인 공동체의 비전을 얻을 수 없을지 모르지만, 기존의 체제가 진실과 인권을 유린하는 상황으로 떨어지는 것을 막아줄 수 있으리라. 우리 시대 여전히 취약한 민주주의를 자유주의로써 부축할 수 있기를 기대한다.[28]

---

27 롤즈의 자유주의에 대한 박순성의 지적이기도 하다(박순성, 1997: 174).

28 최장집도 비록 현재 상황에서는 "사적 영역과 시장에 더 가까이 있고 엘리트와 기득권이 강하게 뿌리내리고 있기 때문에 우리 민주화의 과제는 시민사회보다 오히려 국가에게 맡겨져야 한다"며 시민사회보다 국가영역에 더 큰 비중을 두고 있지만, 그도 원래 자유주의가 "시민사회의 이념이요, 철학"임을 긍정하며 "어떤 비(반)민주적 힘의 도전이나 제약 때문에 민주주의의 존립이 위협받고 위기에 처할 때, 이를 극복할 수 있는 힘의 동력은 시민사회로부터 나"온다는 점을 긍정한다(최장집, 2005: 297).

# 참고문헌

【제1장】

롤즈(John Rawls). 1985. 『사회정의론』. 황경식 옮김. 서광사.

_____. 1999. 『정치적 자유주의』. 장동진 옮김. 동명사.

_____. 2000. 『만민법』. 장동진 책임번역. 이끌리오.

문성원. 2000. 『배제의 배제와 환대』. 동녘.

보비오(Norberto Bobio) 외. 1992. 『마르크스주의 국가이론은 존재하는가: 보비오 논쟁』. 구갑우·김영순 엮음. 의암출판.

센(Amartya Sen). 2000. 『자유로서의 발전』. 박우희 옮김. 세종출판사.

이국운. 2001. 「공화주의 헌법이론의 구상」. 법과사회이론학회. ≪법과 사회≫, 제20호.

임혁백. 1999. 「밀레니엄 시대의 민주주의 대안: 심의민주주의」. 사회과학원. ≪사상≫, 겨울호.

정윤석. 2000. 「아렌트의 근대 비판과 새로운 정치의 모색: 근대적 정치 기획을 넘어서 공화주의에로」. ≪철학사상≫, 11호.

정태욱. 2001. 「롤즈에 있어서의 정치적인 것의 개념」. 한국법철학회. ≪법철학연구≫, 제4권 제2호.

테인터(Joseph A. Tainter). 1999. 『문명의 붕괴』. 이희재 옮김. 대원사.

폴라니(Karl Polanyi). 1991. 『거대한 변환』. 박현수 옮김. 민음사.

푸트남(Robert D. Putnam). 2000. 『사회적 자본과 민주주의』. 안청시 외 옮김. 박영사.

홍윤기. 2001. 「시민민주주의」. 참여사회연구소. ≪시민과 세계≫, 창간호.

Rawls, John. 1996. *Political Liberalism*. Columbia University Press. 페이퍼백판.

【제2장】

롤즈(John Rawls). 1985. 『사회정의론』. 황경식 옮김. 서광사.

_____. 1999. 『정치적 자유주의』. 장동진 옮김. 동명사.

_____. 2000. 『만민법』. 장동진 책임번역. 이끌리오.

슈미트(Carl Schmitt). 1995. 『정치적인 것의 개념』. 김효전 옮김. 법문사. 증보판.

황경식. 1997. 「정치적 자유주의: J. 롤즈의 입장을 중심으로」. 『개방사회의 사회윤리』. 철학과현실사.

회페(Otfried Höffe). 1997. 『임마누엘 칸트』. 이상헌 옮김. 문예출판사.

Barry, Brian. 1995. *John Rawls and the Search for Stability*. Ethics. July.

Cohen, Joshua. 1989. "Deliberation and Democratic Legitimacy." Alan Hamlin and Philip Petit(eds.). *The Good Polity: Normative Analysis of the State*. Oxford: Basil Blackwell.

Elster, Jon(ed.). 1998. *Deliberative Democracy*. New York: Cambridge University Press.

Rawls, John. 1971. *A Theory of Justice*. Cambridge Massachusetts. Belknap Press.

_____. 1993. *Political Liberalism*. Columbia University Press.

_____. 1999a. "Justice as Fairness: Political not Metaphysical." Samuel Freeman(ed.). *Collected Papers*. Cambridge. Massachusetts: Harvard University Press.

_____. 1999b. *The Law of Peoples*. Harvard University Press.

Roty, Richard. 1999. "The Priority of Democracy to Philosophy." Paul J. Weithman(ed.). *Reasonable Pluralism* (Henry S. Richardson & Paul J. Weithman eds. *The Philosophy of Rawls* 시리즈의 제5권. Garland Publishing. Inc..

Scheuerman, William E. 1999. *Carl Schumitt: the End of Law*. Rowman & Littlefield Publishers. Inc..

Schmitt, Carl. 1957. *Verfassungslehre*. Duncher & Humbolt.


【제3장】

노명식. 1991. 『자유주의의 원리와 역사: 그 비판적 연구』. 민음사.

라드브루흐(Gustav Radburch). 1975. 『법철학』. 최종고 옮김. 삼영사.

맥퍼슨(C. B. Macpherson). 2002. 『홉스와 로크의 사회철학: 소유적 개인주의의 정치이론』.

황경식·강유원 옮김. 박영사.

박순성. 1997. 「정치적 자유주의와 사회정의 : 롤즈와 근대 시민사회」. 『자유주의 비판』. 김균 외 엮음. 풀빛.

심헌섭. 1984. 「비판적 법실증주의」. 『법철학 I: 법·도덕·힘』. 법문사. 재판.

_____. 2001. 「법과 자유: 법가치로서의 자유에 관한 한 고찰」. ≪법학≫, 제42권 4호.

안준홍. 2003. 「이사야 벌린의 두 가지 자유개념에 대한 연구」. 서울대 대학원 석사학위 논문.

염수균. 2001. 『롤즈의 민주적 자유주의』. 천지.

이근식·황경식 엮음. 2001. 『자유주의란 무엇인가: 자유주의의 의미·역사·한계와 비판』. 삼성경제연구소.

_____. 2003. 『자유주의의 원류: 18세기 이전의 자유주의』. 철학과현실사.

장동진. 2001. 『현대자유주의 정치철학의 이해』. 동명사.

정종섭. 2001. 「자유주의와 한국 헌법」. 이근식·황경식 엮음. 『자유주의란 무엇인가: 자유주의의 의미·역사·한계와 비판』. 삼성경제연구소.

정태욱. 2001. 「롤즈에 있어서의 '정치적인 것'의 개념」. ≪법철학연구≫, 제4권 2호.

_____. 2002a. 『정치와 법치』. 책세상.

_____. 2002b. 「민주적 헌정질서와 진보의 정치적 의미」. ≪시민과 세계≫, 통권 제2호.

_____. 2002c. 「인식비판적 정의론: 심헌섭 선생의 정의관」. ≪영남법학≫, 제8권 1·2합본호.

폴라니(Karl Polanyi). 1996. 『거대한 변환: 우리 시대의 정치적·경제적 기원』. 박현수 옮김. 민음사.

프리드리히(Karl Friedrich). 1960. 『서양법철학사』. 황산덕·안해균 옮김. 법문사.

_____. 1996. 『역사적 관점에서 본 법철학』. 이병훈 옮김. 교육과학사.

Benhabib, Seyla. 1994. "Judith Shklar's Dystopic Liberalism." *Social Research*. Vol.61. No.2(Summer).

_____. 1996. "Judith Shklar's Dystopic Liberalism." Bernard Yack(ed.). *Liberalism without Illusions: Essays on Liberal Theory and the Political Visions of Judith N. Shklar*. Chicago. London: The University of Chicago Press.

Berkowitz, Peter. 1998. "Fear and Thinking." *New Republic*. Vol.219. No.2.

Dante. 1993. *The Divine Comedy*. Oxford: Oxford University Press. C. H. Sisson 영역. David H. Higgins의 서문과 주석이 달린 판.

Flathman, Richard E. 1999. "Fraternal, But Not Always Sisterly Twins: Negativity and Positivity in Liberal Theory." *Social Research*. Vol.66. No.4(Winter).

Gutmann, Amy. 1996. "How Limited is Liberal Government?" Bernard Yack(ed.). *Liberalism without Illusions: Essays on Liberal Theory and the Political Visions of Judith N. Shklar*. Chicago. London: The University of Chicago Press.

Hoffman, Stanley. 1996. "Judith Shklar as Political Thinker." Bernard Yack(ed.). *Liberalism without Illusions: Essays on Liberal Theory and the Political Visions of Judith N. Shklar*. Chicago. London: The University of Chicago Press.

_____. 1998 "Editor's Preface by Stanley Hoffman." S. Hoffman(ed.). *Political Thought and Political Thinkers*. Chicago. London: The University of Chicago Press.

Hulliung, Mark. 1995. "Montaigne in America: the Political Theory of Judith Shklar." *The Tocqueville Review*. Vol.16. No.1.

Kateb, George. 1998. "Foreword by George Kateb." S. Hoffman(ed.). *Political Thought and Political Thinkers*. Chicago. London: The University of Chicago Press.

Levy, Jacob T. 2000. *The Multiculturalism of Fear*. Oxford: Oxford University Press.

Lilla, Mark. 1998. "Very Much a Fox." TLS.

Miller, James. 2000. "Pyrrhonic Liberalism." *Political Theory*. Vol.28. No.6

Rawls, John. 1996. "Replay to Habermas." *Political Liberalism*. New York: Columbia University Press. 페이퍼백판.

_____. 1999. "Justice as Fairness: Political not Metaphysical." Samuel Freeman(ed.). *Collected Papers*. Cambridge. Mass.: Harvard University Press.

Rosenbaum, Nancy L. 1996. "The Democracy of Everyday Life." Bernard Yack(ed.). *Liberalism without Illusions*.

_____(ed.). 1989. *Liberalism and the Moral Life*. Cambridge. Mass.: Harvard University Press.

Shklar, Judith N. 1957. *After Utopia: the Decline of Political Faith*. Princeton: Princeton University Press.

_____. 1976. *Freedom and independence: A Study of the Political Ideas of Hegel's Phenomenology of Mind*. Cambridge: Cambridge University Press.

_____. 1984. *Ordinary vices*. Cambridge. Mass.: Harvard University Press.

_____. 1985. *Men and Citizens: A Study of Rousseau's Social Theory*. Cambridge: Cambridge University Press. 새로운 서문이 포함된 페이퍼 백판.

_____. 1986a. *Legalism: Law, Morals and Political Trials*(새로운 서문이 붙은 재판. Cambridge. Mass. London: Harvard University Press.

_____. 1986b. "Injustice, Injury and Inequality: An Introduction." Frank Lucash(ed.). *Justice and Equality Here and Now*. Ithaca: Cornell University Press.

_____. 1987a. "Political Thought and Political Thinkers." A. Hutchinson and P. Monahan(ed.). *The Rule of Law*. Toronto: Carswell.

_____. 1987b. *Montesquieu*. Oxford: Oxford University Press.

_____. 1990. *The Faces of Injustice*. New Haven: Yale University Press.

_____. 1991. *American Citizenship: the Quest for Inclusion*. Cambridge. Mass. London: Harvard University Press.

_____. 1996. "A Life of Learning." Bernard Yack(ed.). *Liberalism without Illusions*.

_____. 1998. "Liberalism of Fear." Stanley Hoffman(ed.). *Political Thought and Political Thinkers*. Chicago. London: The University of Chicago Press.

_____. 1998a. *Political Thought and Political Thinkers*. Stanley Hoffman(ed.). Chicago. London: The University of Chicago Press.

_____. 1998b. *Redeeming American Political Thought*. Stanley Hoffman and Dennis F. Thompson(eds.). Chicago. London: The University of Chicago Press.

Stephen. K. 1991. *White, Political Theory and Postmodernism*. Cambridge: Cambridge University Press.

Walzer, Michael. 1996. "On Negative Politics." Bernard Yack(ed.). *Liberalism without Illusions*.

Weinrab, Lloyd L. 1965. "Book Review: Legalism." *Harvard Law Review*.

West, Robin. 2003. "Reconsidering Legalism." *Minnesota Law Review*.

Whiteside, Kerry H. 1999. "Justice Uncertain: Judith Shklar on Liberalism. Skepticism. and Equality." *Polity*. Vol.31. No.3(Spring).

Yack, Bernard. 1991. "Injustice and the Victim's Voice." *Michigan Law Review*.

_____. 1996. "Liberalism without Illusions: An Introduction to Judith Shklar's Political Thought." Bernard Yack(ed.). *Liberalism without Illusions: Essays on Liberal Theory and the Political Visions of Judith N. Shklar*. Chicago. London: The University of Chicago Press.

_____. 1999. "Putting Injustice First: An Alternative Approach to Liberal Pluralism." *Social Research*. Vol.66. No.4(Winter).


【제4장】

민석홍. 1995. 「맥시밀리안 로베스피에르의 정치사상 연구」. 『서양근대사연구』. 일조각. 중판.

서정복. 1991. 『프랑스근대사연구』. 삼영사. 제2쇄.

심헌섭. 1984. 『법철학 I: 법·도덕·힘』. 법문사. 재판.

심헌섭. 2001. 「법과 인도성: 과학적 인도주의를 바탕으로」. ≪법학≫, 제41권 제4호. 서울대학교 법학연구소.

정태욱. 2002. 「인식비판적 정의론: 심헌섭 선생의 정의관」. ≪영남법학≫, 제8권 제1·2호. 영남대학교 법학연구소.

_____. 2004. 「주디스 슈클라의 자유주의에 대한 연구」. ≪법철학연구≫, 제7권 제1호.

Shklar, Judith N. 1987. *Montesquieu*. Oxford: Oxford University Press.

_____. 1996. "A Life of Learning." Bernard Yack(ed.). *Liberalism without Illusions*.

_____. 1998. "Montesquieu and the New Republicanism." S. Hoffman(ed.). *Political Thought and Political Thinkers*. Chicago. London: The University of Chicago Press.

**【제5장】**

김용구. 1994. 『러시아 국제법』. 서울대학교 출판부.

노직(R. Nozick). 1974. 『아나키에서 유토피아로』. 남경희 옮김. 문학과지성사.

롤즈(J. Rawls). 1985. 『사회정의론』. 황경식 옮김. 서광사. 수정판.

_____. 1998. 『정치적 자유주의』. 장동진 옮김. 동명사.

_____. 2000. 『만민법』. 장동진 책임번역. 이끌리오.

베이츠(Charles Beitz). 1982. 『현대국제정치이론: 새로운 국제정치에서의 도덕률과 사회
     정의』. 정종욱 옮김. 민음사.

정태욱 옮김. 2000. 「만민법」. 민주주의 법학연구회. 『현대사상과 인권』. 사람생각.

툰킨(G. I. Tunkin). 1985. 『소비에트 국제법이론(Soviet Theory of International Law)』
     (1974). 이윤영 옮김. 대광문화사.

Sen, A. 1981. *Poverty and Famines*. Clarendon Press.

Shute, Stephen and Susan Hurley(eds.). 1993. *On Human Rights*. Basic Books Inc.


**【제6장】**

갈퉁(Johan Galtung). 2000. 『평화적 수단에 의한 평화』. 강종일·정대화·임성호·김승채·
     이재봉 옮김. 들녘.

김대순. 2002. 『국제법론』. 삼영사. 제8판.

김정오. 2000. 「공동체주의와 법에 관한 연구」. ≪법철학연구≫, 제3권 1호.

김태현. 1983. 「정전론 연구: 그 역사적 배경과 현대적 전개를 중심으로」. 서울대 대학원
     외교학과 석사학위논문.

나이(Joseph Nye. Jr.). 2001. 『국제분쟁의 이해』. 양준희 옮김. 한울.

박종화. 1992. 「기독교 역사에 나타난 평화사상과 평화운동」. 최상용 엮음. 『현대 평화사
     상의 이해』. 한길사.

월저(M. Walzer). 1999. 『정의와 다원적 평등: 정의의 영역들』. 정원섭 외 옮김. 철학과현
     실사.

_____. 2001. 『특별대담: 미국 정치철학자 마이클 월저 교수: 자유주의를 넘어서』. 김용
     환·박정순·윤형식·정원섭 옮김. 철학과현실사.

이민수. 1998. 『전쟁과 윤리: 도덕적 딜레마와 해결방안의 모색』. 철학과현실사.

촘스키(Noam Chomsky). 2001. 『불량국가』. 장영준 옮김. 두레.

카(E. H. Carr). 2000. 『20년의 위기』. 김태현 옮김. 녹문당.

칸트(Immanuel Kant). 1988. 「영구평화론」. 이규호 옮김. 『도덕형이상학원론』. 박영사.

프랑케나(William Frankena). 1984. 『윤리학』. 황경식 옮김. 종로서적.

황필호. 1992. 「비폭력의 철학적 조명」. 최상용 엮음. 『현대 평화사상의 이해』. 한길사.

Brandt, R. B. 1972. "Utilitarianism and the Rules of War." *Philosophy & Public Affairs*. Vol.1 No.2(Winter).

Orend, Brian. 2000. *Michael Walzer on War and Justice*. McGill-Queen's University Press. Montreal & Kingston & London & Ithaca.

Rawls, John. 1999. *The Law of Peoples*. Havard University Press. Cambridge. Mass.

Tuck, Richard. 2001. *The Rights of War and Peace: Political Thought and the International Order from Grotius to Kant*. Oxford University Press. 페이퍼백판.

Vattel, M. D. 1805. *The Law of Nations*. Northampton. Mass. Bk.III. ch.III. paras. 42~44.

Walzer, Michael. 1980. "The Moral Standing of States: A Response to Four Critics." *Philosophy & Public Affairs*. Vol.9 No.3.

_____. 1994. *Thick and Thin: Moral Arguement at home and Abroad*. Notre Dame. Noter Dame University Press.

_____. 2000. *Just and Unjust Wars*. Basic Books. New York. 제3판.


【제7장】

국순옥. 1997. 「헌법재판의 본질과 기능」. 『헌법해석과 헌법실천』. 민주주의법학연구회 엮음. 관악사.

_____. 2002a. 「미영 문화권과 칼 슈미트」. ≪민주법학≫, 제21호(상반기).

_____. 2002b. 「위르겐 하버마스와 좌파 슈미트주의」. ≪민주법학≫, 제22호(하반기).

권영설 1998. 「바이마르시대 슈미트의 헌법사상」. ≪법학논문집≫, 제23권 1호. 중앙대 법학연구소.

_____. 1994. 「바이마르 헌법상의 국가긴급권논쟁: 슈미트의 해석론을 중심으로」. ≪법

학논문집≫, 제19권 1호. 중앙대학교 법학연구소.

_____. 1997. 「슈미트의 '이념국가'와 '전체국가'」. ≪한국정치연구≫, 제7권 1호. 서울대학교 한국정치연구소.

김상기. 1990. 「칼 슈미트의 극우 사상과 우리의 정치적 현실」. ≪철학과 현실≫, 제5권 (여름호).

김효전. 1988. 「칼 슈미트의 생애」. 김효전 편역. 『정치신학 외』. 법문사.

성정엽. 1998. 「Hermann Heller의 국가개념」. ≪인제논총≫, 제14권 2호.

송석윤. 2002. 『위기시대의 헌법학: 바이마르 헌법학이 본 정당과 단체』. 정우사.

슈미트(Carl Schmitt). 1994. 『유럽법학의 상태: 구원은 옥중에서』. 김효전 편역. 교육과학사.

_____. 1995. 『정치적인 것의 개념』. 김효전 옮김. 법문사. 증보판.

_____. 2000. 『헌법의 수호자』, 김효전 옮김. 법문사.

슈미트·켈젠. 1991. 『헌법의 수호자 논쟁』. 김효전 옮김. 교육과학사.

심헌섭. 1984. 「비판적 법실증주의」. 『법철학 I』. 법문사. 재판.

오인석. 1997. 『바이마르 공화국의 역사: 독일 민주주의의 좌절』. 한울.

장영수. 2004. 「'정치적 탄핵'과 '법적 책임'은 별개의 것이다: 탄핵의 헌법적 쟁점과 향후 과제」. ≪인물과 사상≫, 제30권: "탄핵받는 탄핵, 그 이후." 고종석 외 지음. 개마고원.

정태욱. 2002. 『정치와 법치』. 책세상.

_____. 2004. 「주디스 슈클라의 자유주의에 대한 연구」. ≪법철학연구≫, 제7권 1호.

카, 윌리엄(W. Carr). 1996. 『독일근대사』. 이민호·강철구 옮김. 탐구당.

켈젠(H. Kelsen). 1958. 『민주주의의 본질과 가치』. 한태연 옮김. 융우사.

_____. 1986. 『민주정치와 철학·종교·경제(The Foundations of Democracy)』. 이종호 옮김. 홍성사.

_____. 1990. 『켈젠 법이론 선집』. 심헌섭 편역. 법문사.

_____. 1999. 『순수법학』. 변종필·최희수 옮김. 길안사.

헬러(H. Heller). 1997. 『국가론』. 홍성방 옮김. 민음사.

_____. 2001. 「법치국가냐 독재냐」. 『법치국가의 원리』. 김효전 편역. 법문사. 재판.

홍윤기. 2004. 「'내'가 받은 탄핵: 의회 쿠데타 1주일의 공포와 희망」. ≪인물과 사상≫,
제30권: "탄핵받는 탄핵, 그 이후." 고종석 외 지음. 개마고원.

Dyzenhaus, David. 1997. "Legal Theory in the Collapse of Weimar: Contemporary
Lessons?" *American Political Science Review*. Vol. 91. No.1.

_____. 1999. *Legality and Legitimacy: Carl Schmitt, Hans Kelsen and Hermann Heller in
Weimar*. Oxford: Oxford University Press. 페이퍼백판.

Günther, Klaus. 1988. "Hans Kelsen: Das Nüchterne Pathos der Demokratie." Kritische
Justiz(ed.). *Streitbare Juristen*. Nomos Verlagsgesellschaft. Baden-Baden.

Müller, Christoph. 1988. "Hermann Heller: Vom Liberalen zum Sozialistischen
Rechtsstaat." Kritische Justiz(ed.). *Streitbare Juristen*. Nomos Verlagsgesellschaft.
Baden-Baden.

Scheuerman, William E. 1999. *Carl Schmitt: The End of Law*. Lanham: Rowman &
Littlefield Publishers. Inc.


【제8장】
곽노현. 1993. 「교수재임용제도의 법적 문제점과 대응방안: 노동법의 관점에서」. ≪인권
과 정의≫, 제197호.

김도균. 2006. 「근대 법치주의의 사상적 기초: 권력 제한, 권리 보호, 민주주의 실현」. 김
도균·최병조·최종고 지음. 『법치주의의 기초: 역사와 이념』. 서울대학교출판부.

김동희. 2004. 『행정법 I』. 박영사. 제10판.

김비환. 2006. 「현대 자유주의에서 법의 지배와 민주주의의 관계: 입헌민주주의의 스펙트
럼」. ≪법철학연구≫, 제9권 제2호.

김영환. 1997. 「공소시효와 형벌불소급의 원칙」. ≪형사판례연구≫, 제5호.

김인재. 1998. 「대학교수의 기간임용제와 재임용 거부의 법적 성질」. 『1997 노동판례비
평』. 민주사회를 위한 변호사 모임.

김종서. 1999. 「현행 교수재임용제의 위헌성과 합리적 운용방안」. ≪민주법학≫, 제15호.

_____. 2007. 「석궁 사건과 교수재임용제」. ≪민주법학≫, 제33호.

김종철. 2002. 「사립대학교수 재임용제의 헌법적 근거와 한계: 사립학교법 제53조 2의 제

3항에 대한 헌법소원결정(헌재 1998.7.16. 96헌바33·66·68, 97헌바2·34·80, 98
헌바39(병합)를 중심으로」.『헌법실무연구』, 제2권. 헌법재판소.

김철수. 2005.『헌법학개론』. 박영사. 제17전정신판.

다이시(A. V. Dicey). 1993.『헌법학입문』. 안경환·김종철 옮김. 경세원.

라드브루흐(G. Redbruch). 2002.『법철학』. 최종고 옮김. 삼영사. 제2판.

롤즈(J. Rawls). 2003.『정의론』. 황경식 옮김. 이학사.

박상훈. 2003.「교수재임용제에 대한 헌법불합치 결정: 헌법재판소 2003.2.27. 자2000헌
바26 결정」. ≪노동법연구≫, 제14호(상반기).

배병일. 2004.「대학교수의 재임용과 심사신청권」. ≪교육법학연구≫, 제16권 제1호.

심재우. 1998.「법치주의와 계몽적 자연법」. ≪법철학연구≫, 제1권.

심헌섭. 2001.「U. Klug에 있어서의 자유민주적 법치국가와 아나키」.『분석과 비판의 법
철학』. 법문사.

심희기. 2003.「'기간제·계약제 임용' 교수의 '재임용 기대권'」.『Jurist』.

안경환. 1995.「법치주의와 소수자 보호」. ≪법과 사회≫, 제12호.

양창수. 1992.「제2조 신의칙 총론」. 곽윤직 대표집필.『민법주해 I』. 박영사.

_____. 1999.「헌법과 민법: 민법의 관점에서」.『민법연구』, 제5권. 박영사.

오관석. 1997.「기간을 정하여 임용된 교수의 재임용 제외와 사법심사적격」.『민사판례
연구 XXII』. 박영사.

이경운. 2005.「교수재임용에 관한 대법원판례의 변경과 그 의의」.『행정판례연구 X』. 박
영사.

이영무. 1998.「교수재임용 거부에 대한 사법심사의 가능성에 대해」.『재판실무연구』. 광
주지방법원.

정종섭. 2006.『헌법학원론』. 박영사.

정태욱. 2006.「해방 60년과 한국사회의 자유주의」. ≪시민과 세계≫, 제8호(상반기).

_____. 2007 출간예정.「자유주의의 원형: 몽테스키외와 자유주의」. ≪아주법학≫.

지원림. 2004.『민법강의』. 홍문사. 제3판.

최대권. 2000.「선한 사회의 조건: 법치주의를 위한 담론」. ≪법학≫, 제40권 제3호. 서울
대학교.

최봉철. 2001a.「한국의 법문화와 법치주의의 과제」.≪연세대 법학연구≫, 제11권 제1호

_____. 2001b.「법치주의의 개념에 관한 서설」.≪성균관 법학≫, 제13권 제1호.

헬러(H. Heller) 외. 1996.『법치국가의 원리』. 김효전 편역. 법원사.

호문혁. 2006.『민사소송법』. 법문사. 제5판.

≪프레시안≫. 2007.3.23. "현직 부장판사, '판사테러' 동정론 비판: 강도 두둔하는 격 …
일방 비난 답답". http://www.pressian.com/scripts/section/article.asp?aticle_num＝
60070119153950&s_menu＝사회.

≪한겨레 21≫. 2007.1.30. "법원에 왔으면 법의 잣대로 할 수밖에: 김명호 전 교수 사건
주심 이정렬 판사". 제645호.

Peerenboom, Randall P. 2004. "Varieties of Rule of Law: An Introduction and Provisional
Conclusion." Randall P. Peerenboom(ed.). *Asian Discourses of Rule of Law: Theories
and Implementation of Rule of Law in Twelve Asian Countries*. France. and the
U.S.(Routledge. London·New York).

Raz, Joseph. 1979. "The Rule of Law and Its Virtue." *The Authority of Law*. Oxford:
Clarendon Press.

Sampford, Charles. 2006. *Retrospectivity and the Rule of Law*. Oxford: Oxford University
Press.

Shklar, Judith N. 1986. *Legalism: Law, Morals and Political Trials*. Cambridge. Mass.
London: Harvard University Press. 새로운 서문이 붙은 재판.

_____. 1990. *The Faces of Injustice*. New Haven: Yale University Press.

_____. 1998a. "Liberalism of Fear." Stanley Hoffman(ed.). *Political Thought and Political
Thinkers*. Chicago. London: The University of Chicago Press.

_____. 1998b. "Political Theory and the Rule of Law." Stanley Hoffman(ed.). *Political
Thought and Political Thinkers*. Chicago, London: The University of Chicago Press.

Tamanaha, Brian Z. 2004. *On the Rule of Law: History, Politics, Theory*. Cambridge
University Press.

Thompson, E. P. 1975. *Whigs and Hunters: the Origin of the Black Act*. New York: Pantheon
Books.

Yack, Bernard. 1991. "Injustice and the Victim's Voice." *Michigan Law Review*. Vol.89.

【제9장】

고종석 .2002. 『서얼단상』. 개마고원.

_____. 2002. 『자유의 무늬』. 개마고원.

권인숙. 2005. 『대한민국은 군대다: 여성학적 시각에서 본 평화. 군사주의 남성성』. 청년사.

김균 외. 1997. 『자유주의 비판』. 풀빛.

김동춘. 2001. 「한국의 우익, 한국의 '자유주의자': 상처받은 자유주의」. ≪사회비평≫, 통권30호(겨울).

_____. 2005. 「레토릭으로 남은 한국의 자유주의」. 『독립된 지성은 존재하는가』. 삼인.

김만권. 2004. 『불평등의 패러독스: 존 롤스를 통해 본 정치와 분배정의』. 개마고원.

김비환. 2005. 『자유지상주의자들: 자유주의자들 그리고 민주주의자들』. 성균관대학교출판부.

김상봉. 2005. 『도덕교육의 파시즘: 노예도덕을 넘어서』. 길.

노명식. 1991. 『자유주의의 원리와 역사: 그 비판적 연구』. 민음사.

드워킨(R. Dworkin). 2005. 『자유주의적 평등』. 염수균 옮김. 한길사.

롤즈(J. Rawls). 1998. 『정치적 자유주의』. 장동진 옮김. 동명사.

_____. 2000. 『만민법』. 장동진 외 옮김. 이끌리오.

_____. 2003. 『정의론』. 황경식 옮김. 이학사.

문성원. 2000. 『배제의 배제와 환대: 현대와 탈현대의 사회철학』. 동녘.

문지영. 2004. 「한국에서의 자유주의와 자유주의 연구: 문제와 대안적 시각의 모색」. ≪한국정치학회보≫, 제38집 2호(여름).

민석홍. 1995. 「맥시밀리안 로베스피에르의 정치사상연구」. 『서양근대사연구』. 일조각.

박노자. 2002. 『당신들의 대한민국』. 한겨레신문사.

박순성. 1997. 「정치적 자유주의와 사회정의」. 김균 외. 『자유주의 비판』. 풀빛.

_____. 2003. 『아담 스미스와 자유주의』. 풀빛.

박우룡. 2003. 『전환시대의 자유주의: 영국의 신자유주의와 지식인의 사회개혁』. 신서원.

센(A. Sen). 1999a. 『불평등의 재검토』. 이상호·이덕재 옮김. 한울아카데미.

_____. 1999b.『윤리학과 경제학』. 박순성·강신욱 옮김. 한울아카데미.

_____. 2001.『자유로서의 발전』. 박우희 옮김. 세종연구원.

에머슨(R. W. Emerson). 1999.『에머슨 수상록: 사회는 결코 진보하지 않는다』. 이창배 옮김. 황금두뇌.

염수균. 2002.『롤즈의 민주적 자유주의』. 천지.

이근식. 1999.『자유주의 사회경제사상』. 한길사.

이근식·황경식 엮음. 2001.『자유주의란 무엇인가: 자유주의의 의미·역사·한계와 비판』. 삼성경제연구소.

_____. 2003.『자유주의의 원류: 18세기 이전의 자유주의』. 철학과현실사.

이병천. 2000.「발전국가체제와 발전딜레마: 국가주의적 발전동원체제의 재조명」. ≪경제사학≫, 제28호.

_____ 엮음. 2005.『개발독재와 박정희 시대: 우리 시대의 정치경제적 기원』. 창비.

정태욱. 2004.「주디스 슈클라의 자유주의에 대한 연구」. ≪법철학연구≫, 제7권 제1호.

조희연 엮음. 2002.『국가폭력. 민주주의 투쟁 그리고 희생: 한국 민주주의와 사회운동의 동학 2』. 함께읽는책.

최봉영. 2005.『한국사회의 차별과 억압: 존비어체계와 형식적 권위주의』. 지식산업사.

최장집. 2005.『민주화 이후의 민주주의: 한국 민주주의의 보수적 기원과 위기』. 후마니타스. 제2판.

츠바이크(S. Zweig). 1997.『에라스무스: 위대한 인문주의자의 승리와 비극』. 정민영 옮김. 자작나무.

한성안. 2005.「사회적 자본. 경제성장. 혁신」. ≪경제학연구≫, 제53집 제1호.

황준성. 2005.「한국경제에서 하이에키안 자유주의와 오이케니안 자유주의의 비교」. 한국경제학회 공동학술대회.

Shklar, J. N. 1998. "Liberalism of Fear." Stanley Hoffman(ed.). *Political Thought and Political Thinkers*. Chicago, London: The Univ. of Chicago Press.

정태욱(water@inha.ac.kr)

1983~1987   서울대학교 법대 졸업
1991~1992   독일 자르뷔르켄 대학교 법 및 사회철학 연구소 연수
1995         서울대학교 법학박사
1996~2006   영남대학교 법과대학 교수
2006~2007   아주대학교 법과대학 교수
2007~현재   인하대학교 법과대학 교수

한울아카데미 986
# 자유주의 법철학

ⓒ 정태욱, 2007

지은이 | 정태욱
펴낸이 | 김종수
펴낸곳 | 도서출판 한울

편집책임 | 김현대

초판 1쇄 인쇄 | 2007년 10월 15일
초판 1쇄 발행 | 2007년 10월 25일

주소 | 413-832 파주시 교하읍 문발리 507-2(본사)
       121-801 서울시 마포구 공덕동 105-90 서울빌딩 3층(서울 사무소)
전화 | 영업 02-326-0095, 편집 02-336-6183
팩스 | 02-333-7543
홈페이지 | www.hanulbooks.co.kr
등록 | 1980년 3월 13일, 제406-2003-051호

Printed in Korea.
ISBN 978-89-460-3829-5 93360

* 가격은 겉표지에 표시되어 있습니다.